我国蔬果质量安全可持续治理机制研究

徐振宇 著

知识产权出版社
全国百佳图书出版单位

北京市教委科技创新平台——北京工商大学中国食品安全研究中心(出版资助)

国家社科基金(14BJY131)的阶段性研究成果

"北京市高层次创新创业人才(青年拔尖人才)支持计划"阶段性研究成果

图书在版编目（CIP）数据

我国蔬果质量安全可持续治理机制研究 / 徐振宇著. — 北京：知识产权出版社，2016.6
ISBN 978-7-5130-3385-5

Ⅰ.①我… Ⅱ.①徐… Ⅲ.①蔬菜园艺－质量管理－安全管理－研究－中国②瓜果园艺－质量管理－安全管理－研究－中国 Ⅳ.①F326.13

中国版本图书馆CIP数据核字（2015）第079326号

内容提要

研究我国蔬果质量安全的可持续治理机制，有助于提升蔬果产业竞争力，有助于居民健康与社会稳定，有助于维护生态平衡与自然环境，具有重要的现实意义。本书在重点分析我国蔬果质量安全的风险来源与影响、蔬果质量安全治理的约束条件、蔬果质量安全治理的基本困境及原因、蔬果质量安全可持续治理机制的国外经验、日本农产品化学残留制度演进及对我国输日农产品贸易的影响等问题的基础上，提出了完善我国蔬果可持续供应链治理机制的政策建议。

责任编辑： 李　娟

我国蔬果质量安全可持续治理机制研究
WOGUO　SHUGUO　ZHILIANG　ANQUAN　KECHIXU　ZHILI　JIZHI　YANJIU

徐振宇　著

出版发行：知识产权出版社 有限责任公司	网　　址：http://www.ipph.cn
电　　话：010-82004826	http://www.laichushu.com
社　　址：北京市海淀区西外太平庄55号	邮　　编：100081
责编电话：010-82000860转8594	责编邮箱：aprilnut@foxmail.com
发行电话：010-82000860转8101 / 8029	发行传真：010-82000893 / 82003279
印　　刷：北京中献拓方科技发展有限公司	经　　销：各大网上书店、新华书店及相关专业书店
开　　本：720mm×1000mm　1/16	印　　张：14.25
版　　次：2016年6月第1版	印　　次：2016年6月第1次印刷
字　　数：220千字	定　　价：48.00元

ISBN 978-7-5130-3385-5

目　录

第一章　导论

1.1　研究背景

在多数民众尚不能吃饱的阶段,显然不会有多少人关心"吃得好"的问题,更不会去关心"吃得安全"这样"奢侈"的问题。即便是经济社会发展程度高得多的西方国家,也是到了20世纪70年代之后,其政界和学界才开始普遍关注农产品质量安全问题。因而,直到20世纪80年代,中国政府和民众的关注焦点,始终是食物产出数量最大化为主要目标的"粮食安全"(food security)问题,食物"质量"方面的安全或曰"食品安全"(food safety)问题很难进入政界和学界的关注视线,即便制定了相关法律,也只能停留于纸面上。❶

到20世纪90年代初期,国内绝大部分农产品供求关系发生转换,农民增收放缓,国内学界开始关注农产品质量(严春兴、王琼,1992;李波、陆迁,1995)。不过,当时的研究主要关注农产品质量,未能提升到农产品质量安全的高度。进入20世纪90年代中后期,一些发达国家对我国具有比较优势的农产品纷纷设置"绿色壁垒",一些以外销为主要市场的农产品加工企业,由于农药和兽药残留出口受阻,经营业绩下滑,有些甚至濒临破产,农产品质量安全开始成为我国农业拓展国际市场的瓶颈之一。与此同时,全国各地开始出现一系列农产品质量安全和食品安全事件。国内外农产品市场环境和生产形势

---

❶ 中国政府早在1979年就颁布了《中华人民共和国食品卫生管理条例》,1982年又修订升格为《中华人民共和国食品卫生法(试行)》。虽然《中华人民共和国食品卫生管理条例》和《中华人民共和国食品卫生法(试行)》均规定,要在保障供给基础上"保证农产品的质量安全",然而,农产品质量安全并没有真正摆上议事日程。

的变化,驱动着国内学界、政界、业界的关注重点逐渐从"提高农产品质量"转向与之有密切联系的更深层次的农产品质量安全问题。进入21世纪以来,我国农产品质量安全状况虽有一定程度的改善,但整体上并未出现实质性好转,情况远不能令人满意。我国主要农产品中均残留相当数量的农药、重金属和硝酸盐等污染物。在大田作物中,农产品的主要污染物为重金属类,其中以铅、镉、铜最为突出;蔬菜中有机氯、有机磷和菊酯类农药残留仍然比较普遍。

根据国务院新闻办公室2007年8月发布的《中国的食品质量安全状况》中公布的数据,我国蔬菜、畜产品、水产品的主要监测指标都表现出非常高的合格率。[1]然而,必须承认,国内现行的许多标准还不能达到国际要求,即便是较低水平的国内标准也不能得到很好的执行。国家监管能力严重不足,农产品质量安全意识和安全监测薄弱。不同部门机构之间的政策交叉,需要进行清理和简化。制订良好农业规范(GAP)以生产安全优质产品的能力及向小农户提供GAP指导的能力仍然有限。尽管国务院已作出若干决定,但我国迄今为止还未形成一个清晰和完整的"国家食品安全战略"(世界银行,2006)。近年来,《农产品质量安全法》《食品安全法》虽已颁布并正式付诸实施,但由于相关体制并未完全理顺,中国在农产品质量安全和食品安全方面并没有从根本上改观,有关的农产品质量安全重大事件仍一再发生。不难预计,国内学界今后对农产品质量安全的关注热度和深度将会有增无减。

中国消费者每天都要直接消费大量生鲜蔬果和一定数量加工过的蔬果制品,其质量安全水平,不仅关乎蔬果产业(包括蔬果加工业)的可持续发展,关于蔬果主产区农民增收与农业增效[2],更直接关乎消费者的健康与生命安全。但是,从总体上看,我国蔬果的质量安全水平仍不容乐观,很多蔬菜品种和一些水果品种均残留相当数量的农药、重金属和硝酸盐等污染物。蔬菜农药残

---

[1] 根据2007年上半年的监测结果,蔬菜中农药残留平均合格率为93.6%;畜产品中"瘦肉精"污染和磺胺类药物残留监测平均合格率分别为98.8%和99.0%;水产品中氯霉素污染的平均合格率为99.6%,硝基呋喃类代谢物污染监测合格率为91.4%,产地药残抽检合格率稳定在95%以上(中华人民共和国国务院新闻办公室,2007)。

[2] 蔬菜产业是我国农业中仅次于粮食产业的第二大产业,是农业增效与农民增收的重要基础。

留超标非常普遍❶,食用蔬菜中毒事件时有发生。另外,由于化肥尤其是氮肥的超量使用所必然导致的硝酸盐严重超标(过量的硝酸盐在体内形成亚硝酸盐,并在体内合成亚硝胺,这是一种非常容易导致消化道癌症的物质)问题(这在保护地栽培的反季节蔬菜中表现得似乎更为突出)❷、重金属超标、致病性病毒污染❸,则是被严重忽视的质量安全问题。当前的研究,多关注农药残留问题,而严重忽视由于氮肥滥用造成的硝酸盐超标和大田作物中的重金属残留问题,无论是农业部还是卫生部,都没有开展过主要蔬菜品种的硝酸盐含量和重金属的例行检测。可以推论,随着经济社会的发展,以上问题也将逐渐引起国内学界和政界的高度重视。

随着市场化程度的提高和收入水平的提高,城乡居民对于农产品价格波动的承受力日益增强,对于安全农产品的需求也不断增长,与蔬果价格波动(政界称为“价格稳定”)和“数量安全”(政界称之为“确保供应”)相比,蔬果的质量安全将会显得越来越重要。❹而且随着科学技术的不断进步,越来越多被过去认定为安全的农药、农肥及农业生产方式将被认为不安全,从而使得蔬果质量安全成为一个非常重大而复杂的研究课题。另外,蔬果质量安全还是一

---

❶ 这主要表现为种植户偏好于相对廉价的高毒高残留农药的使用,这将对消费者产生持久的伤害,除了会造成急性中毒或死亡外,更为严重和可怕的是,很多农药往往造成慢性中毒,具有致癌、致畸、致突变的“三致”作用,甚至会遗传危害后代,成为人类健康的隐形杀手——根据已有的研究证明,约七成的恶性癌症与食用蔬菜中的农药残留有关,而且,农药还会对人体内的酶和生殖系统,尤其是男性生殖系统构成严重的影响(汪普庆,2009)。

❷ 对于北京、天津等华北大城市而言,绝大多数的蔬菜都是反季节的蔬菜,基本都在保护地栽培出来,氮肥的超标问题,一直都是困扰蔬菜质量安全的重大问题。

❸ 比如新鲜蔬菜的污染,可以出现在生长期、收获期,也可以在加工阶段被李斯特菌(*L. monocytogenes*)等主要病原体和气调包装产品中的肉毒杆菌(*C. botulinum*)所污染。正因为如此,新鲜果蔬生食的风险是非常高的(Food Safety Risk Assessment of NSW,2009)。

❹ 随着市场化程度的提高和收入水平的提高,农产品价格波动和所谓数量安全,日益不构成问题,最多就是波动幅度大一些的“问题”——从根本上而言,这或许是一个伪问题,因为农产品生产的周期性特征决定了农产品价格必然是不稳定的。至于数量安全问题,在市场化水平较高的国家,无论国家人口多少,都从来没有真正出现过。大凡发生大饥荒的国家,几乎都是受计划体制影响深远的国家,而且一般都出现在国家制度从一个本来比较市场化的体制强制向计划体制和公有制转变的过渡时期。

个基础性的问题,因为其质量安全状况还会必然影响到蔬果加工制品的安全状况,如果原料本身就存在缺陷和质量安全问题,试图加工出安全的深加工食品,显然是非常困难的。从这个角度而言,整个食品安全的坚实基础乃是农产品(当然也包括蔬果)质量安全。

然而,当前,无论是立法界还是理论界,似乎都有人为地将所谓的"农产品质量安全"与"食品安全"人为割裂开来的趋势——从立法的角度,《农产品质量安全法》仅用于规范农产品,而《食品安全法》只用于规范农产品之外的食品。从监管的角度,农业部牵头监管包括蔬菜在内的农产品质量安全,而卫生部(最新的中央行政体制改革已改由国家食品药品监督管理总局负责)牵头负责监管主要以农产品为原料所加工出来的"食品"。

从现实的运行来看,中国目前的蔬果市场,类似于纯粹意义上的"自由"市场,政府对于蔬果的质量安全管制基本停留在法条和纸面上。蔬果生产缺乏必要的规范,蔬果流通也没有多少真正起作用的"规范",绝大多数农产品批发市场、农贸市场和超市对蔬果几乎不作任何实质性的检验检测。农产品批发市场和农贸市场的职能主要停留在提供交易场所、收取各种费用等方面,没有对蔬菜质量安全的提升作出太多积极的贡献。现代流通体系中的连锁超市,仍然以降低成本作为基本出发点,基本上没有将农产品质量安全纳入其主要议程之中。因此,国内市场销售的蔬果(包括所谓现代超市中销售的蔬果)中的农药残留非常普遍。国务院发展研究中心2004年发表的一份报告估计,每年至少有超过50万的中国人深受农药中毒之苦,而农药致死人数可能会超过500人。对蔬菜的抽检结果表明,高达30%的蔬菜样品的农药残留超标(世界银行,2006)。北京、上海等大城市的农产品(尤其是蔬菜和水果)质量安全状况,似乎并不比中小城市和农村好多少,在某种程度上甚至更加糟糕。❶近年来,一再发生的蔬菜农药残留严重超标事件(见表1-1),也提示我们,现实中

---

❶ 一些大型跨国零售商和大型超市甚至直接参与"制造"了农产品质量安全问题。如家乐福北京中关村店出售有毒芥蓝;2004年7月2日,北京市质监局公布了有关零售企业果蔬农药残留及有害金属监督抽查结果,在"毒菜毒果"的销售者中,家乐福"榜上有名",在家乐福中关村店中,其出售的芥蓝检测有农药氧化乐果残留。

的蔬果质量安全程度,似乎远不如我们想的那样乐观。❶

表1-1　近年来国内发生的蔬菜农药残留超标事件

时间	事件	事件的原因	参与处理的各方	事件的结果
2008年5月13日	常宁市宜阳镇夏联村彭家组发生中毒事件	食用有毒空心菜	市食安委,市食品药品监督管理局、市卫生局、市农业局	对剩余的空心菜和菜地的空心菜全部深埋处理
2009年3月18日	高明区处置了一起蔬菜农药残留量超标事件	包括白菜、芥菜、小塘菜三个品种在内的约1500斤蔬菜存在农药残留量严重超标	区食品药品监督管理局,区食安委,区食品、农业、公安、工商等多个部门,区农业技术推广中心	追回140多斤有毒蔬菜,并销毁源头蔬菜1千多斤,两名涉案菜农被带走调查

---

❶ 2001年,农业部对20个省市130种蔬菜、水果的10187个样品进行农药残留速测,农药残留超标率为19%;对14个省会城市9个蔬菜品种的9种农药和14种有毒有害物残留抽检,农药残留超标率为31.1%。2001年下半年,国家质检总局对181种蔬菜检测不合格率更是高达47.5%,重金属和硝酸盐超标率23.1%(颜景辰、颜廷武,2004)。后来,随着我国农产品质量安全和食品安全管理体制的变化,开始由农业部独立负责农产品质量安全管理。从此之后,出于种种原因,中国的农产品质量安全状况开始从数据上全面好转(至少从蔬菜看是如此)。农业部所组织的季度农产品质量安全例行监测结果显示,我国蔬菜合格率几乎每年都在上升,2005年我国蔬菜农药残留平均合格率为94.8%,2010年提高到95.4%,2011年进一步上升为97.4%,2012年上半年高达98.0%。有关部门公布的数据每年都在好转,而且是在高合格率的前提下不断好转。但是,显然并不能据此就认定我国蔬菜的农药残留率正在持续降低,更不能认定蔬菜质量安全水平在持续提高。一位基层监管者向课题组坦言,今后或许只能在小数点后好几位做文章了。这不得不令人质疑,如此高的"合格率"是真相,还是为了迎合某种需要。合格率这么笼统的一个指标,通过随意性非常强的抽检,很可能出现"要有多高就可以有多高"的情形。为达到不切实际的高合格率,最优措施不是加强监管,而是在数据上注水。

续表

时间	事件	事件的原因	参与处理的各方	事件的结果
2010年1月25日	海南毒豇豆事件	水胺硫磷农药残留超标	武汉市农业局、海南各级农业主管部门、武汉市农检中心	武汉市农业局规定,从该年2月7日起,三个月内暂时禁止任何地区生产的豇豆流入武汉市场
2010年3月28日	广西"毒白菜"	蔬菜中农药残留超标	南宁市农业局,市委市政府,南宁市安委、南宁市工商局和西乡塘区人民政府,南宁市卫生部门	
2010年4月7日	青岛韭菜中毒事件	食用韭菜中有机磷农药残留超标	青岛市委、市政府,市卫生局,市食安办、农委、工商、商务、卫生等部门	
2010年9月1日	沈阳"毒白菜"	农药残留严重超标	沈阳市农业行政执法支队,沈阳市农业监测中心驻盛发农产品批发市场监测站,沈阳市农委农产品质量安全处	对存在极大安全隐患的不合格大白菜进行无害化处理

时间	事件	事件的原因	参与处理的各方	事件的结果
2011年4月2日	青岛"毒韭菜"	韭菜上的残余农药严重超标导致中毒	青岛市工商行政管理局,市卫生监督局	对1930公斤农残超标韭菜全部进行了粉碎销毁,蔬菜批发市场加大了对韭菜的监管力度
2011年4月15日	湖北省宜昌市的"问题生姜"	商贩把品相不好的生姜用水浸泡清洗,然后用化工原料硫磺进行烟熏	湖北省宜昌市工商部门	查获两处用硫磺熏制生姜的窝点,现场查获"问题生姜"近1000公斤,以及硫磺等

资料来源:根据相关资料整理。

根据卫生部提供的数据,虽然以农药残留超标为主的化学性中毒事件和中毒人数在食物中毒中所占比重不是太高,但是,死亡人数在因为食物中毒而死亡的人数的比重却非常高,有的年份甚至超过40%(表1-2)。

表1-2 2006—2012年第1季度我国化学性中毒占食物中毒的比例[1][2]

年份	中毒事件	比例(%)	中毒人数	比例(%)	死亡人数	比例(%)
2006年	103(596)	17.28	1671(18063)	9.25	78(196)	39.80
2008年	79(431)	18.33	1274(13095)	9.73	57(154)	37.01

---

[1] 一般而言,"化学性"中毒通常指的是可以引发化学中毒的金属、农药和其他化学残留,如抗生素(斯密特、罗德瑞克,2006)。

[2] 中国卫生部.化学性中毒占食物中毒统计信息[R/OL].(2012-12-30)[2015-03-02].http://www.moh.gov.cn.

续表

年份	中毒事件	比例(%)	中毒人数	比例(%)	死亡人数	比例(%)
2009 年	55(271)	20.30	1103(11007)	10.02	66(181)	36.46
2010 年	40(220)	18.18	682(7383)	9.24	48(184)	26.09
2011 年	30(189)	15.87	730(8324)	8.77	57(137)	41.61
2012 年第 1 季度	5(17)	29.41	19(438)	4.34	5(12)	41.67

资料来源：表中的数据是根据中国卫生部统计信息整理（http://www.moh.gov.cn）而成，括号内的数字为当年相应栏目的总数字。

如果考虑到很多农药可能造成致癌、致畸、致突变的"三致"作用，以及可能会遗传危害后代等潜在危害，必须对农药残留超标问题保持足够的重视，正视我国蔬菜农业残留普遍超标的基本现实，而不是像农业部那样掩耳盗铃地宣称蔬菜合格率每年都在提高。本人对很多蔬菜主产区的田野调查表明，很多已经被禁用（当然也禁止生产）的农药，由于价格低廉和消灭病虫害的"效果"好而被各地蔬菜种植者（其中不乏种植多年的种植专业户）大量使用。国内很多独立的研究都从侧面表明，农业部的数据似乎过于乐观。❶另外的确应

---

❶ 杨东鹏、张春荣、董民（2004）的研究发现，不少地方使用国家明令规定的禁用高毒剧毒农药问题突出，即使国内最好的地区，也有 5%的农产品农药残留量超标，严重的地区高达 85%；黄诚、周月东、古有婵（2004）对 2002 年 10 月到 2003 年 7 月间中山市上市蔬菜中农药残留量进行调查，发现蔬菜中有机磷超标率达 30.1%。方坚、朱红、赵莹（2005）对浙江省蔬菜水果农药残留进行检测，在抽检的 142 份各类蔬菜中，农药残留超标率达 22.5%。抽检的 72 份水果中，农药残留超标率为 18.1%；张建新、杜双奎、杨小娇（2005）检测得到，陕西省 10 个蔬菜主产区的 152 个蔬菜样品中有 99 个出现多菌灵超标，超标率达 65.1%；2006 年 10 月 13 日，广东省农业厅对全省八个地市农产品质量安全大抽检的结果显示，广东省农产品的安全质量不容乐观，特别在 9 月份各检测机构抽检的 2800 多个蔬菜样品中，平均农药残留超标率近 9.34%，叶菜类和豆类超标率稍高。2007 年 3 月，杭州市质监局组织人员对批发市场、超市、农贸市场经销的蔬菜进行了一次监督检查，抽检的叶菜类、甘蓝类、根茎类、葱蒜类、茄果类、白菜类、豆类、食用菌类、花椰菜类等 10 大类共 160 批次蔬菜中，检出禁用农药氧化乐果 2 批次，限用农药毒死蜱超标 1 批次。白菜类抽样 11 批次，合格率为 90.9%，其中，1 批次大白菜检出禁用农药氧化乐果，豆类抽样 12 批次，合格率为 91.7%（汪普庆，2009）。

深入反思当前的农药管理体制、蔬菜生产流通监管体制,以尽快求得蔬菜安全监管的改良。

1.2 研究意义

1.2.1 有助于提升蔬果产业竞争力

从国际市场看,虽然蔬菜和水果是我国今后有可能长期维持比较优势的产业,但是,这种比较优势仅仅是潜在的。当前,由于我国蔬果产品质量安全方面的隐患,这种比较优势有可能会恶化。以甲斐谕为代表的日本有关学者发表了一系列研究论文(其中包括对世界各国安全食品的比较研究)指出,食品生产与加工已从生产成本的竞争转移到食品质量及安全竞争(王志刚,2003)。这表明,一些国家尤其是发达国家已经逐渐走上了优质优价的发展道路。不仅如此,中国沿海地区和部分大城市也必将逐渐走上优质优价的发展道路。随着中国农业的外向化程度日益提升,随着中国经济发展水平的不断提高和城市化水平的持续提高,中国农业尤其是蔬菜和水果行业或迟或早必然会走上这条道路。单纯以成本取胜的模式将会被逐渐淘汰。由于受制于过低的质量安全标准和落伍的生产方式,本应有巨大比较优势的蔬菜水果产业,其优势难以得到发挥。中国的蔬果种植者和加工企业并不总能对国际市场上不断变化的食品安全要求做好充分准备。因此,中国的贸易伙伴禁止中国某些产品的进口,并引起与中国出口商的贸易摩擦。另外,国内大城市大量优质安全蔬果的市场份额被国外蔬菜抢占,大量高收入消费者开始将目光转向国外寻求优质安全蔬菜。近年来,随着顺丰、京东、1号店、苏宁易购等高效率电子商务企业的迅速崛起,大量优质安全的蔬果开始从国外源源不断地进入中国各大城市的中高端市场。为消除不断增长的贸易摩擦,为了不使大量优质安全蔬果的市场份额被国外蔬果继续侵蚀,就必须改善我国蔬果及制成品在国外市场和国内中高端市场的形象。要想打入价格较高、附加值较大的国际市场和新兴的中高端国内市场,就必须持之以恒地付出努力,提升蔬果及制成品的质量安全水平。

从国内新兴市场看,虽然城镇化的迅速推进和城乡居民收入的迅速提高促进了国内生鲜食品市场及现代零售业的迅速增长(其中一个结构就是在城市食品市场中,超级市场的份额已经超过30%),然而,即便是现代超市对生鲜农产品(包括蔬果)的质量安全控制能力仍嫌不足。随着消费者收入和食品安全意识的提高,他们对安全和质量的要求将会在市场上起到更大的作用。消费者的要求及超级市场和其他零售商为此采取的对应措施将会对食品市场产生重要影响。因此,国内"安全食品"还有很大的市场潜力(世界银行,2006)。

1.2.2 有助于确保居民健康与社会稳定

国内外学界、政界和消费者往往对动物源性食品的质量安全关注程度更高,而对植物源性食品的质量安全关注程度明显不足。这一方面在于动物源性食品所造成的问题似乎更为严重,如暴发于国外的"疯牛病""猪霍乱"及震惊中国全国的"红心鸭蛋"事件、瘦肉精事件和"三聚氰胺"奶粉事件,进入普通民众眼球的,绝大多数都是动物源性农产品的质量安全问题。但是,植物源性食品的质量安全问题同样值得引起重视,在某种程度上更应该引起政界和学界的重视。实际上,植物源性农产品的质量安全问题可能更加隐蔽,其质量安全问题对人体的影响更为隐蔽,也更为长久。如果说,动物源性农产品质量安全更多地表现为"吃了就倒"的话,植物源性农产品的质量安全很可能表现为"吃了暂时不倒"。各种激素、化肥的滥用,各种剧毒农业的喷施,环境的污染,以及运销过程中的二次污染,都开始对植物源性农产品的质量安全产生深远的复杂影响。西方的大量研究已经表明,高毒高残留的化学杀虫剂往往是导致某些癌症的重要诱因。中国工程院院士钟南山先生也指出,中国近些年肠癌和子宫颈癌发病率的迅速上升,与农产品和食品生产过程中滥用高毒高残留的化学农药、抗生素、添加剂和激素等密切相关。而根据有关调查和检测结果,主要农产品(包括粮、果、菜、肉、蛋、奶等)中均残留农药、重金属和硝酸盐等污染物。在大田作物中,农产品的主要污染物为重金属类,其中以铅、镉、铜最为突出;蔬菜中有机氯、有机磷和菊酯类农药残留仍然比较普遍,硝酸盐和硝酸盐超标也十分严重。在政府和媒体反复强调农产品质量安全的背景下,仍存在较为严重的农药残留问题,其原因是多方面的,除对农药生产、销售和使用的控制力度和规定执行的力度不够,有关部门对蔬果批发、零售市场的过度放任之外,还有一个重要方面是重金属及工业、发电和交通排放的其他污染物问题,并且这一问题将随着工业化进程加快日趋严重(世界银行,2006)。

蔬果质量安全不仅直接关系到城乡居民的健康与生命安全,也关乎社会的稳定。一方面,由于蔬果是人们日常生活中每天都要接触的,因而其质量安全方面存在的问题和风险往往会加大城乡居民的心理压力。人们由于无法保证买到的蔬果产品是可靠的,购买过程就充满了疑虑,而食用过程又会有担心,从而会造成社会的不安定因素。另一方面,正规的食品加工厂商因为自身经济利益不能保证,也会产生心理上的不稳定因素。社会基本要素中的消费者和厂商双重不稳定因素就导致了社会不稳定隐患的存在(颜景辰、颜廷武,2004)。

1.2.3　有助于维护生态平衡与自然环境

全面建设小康社会,要求农村可持续发展的能力不断增强,生态环境得到改善,各种资源利用效率显著提高,人与自然更加和谐,整个农村社会逐步走上生产发展、生活富裕、生态良好的文明发展之路。农产品质量安全的提高,需要对农产品实行"从田间到餐桌"的全程质量控制,要从源头上消除污染,并追踪控制加工、运输、储存等环节的污染行为,有助于农业生态环境的良好建设与保护,极大地改善和维护农村小康社会所需要的适宜生存环境(颜景辰、颜廷武,2004)。

总之,无论是确保国内外消费者的生命安全和健康,还是为促进现代农业的发展、增加农民就业、促进农民增收和农产品出口,都要求学界和政界重视蔬果质量安全问题。以往研究农产品(包括蔬果)流通和供应链的文献,其研究视角主要侧重于农产品流通效率,尤其是农民增收及农民、批发商、运输商、零售商等市场主体之间的利益分配等方面;而研究农产品质量安全的学者,又往往过于强调质量安全问题本身。实际上,农产品质量安全与农产品流通效率之间应达成一种动态的平衡,两者之间在本质上是一种权衡取舍的关系。不同的农产品流通效率和质量安全水平,既与经济发展水平和消费者意识密切相关,也与农户、运销商的行为有关,当然也与农产品标准制定、检测、监管、风险评估、信息披露、追溯、声誉、订单、宣教等多方面的管控机制相关,如果不从供应链的视角入手,将很难把握农产品质量安全问题的全貌,也不能很好地把握农产品质量安全与流通效率之间的关系。有鉴于此,本课题试图从供应链治理机制的角度切入农产品质量安全问题,试图实现研究思路和研究方法上的突破。

1.3 研究范围

第一,以蔬菜质量安全为重点。蔬菜产业已发展成我国农业中仅次于粮食产业的第二大产业,极大地促进了我国农业增效和农民增收。而且,现有研究表明,与蔬菜相比,水果的质量安全问题相对乐观得多,而且水果大多可以通过去皮、更充分的清洗最大限度地减少农药残留等污染的影响,本课题以蔬菜的质量安全为重点,同时兼顾水果的质量安全问题。

第二,不研究蔬果精深加工环节,以生食蔬果为重点。当然,生食蔬果质量安全是蔬果深加工的坚实基础。如果没有蔬果本身的质量安全,以蔬果为原料的所有食品工业,都是缺乏竞争力的。

另外,本研究不涉及科学界争议较大的转基因农产品所导致的质量安全问题。

1.4 基本概念

1.4.1 蔬果质量安全

根据《农产品质量安全法》第二条的规定,农产品质量安全,是指农产品质量符合保障人的健康、安全的要求。在本报告中,蔬果质量安全,是指蔬菜和水果的质量符合保障人的健康、安全的要求。

1.4.2 机制与治理机制

机制,源于古希腊文 mechane,最初是工程学中的概念,指机器的构造和工作原理,后被引入到生物学、医学等其他自然科学领域,指有机体的结构、内在工作方式和功能。此后,又扩展到经济、社会、管理、社会学等社会科学领域。由赫维茨在20世纪60年代创立的机制设计理论则极大地推动了经济学理论的发展,并成为现代经济学研究的核心主题之一。其理论研究核心是如何在信息分散和信息不对称的条件下设计激励相容的机制来实现资源的有效配置,换而言之,是对于任意给定的一个社会目标或经济目标,在自由选择、自愿交换的分散化决策条件下,能否并且怎样设计一个经济机制(即制定什么样的方式、法则、政策条令、资源配置等规则)使得经济活动参与者的个人利益和设计者既定的目标一致,即每个人在追求个人利益时,同时也达到了机制设计者既定的目标。经济机制理论主要包括信息理论和激励理论。一般而言,一个经济机制的优劣程度主要取决于两个问题:一是信息效率问题,即所制定的机制是否只需要较少的信息传递成本,较少的关于生产者、消费者及其他经济参与者等方面的信息;二是机制的激励相容问题,即在所制定的机制下,能否使每个参与者在追求个人目标的同时,在客观效果上达到设计者所要实现的目标。因此,信息的传递及激励经济参与人真实报告其信息并按照事先制定的规则行事,就成为经济机制设计理论所面临的两个主要问题(何笑,2009)。

所谓的治理机制,源于“治理结构”,是指“用以决定一次完整的交易或一组相关交易的制度框架"(Williamson,1996)。虽然治理结构与治理机制的思想源于美国著名学者康芒斯,但是第一个正式使用治理(governance)这一术语来研究交易的制度框架的则是诺贝尔经济学奖获得者威廉姆森(Thomas,1984)。威廉姆森将治理机制区分为三种:市场、混合制及等级制。市场与等级制的区别显而易见,混合制主要指介于市场与等级制之间的契约形式,如长期合同(long-term contracting)、互惠贸易(reciprocal trading)、管制(regulation)、特许经营(franchizing)等。

1.4.3　可持续供应链

可持续供应链至少应该关注质量安全、环境的可持续性与社会的可持续性。但本书主要考虑质量安全方面的可持续性,同时也兼顾环境与社会的可持续性。因为确保质量安全的机制,在很大程度上也是兼顾环境与社会的可持续性的。因此,可持续供应链治理机制,是一个复合治理机制,是一个比较准确的概括。它主要指蔬果质量安全的确保机制,但同时也关注环境和社会的可持续性。

1.5　研究方法

由于受经费、时限和数据可获得的限制,本课题难以进行严格的计量经济学分析。本课题更多地采用了深度访谈和参与式调研等研究方法。很多起初由于使用了"非标准分析"方法而感到气馁的人后来发现,这些非标准分析为他们的研究提供了一个有用的入门工具,甚至是分析框架(威廉森,2001)。本课题将以信息经济学、博弈论和产业组织理论作为理论基础,并吸收管理学、法学及食品科学等学科的相关成果,在综述相关理论前沿、充分借鉴国内外经验及翔实把握国内一些典型地区蔬果流通的产业组织与食品安全现状的基础上,对影响蔬果供应的质量安全的因素,对蔬果流通的产业组织与质量安全之间的关系进行实证研究,并对有关部门改善蔬果质量安全提出相关政策建议。本书将采取跨学科的开放式研究方法,重视案例研究、实地调研和深度访谈等不被主流经济学重视的研究方法。中国目前不容忽视的农产品质量安全和更广义的食品安全问题,除技术方面的原因外,更重要的在于制度和人的因素,或者说是组织方面的因素。对于人和制度因素进行研究,案例研究和深度访谈似乎是更有效的研究方法。

1.5.1 方法论的必要转变

在方法论上,本课题主张回到方法论上的个体主义(methodological individualism)。按照这种方法论,个体决策者及其行动是社会中唯一真实的实在,"国家""民族"等集体性概念及所有的组织、群体行为都必须回到个体层次才能真正加以理解。此种方法论还强调每个个体(决策主体)之间都互不相同,有着不同的和不断变化着的偏好、目标、目的和观念,并面对不同的约束条件,由此也就决定了每个个体的行为都必然是有差异的。而且,每个个体(决策主体)的行为,从其自身的角度而言,往往都是理性的。这是现代经济学的基本共识,在我国古代的一些先贤那里也不难找到类似的思想。然而,总有一些官员和学者习惯于从自身的偏好和价值观出发去观察、解释他人的行为,由于难以准确探究他人的偏好、价值观和具体的约束条件,往往臆测别人不理性。

方法论上的个体主义对于农产品质量安全问题的研究和相关政策的制定意义重大。正如米塞斯(Mises,1949)所言,人类行动是理解市场过程的关键。要深入探究农产品质量安全问题及其演化过程,其关键无疑也在于各相关行为主体(包括农民、加工商、运输商、批发商、零售商、政府官员、媒体工作人员、消费者)的行动。农民是农产品生产的主体和主人,是农产品质量安全保障的重要行为主体。因此,深入认识相关行为主体是认识农产品质量安全问题的基本前提。如果不能对相关行为主体的个体行为进行深入的了解,那么,所有有关农产品质量安全问题的观点和看法往往成为一种幻象。因此,在没有对相关行为主体(包括基层普通农民、商贩、消费者、官员)进行深入调研的情况下,最好不要在食品安全问题上发表意见,而即便作过深入调研,其发表的意见也应尽可能地谨慎。当前有关大城市食品安全问题的研究,基本上都是居住在城镇的居民进行的,因此,其研究也就自然而言地更侧重于从消费者的层面(如消费者态度、支付意愿、认知、购买行为等)对食品安全问题进行研究。此种研究当然是非常重要的,但是,仅仅是基于消费者层面的研究尚不能窥见农产品质量安全问题的全貌。必须将研究的视角从消费者层面的研究扩展到包括消费者、农户、运输商、加工商、批发商、零售商、政府官员甚至媒体工作人员在内的整个供应链参与人的行为的研究。本项目的研究力图回到"个体",关注有关当事人的心理、行为和经济计算。

1.5.2 交叉研究的必要性

研究所采用的方法与视角,并无所谓"先进"和"落后"之分,完全由所要研究的问题的性质来决定。蔬果质量安全,不是一个全新课题,却是一个典型的复杂课题,是从农业生产资料(种子、饲料、肥料、农药等)供应到蔬果生产、产品加工、分销再到消费的一个异常复杂的巨系统。这个复杂巨系统的运行,显然涉及众多的行为主体的参与和多种复杂多变的因素的影响。它必须直面一系列非常难以回答的问题:当前蔬果质量安全状况究竟如何?农药残留、重金属、微生物等对人体究竟会产生何种影响?既然法律已作出明确规定,为何仍然会有企业在继续生产、销售违禁农药?为何农户仍然会使用违禁农药?为何很多批发零售企业都不进行必要的监测?为何政府监管部门经常处于缺位状态?为何媒体率先披露重大蔬果质量安全事件而监管者往往选择"沉默"?为何有关法律法规没有起到应有的作用?何种法律和监管体系最适合中国国情?消费者、媒体、学界、政界在农产品质量安全体系中起着什么样的作用?如果不能回答以上最基本的问题,就不可能全面深入地把握我国农产品质量安全问题。而要回答以上基本问题,单独一个学科、一个部门、单靠学界的力量,显然是不够的。对于如此复杂的巨系统,如果试图获得全面、清晰、深刻的认识,非开展跨学科的研究和学界、业界、政界的合作研究不可。

　　科学研究的对象，无非是物与物之间的关系，人与人之间的关系，人与物之间的关系。研究物与物之间的关系，各种自然科学最拿手；研究人与人之间的关系，则是各种社会科学和人文学科最擅长之处；研究人与物之间的关系，自然科学、社会科学、人文学科之间互有千秋。然而，世界上很少有哪件事情只牵涉物与物之间的关系或人与人之间的关系，诸如农产品质量安全这样一个全球性难题，就更不可能只牵涉单一关系，它既要深入研究物与物之间的关系，也要研究人与人之间的关系，同时还要研究人与物之间的关系，因而，自然科学、社会科学、人文学科均能有所贡献，如能高效合作，必然能够更为深入。而且，当今科学发展的大趋势，是自然科学、社会科学与人文学科从各个层面、各个角度进行广泛而深入的交叉、融合、综合，自然科学、社会科学与人文学科一体化，自然科学"社会化""人文化"和社会科学"自然化"的趋势日益明显。作为这种发展潮流的证据，越来越多的创新性成果都依赖于跨学科的交叉研究，这既有利于高水平深入研究问题，也有利于推动传统学科的创新，推动学术观点、学科体系和科研方法的创新。创新往往来自交叉，来自边缘学科和交叉学科，对于农产品质量安全问题的研究，自然也是如此。

　　第一，有关蔬果质量安全的社会科学研究亟须自然科学的协助。在蔬果质量安全研究方面，从社会科学的视角展开研究时，往往需要来自自然科学的知识和相关研究的协助。例如，有关蔬果质量安全，必然要在不同程度上牵涉农药残留、重金属、激素滥用及其危害等专业问题，如果缺乏自然科学领域的知识和研究技术，不仅不可能深入探究问题，反而有可能混淆是非。然而，这些知识要由社会科学研究者全部掌握也不现实，因而，跨学科的合作研究就非常必要，否则，软科学研究成果可能太"软"，在面对某些专业性较强的问题时难免缺乏应有的底气。❶

---

　　❶ 2009年，全球性的环保组织绿色和平组织曾发布过有关中国蔬果质量安全的评估报告，该报告指出在中国经营的一些跨国零售商出售的蔬菜和水果中有违禁农药残留。但该报告的主要论点随后却被卫生部从"专业"的角度予以一一驳斥。无论谁是谁非，有一点是可以明确的，在探究农产品质量安全问题时，必须有足够的自然科学方面的专业知识和相关背景。

第二,有关蔬果质量安全的自然科学研究需要社会科学和人文学科的支撑。如果离开社会科学和人文学科的必要支撑,有关蔬果质量安全的自然科学研究(尤其是纯技术和工程方面的研究),就容易忽视技术和工程运行的经济背景和社会制度背景,容易将技术和工程作为一种中性的事物加以研究,容易追求技术本身的先进性和技术可行性。然而,所有技术一旦用于社会,就不再是中性的了。这样的研究,由于没有足够重视"人"的因素,往往出现以下偏差:第一,容易忽视工程和技术的社会影响与社会后果;第二,容易忽视技术在"落地"过程中遇到的困境——这不仅仅是所谓"技术转化"的困难。❶任何社会的蔬果质量安全状况,虽然受经济发展水平、技术手段的影响,但主要取决于"人"或曰"行动主体"(不仅包括生产者、销售者、消费者,也包括记者、学者、监管者)的行动方式,因此,相关研究必须把握相关的"人"的行动方式。各个行动主体都是指特定的制度背景下,受其知识、信息方面的局限,在受到时间、金钱等约束的前提下,通过权衡其面临的成本﹣收益而进行决策。离开对相关行动主体决策理性的分析,无论采取什么样的严格标准和先进技术,无论怎样去改善基础设施、检测设备,都将于事无补。这也正是有关确保农产品质量安全的自然科学研究(尤其是工程技术方面的研究)必须与社会科学(尤其是经济学)相结合的基本原因。

第三,有关农产品质量安全的社会科学和人文学科内部也需要跨学科研究。有关蔬果质量安全的研究,自然科学与社会科学、人文学科之间需要相互提供支撑,社会科学和人文学科内部也需要展开跨学科研究。以农产品质量安全方面的法律研究和立法为例,如果法律和制度是中性的,纯粹的"拿来主义"也未尝不可。然而,任何法律和制度,一旦用于社会,都不是制度中性的,成功的法律和制度均有其相应的社会与文化背景,显然必须结合中国国情探

---

❶ 存在技术理性与经济理性的差别问题。在工艺上先进而且高效率的"高新技术"不一定适合于中国社会,因为经营者必须考虑其成本收益的比较,其基本的立足点,始终是利润最大化。如果不考虑经济理性,单纯的工程和工艺研究,或许只能产生那些永远难以"转化"的科研成果,或是发表了一批被EI、SCI、ISTP等检索的论文而已。

索适宜的法律与制度。正如看似中性的工程与技术也必须考虑中国当前的经济背景和制度背景、经受中国国情的检验一样。我国近年来制定了一系列法律、法规和规章[1]，但是，正如周德翼、杨海娟（2002）所言，"目前国内关于质量安全管理的研究，都着重于食品质量安全立法、标准的建设，而忽视法规、标准的可执行性，注重了表面的监管体系，而忽视信息不对称问题及监管体系背后所蕴含的信息管理（揭示、传递、储存、反馈等）与效率（信息成本和产生的激励效果）。这既不利于从更基本的层次来理解发达国家监管制度与政策的有效性、局限性与适用条件，也不利于总结我国的食品安全管理中的问题和经验，以建立适合我国国情的高效的监管制度。"要考虑法律、法规、标准的可执行性，考虑信息不对称问题及监管体系背后所蕴含的信息管理与效率，就不能只是简单"移植"他国的法律和标准，就不能只是简单的"学习"和借鉴，就不能仅仅停留在"中体西用"的层面，停留于"术"的层面，除了法律方面的研究外，必须从政治、经济、社会、文化、伦理、公共治理等多个视角加以深入探究。

　　第四，高水平的蔬果质量安全研究需要学界、政界和业界的密切合作。在蔬果质量安全方面，业界和政界的工作，其复杂程度至少不逊于学界。如果不了解和探究业界和政界的工作内容，要深入探究农产品质量安全，那也是一种致命的自负。长期以来，中国的很多学术研究，基本停留于象牙塔之内，虽然"纯"，却没太大用处。社会科学研究者大多停留于图书馆式的研究，自然科学研究尤其是工程和技术领域的研究则多半是在实验室完成的。现代信息技术的迅速发展极大地丰富了研究人员的研究手段，但基本形势并未发生太大变化。然而，学界需要来自政界的协助，因为蔬果质量安全问题必然要牵涉到政

---

[1] 目前，中国已建立了包括法律、行政法规、部门规章在内的一套完整的法律法规体系，以确保农产品质量安全和食品安全水平。法律包括《农产品质量安全法》《食品安全法》《产品质量法》《消费者权益保护法》《刑法》《进出境商品检验法》《进出境动植物检疫法》《卫生检疫法》和《动物防疫法》等。行政法规包括《认证认可条例》《进出口商品检验法实施条例》《进出境动植物检疫法实施条例》《兽药管理条例》《农药管理条例》《出口货物原产地规则》《标准化法实施条例》《饲料和饲料添加剂管理条例》《农业转基因生物安全管理条例》等。部门规章包括《食品卫生许可证管理办法》《进出境肉类产品检验检疫管理办法》《进出境水产品检验检疫管理办法》《流通领域食品安全管理办法》《农产品产地安全管理办法》等（中华人民共和国国务院新闻办公室，2007）。

府部门，如果没有来自政界的必要协助，有些信息、数据和现实运作是无法获知的；学界更需要来自业界的协助，是因为业界最了解产业的运行规则、相关的成本收益的计算。因此，真正高水平的农产品质量安全研究，不能仅仅局限于象牙塔、实验室和图书馆，在必要的情况下，必须走出象牙塔，必须走出实验室，走出图书馆，社会是最丰富、最鲜活的图书馆和实验室，有着无数可资利用的真实素材，跟社会、政府部门、业界进行必要的接触，与其他学科的学者进行必要的沟通，应该比封闭式的研究更有效率，也更有针对性。即便是纯工程和技术研究人员，也能从与政界、业界的合同、沟通中受益，他们在进行研究与开发时将被迫更多地考虑技术可行性之外的其他可行性，如市场可行性、财务可行性和法律可行性。另外，学界、业界、政界之间进行必要的沟通、交流与合作，还可以化解诸多不必要的误会和不信任。本来发布质量安全信息最权威的部门应该是有关监管部门，但是，由于质量安全监管者与学者、业界、消费者之间缺乏有效沟通，消费者对质量安全的信任度就会比较低，学者、业界对于监管方发布的信息的信任度也比较低。消费者变得极其脆弱，某些记者的不严谨的夸张报道甚至就可以对一个地区、一个产业产生极大的负面影响。近年来诸如"蛆柑"和"致癌香蕉"等报道表明，中国的消费者似乎过于敏感，过于轻信媒体。然而，出现这样的后果，除体制方面的原因外，学界、业界、政界与媒体、消费者之间缺乏有效的沟通与合作是重要原因。

1.6　特色、创新与不足

本项目从可持续供应链治理机制的视角来探讨我国蔬果质量安全问题，特色与创新之处在于：

第一，研究视角的特色。课题充分考虑各相关行为主体在确保质量安全中的重要作用。以往的研究要么强调政府的监管，要么强调对种植环节的监控，过于强调工程技术方面的力量，过于强调法律和正式制度，而极大地忽略了食品安全实际上是消费者、政府、农民、分销商、媒体等诸多行为主体之间相互博弈的一个极其复杂的非正式的结果,这个复杂的博弈过程本身正是本项目所言的供应链治理机制,这是研究视角上的特色。

第二,跨学科研究的特色。蔬果质量安全问题,并非一个纯科学问题,也不是一个法律问题,而是科技、法律、制度、政策与执行之间的复杂互动过程,是相关利益主体之间的复杂博弈过程。这一过程在中国刚刚开始,很多复杂性还没有充分体现出来,因而,在一开始就要对这一过程的复杂性保持高度的敬畏和警惕,从而必须充分吸收相关自然科学、社会科学、人文学科的相关研究成果。

第三,研究方法可能的创新。课题更加重视案例研究和深度访谈等为主流经济学所忽视的研究方法。目前不容忽视的农产品质量安全和更广义的食品安全问题,除了技术方面的原因外,更重要的在于制度和人的因素,或者说是组织方面的因素。对于人和制度因素进行研究,案例研究和深度访谈似乎是更有效的研究方法。

第四,研究结论可能的创新。通过分析指出,鉴于质量安全有相当程度的外溢性效果,在很大程度上属于公共物品的范畴,因此,在质量安全领域,必须由政府承担更大的责任,在标准制定、检测、信息发布等方面增加公共投入,应该设法将用于奥运和出口检验检疫的食品安全确保机制逐步运用到国内市场,至少可以在经济社会发展程度较高的大城市尤其是首都北京试行更高标准的食品安全管控体系。另外,当前有关食品安全问题的研究,似乎有过分偏重技术手段的嫌疑。确保食品安全,发展中国家并不缺乏相关技术,也不乏先进的仪器设备,但由于管理方面的缺陷,很多确保食品安全的技术几乎成为摆设,法律的实施也有诸多困难,这是过度忽视相关行为主体的激励的必然后果。另外,当今欧美各国流行的确保农产品质量安全的种种法律、法规和指南等,均是基于这些国家的现实情况而制定的,显然不能简单移植到现阶段的中国。我们可以借鉴,但不能照搬。在农产品质量安全问题上,与其言必称欧美,不如首先基于我国的现实情况,找出问题的真正根源,方能有一个有效的解决。否则,可能是高射炮打蚊子。现阶段,中国的多数大城市(包括首都北京)在农产品物流方面必须面对"双重失灵"。一方面是由于严重信息不对称所必然导致的市场失灵;另一方面则是由于政府有关部门监管不力、服务不足所必然导致的政府失灵。在农产品的食品安全问题上,这两方面的失灵同样可怕,因为任何一个方面都有可能导致非常严重的食品安全危机。在我国现阶段,有些看似市场失灵的情形,在本质上是政府失灵。正因为农产品和广义的食品在生产和分销过程中必然有着非常严重的信息不对称,因此,无论在哪个国家,都必然存在着一定程度的市场失灵。在市场失灵的情形之下,就必须由政府有关部门发挥其应有的服务和监管职能。然而,当市场失灵同时遭遇政府失灵的情形之下,一个国家或地区的食品安全的风险必然迅速增加。在这种情况之下,食品安全似乎就只能寄希望于所谓的"道德",缺乏必要的制度来确保食品安全。在这种情况之下,无论我们如何利用先进的检测手段,抑或引入西方国家普遍有效的HACCP规制,都有可能演化为或蜕化成一个个的摆设。如果缺乏必要的配套,《中华人民共和国食品安全法》也完全可能沦为摆设。在食品安全方面,我国并非完全没有制度和法律。然而,这些法律和制度必须靠相关利益主体去实施。一种法律和制度,如果没有真正付诸实施,比没有法律和制度还要可怕。我们的法律和制度在很大程度上是基于西方国家经验的一种简单"移植"或照搬,如果不深入考察相关利益主体之间的利益矛盾,就不可能对影响食品安全的重要因素作出全面的剖析,也不可能提出真正有用的政策建议。

第五,项目在调研的深度、范围、数据方面,以及对相关理论和事实的把握方面,均存在诸多的遗憾。这一方面源于农户和企业对相关问题的敏感性,另一方面也源于调研方案设计所存在的缺陷。这些不足和缺陷只好等到今后再弥补了。

第二章　文献评述

2.1　对传统农业增长方式的反思

在20世纪60年代之前,长期流行于全世界的口号是"向大自然宣战""征服大自然"——自然仅仅是人们征服与控制的对象,而非保护并与之和谐相处的对象,而人则是万物的中心和主宰者。人类的这种意识由来已久,很少有人加以质疑,因为人类文明的许多进展似乎正是基于此种意识而获得的,人类当前的许多经济与社会发展的宏大计划也正是基于此种意识而制定的。所以,当时有不少人竟然荒谬到高度自信地认为"当代化学家、生物学家和科学家正稳稳地控制着大自然"。

20世纪50年代以后,非农业部门的诸多技术变革导致农业产量大幅增长,但随之而来的却是日益严重的环境污染、生态破坏和人类健康受损等问题。这正是1962年出版的那本曾引发激烈争议的著作《寂静的春天》的基本背景。该书作者卡逊那些看起来惊世骇俗的关于农药危害人类环境的预言,不仅受到与之利害攸关的生产与经济部门的猛烈抨击,而且也强烈震撼了社会广大民众。然而,卡逊第一次从科学的角度对于"征服大自然"这一人类意识的绝对正确性提出了强烈质疑。在她看来,各国农业产量的确获得了迅速的增长,却是以癌症、神经病等的潜在增长为代价的:这是一种浮士德式的交易——牺牲长远利益,获得近期利益。而且,这种近期利益也是相当短的。许多杀虫剂不能使所有的害虫全部灭绝。也许开始时能,但害虫通过基因突变而逐渐适应了,那么,这些化学药品也就失去了作用。这样导致的结果是,害虫没有杀灭,生态环境却无可挽回地被严重破坏。20世纪60年代,北美五大湖区野生鸟类受到含氯有机化学农药DDT的侵害,鸟类种群大量减少。作者卡逊在论战中具有两个决定性的力量:尊重事实和非凡的个人勇气。她反复推敲过《寂静的春天》中的每一段话。现实已经证明,她的警言是言简意赅的。她的勇气、她的远见卓识,已经远远超过了她要动摇那些牢固的、获利颇丰的产业的意愿。当写作《寂静的春天》的时候,她强忍着切除乳房的痛苦,同时还接受着放射治疗。书出版两年后,她逝世于乳腺癌。具有讽刺意味的是,新的研究有力地证明了这一疾病与有毒化学品的暴露有着必然联系。从某种意义上来说,卡逊却是在为她的生命而写作(戈尔,1997)。

部分受卡逊的影响,自20世纪70年代以来,针对"石油农业"存在的弊端,欧、美、日本的一些学者,就纷纷提出诸如"自然农业""生物农业""超石油农业""有机农业""生态农业"等模式以替代高度依赖化肥、农药和机械化作业的"石油农业"模式。但由于发达国家普遍对农产品进行巨额补贴,从而人为地大幅抬高了农产品价格,诱导农民大量种植被补贴的"计划产品",从而刺激了水、化肥和农用化学品的大量使用,从而导致各种"替代"模式难以真正"落地"。在此种背景下,1985年,美国加利福尼亚州议会通过的"可持续农业研究教育法",是世界上首次提出正式"可持续农业"概念。此概念一经提出,便被世界各国农业理论和实践工作者所接受,并很快得到有关国际组织和国家政府的响应。1987年世界环境与发展委员会发表了《2000年的粮食:转向可持续农业的全球政策》;1988年美国成立"国际可持续农业协会";1989年联合国粮农组织(FAO)通过了有关可持续农业发展的第3/39号决议。1991年,在荷兰举行的联合国粮农组织农业与环境会议上通过里程碑式的《登博斯宣言》(DenBoseh Deelaration),其中对"可持续农业"(sustainable agriculture)进行了明确界定:"管理和保护自然资源基础,调整技术和机制变化的方向,以便确保获得并持续地满足目前和今后世世代代人们的需要。因此这是一种能够保护土地水和动植物资源不会造成环境退化,同时在技术上可行经济上有活力社会上能广泛接受的农业"(王向阳、厉为民,2004)。1992年在巴西召开的联合国环境发展环发大会和1993年联合国粮农组织在罗马召开的第27届国际会议都进一步重申了可持续农业的思想及一系列具体构思。至此,可持续农业成为全球农业发展的主要战略思想和发展趋势,这种战略要求人们必须将当前的农业资源开发与长期的资源保护紧密结合起来,既能做到满足当代人不断增加的对农产品的需求,又能做到保护好农业生态环境,遵循农业资源所具有的有限人口承载力的客观规律,使农业资源得到持续利用。

2.2　有关食品-农产品质量安全的研究

国外关于食品安全和农产品质量安全问题的研究文献可谓源远流长、汗牛充栋。美国人Upon Sinllair在20世纪早期的著作"the jungle"堪称美国早期食品安全的"拔粪"之作,他在书中详细地揭露了芝加哥肉类的不卫生条件,对美国当时的食品安全起到了巨大的促进作用,不仅促进了相关食品安全法律的迅速通过,也在一定程度上促进了学界的研究。20世纪70年代,全球开始普遍关注食品安全问题。进入20世纪80年代,农产品质量安全问题逐步凸现。食物中的病菌和病毒,如大肠杆菌、牛海绵状脑病毒(疯牛病)、沙门氏菌等引起了一系列疾病之后,西方消费者对食物安全的信任程度下降到了历史最低点(张晓勇、李刚、张莉,2004)。各国为提高农产品质量安全水平,纷纷加强政府监管,增强对食品供应链各环节的控制,建立更有效的监管体系。该体系以质量管理、风险分析、预防性控制体系为特征,广泛实施农产品或食品的质量安全管理标准与管理办法。除ISO系列和CAC等国际性的标准和管理体系外,农产品生产与食品企业大量实施TQC(即全面质量管理)、QMS(质量管理体系)、HACCP(危害分析与关键控制点)、GMP(良好操作规范)、GGP(农场良好生产指南)、GVP(畜禽场良好兽医兽药规范)、GDP(良好分销规范)、QS(质量标准)、SSOP(卫生操作标准规范)等。各国也广泛实施"从农场到餐桌"(from farm to table)整个食品供应链的全过程质量安全管理。特别是进入20世纪90年代后期,随着食品危害事件的频繁发生,消费者信心不断下降,发达国家进入了以修订具有更高标准、几近苛刻要求为特征的现代农产品质量安全管理的新时期,事前预防比事后检测变得更为重要,很有必要加强食品风险管理,有效提前预防食源性疾病的发生,这就需要通过整个供应链建立一个可以一直追溯到农场生产源头甚至农场的主要供应商(农药、农肥、种子、饲料等)的农产品全程管理体系(杨万江,2006b)。

就国内研究而言,很久以前,古人就从大量的实践中总结出了一些食品安全方面的经验。早在春秋时期,孔子就已经总结出"五不食"的原则:"食饐而餲,鱼馁而肉败,不食。色恶,不食。臭恶,不食。失饪,不食。不时,不食。"孔子的说法当然是一些经验的总结,不可能也不需要上升到"科学"的高度。在大多数中国民众还吃不饱的阶段,或许没有多少人会去关心"吃得好"的问题,更没有人会去关心"吃得安全"的问题。因此,在1979年以前,我国政府和民众关注的焦点是以籽粒最大产出量为主要目标的"粮食安全"(food security)问题,也就理所当然没有人探讨更高层次的"食品安全"(food safety)问题。1979年,《中华人民共和国食品卫生管理条例》标志着我国政府关注食品安全的萌芽。该条例在1982年被修订升格为《中华人民共和国食品卫生法(试行)》。但这部法律并没有立即推行,而是几经辗转,经过规制和受规制主体12年的不断博弈后才于1995年以《中华人民共和国食品卫生法》正式实施。但在当时的环境下,《条例》的出台无疑具有里程碑的意义。1984年以后,农业及食品发展的任务也开始从保障食物供给安全提升为在保障供给基础上"保证农产品的质量安全"(魏益民、刘为军、潘家荣,2008)。虽然《条例》和《中华人民共和国食品卫生法(试行)》中提及要在保障供给基础上"保证农产品的质量安全",然而,农产品的质量安全并没有真正摆上议事日程。到了20世纪90年代初期,由于国内农产品供求关系开始发生转换,农民增收开始放缓,国内学界开始从农产品质量的内涵、提高农产品质量的重要性、影响农产品质量的因素及提高农产品质量的途径等方面关注农产品质量问题(严春兴、王琼,1992)。李波、陆迁(1995)分析了技术进步与农产品质量的关系,在国内较早地提出了通过建立健全农产品质量监督、检测和标准化体系来提高农产品质量的思路。不过,这一阶段的研究主要是从技术的角度探讨提高农产品质量的途径,还未将问题提升到农产品质量安全的高度。这与我国当时的农业发展水平较低有关。进入20世纪90年代中后期,尤其是加入WTO之后,部分发达国家对我国农产品出口纷纷设置"绿色壁垒",一些以外销出口为主要市场的农产品加工企业,由于农药和兽药残留问题,出口受阻,经营业绩下滑,有的甚至濒临倒闭、破产。农产品安全问题已经成为我国农业持续发展的瓶颈之一(胡定寰、Gale、Reardon,2006)。与此同时,国内开始出现一系列农产品质量安全和食品安全事件。

国内外农产品市场环境和生产形势的变化,驱动着国内学界、政界、业界的关注重点从"提高农产品质量"逐渐转向与之有密切联系的更深层次的农产品质量安全问题。不难发现,自从2002年开始,伴随着国内出现的一系列严重的农产品和食品安全事件,国内学界掀起了一个讨论食品安全和农产品质量安全的高潮。在这一时期,主要的农业和农村经济研究期刊《中国农村经济》《中国农村观察》《农业经济问题》《农业技术经济》和《中国软科学》、《食品科学》等发表了大量有关食品安全和农产品质量安全的理论研究和经验研究的论文。中国社会科学院、国务院发展研究中心、中国农业科学院、中国人民大学、中国农业大学、浙江大学、南京农业大学、华中农业大学、西北农林科技大学、华南农业大学等重要科研机构和高等院校涌现出一批研究食品安全和农产品质量安全问题的学者。近些年来,国内已经出现不少研究农产品质量安全和食品安全问题的专著(杨洁彬、王晶、王柏琴,2002;秦富等,2003;杨顺江、谢振贤、张俊飚、朱信凯,2003;张玉香,2005;杨金深,2005;赵林度,2006a;赵林度,2006b;杨万江,2006;王志刚,2006;王志刚,2007;张云华,2007;周洁红、姜励卿,2007;魏益民、刘为军、潘家荣,2008;周德翼、吕志轩,2008;周应恒等,2008)。与此同时,以食品安全或农产品质量安全为题的博士论文的数量也出现了迅速增长,且研究的深度和广度都有了明显的增长(王华书,2004;朱毅华,2004;周洁红,2005;钱峰燕,2005;杨万江,2006a;刘为军,2006;王玉环,2006;吴秀敏,2006;陈曜,2007;苏昕,2007;陈小霖,2007;冯忠泽,2007;孙志敏,2007;邵征翌,2007;孙君茂,2007;孙艳华,2007;胡莲,2008;孔繁涛,2008;

赵建欣,2008)。近些年来还出现了一批综述性的论文(周洁红、钱峰燕、马成武,2004;周洁红、姜励卿,2004;刘为军、潘家荣、丁文锋,2007)。然而,从供应链尤其是绿色供应链的视角对农产品质量安全所开展的研究,处于起步阶段(陈小霖,2007;胡莲,2008)。国内还出版了几部大部头的研究文献,它们分别是《食品安全战略研究》(陈锡文、邓楠,2004)、《全球食品安全(北京)论坛——促进食品安全技术创新 建立有效的食品安全体系》(2004)和译著《食品安全手册》(斯密特、罗德瑞克,2006)。

另外,国家自然科学基金委和北京市自然科学基金委还针对农产品质量安全和食品安全问题资助了大量的科研项目。基于全国层面的研究主要包括:华中农业大学周德翼教授主持的国家自然科学基金项目"我国食品标志与追踪制度的绩效研究及优化设计"(项目批准号:70373016);浙江大学杨万江教授主持的国家自然科学基金项目"中国农产品质量安全管理体系及地方适应机制研究"(项目批准号:70273038);浙江大学周洁红教授主持的国家自然科学基金项目"产业化进程中蔬菜质量安全管理机制研究"(项目批准号:70673085);浙江大学黄祖辉教授主持的国家自然科学基金项目"我国生鲜食品物流系统构建中的组织与制度研究"(项目批准号:70373022)。中国人民大学王志刚副教授主持的国家自然科学基金项目"HACCP体制下食品加工和消费的公共管理研究"(项目批准号:70473095)。中国人民大学郑风田教授主持的国家自然科学基金项目"全球化背景下中国食品类企业采纳国际食品安全标准体系的驱动力机制研究"(项目批准号:70573117/G0305)。此外,国家还曾将"食品安全关键技术"列为"十五"重大科技专项。基于北京市层面的研究,主要的研究课题包括:中国人民大学农村发展学院的王志刚副教授主持的北京市自然科学基金项目"HACCP体制下确保北京加工食品质量安全研究"(项目批准号:9062007)和中国农业大学安玉发教授主持的北京市自然科学基金项目"北京市农产品批发市场质量安全监管研究"(项目批准号:9082011)。另外,相关的研究项目还包括北京工商大学谭向勇教授主持的北京市哲学社会科学规划办重点项目"北京市主要农产品流通效率研究"和原北京市商务局副局长程红博士主持的北京市哲学社会科学规划办立项的课题"发展首都绿色流通事业的对策研究"。基于其他省市层面的研究也非常多。如陕西省从1998年开始就一直开展苹果的优果科技示范工程,2002年西北农林科技大学中标了"十五"国家科技攻关重大专项"(苹果)食品安全关键技术应用的综合示范"课题和农业科技跨越计划项目"优质高效苹果生产技术熟化与示范"。

具体而言,国内外有关食品安全和农产品质量安全的研究主要是从以下九个方面展开的。

2.2.1　食品安全与农产品质量安全的界定

1974年11月,联合国粮农组织在世界粮食大会上通过了《世界粮食安全国际约定》,从食品数量满足人们基本需要的角度,第一次提出了"食品安全"的概念。在过去的30多年时间内,"食品安全"的内涵发生了变化,丁声俊(2006)对国外关于食物安全的定义进行过系统梳理。目前,"食品安全"主要包括如此几个方面:第一,从数量的角度,要求人们既能买得到、又能买得起需要的基本食品;第二,从质量的角度,要求食品的营养全面、结构合理、卫生健康;第三,从发展的角度,要求食品的获取注重生态环境的保护和资源利用的可持续性;第四,从全球的角度,要求食品和原材料能实现跟踪和追溯,满足经济全球化的要求。换而言之,食品安全的内涵已从注重数量转移到了质量并重、从追求经济效益发展到追求生态效益、从关注区域性问题扩展到关注全球性问题。因此,解决食品安全问题是一项涉及农业、卫生、环保等多方面的系统工程(赵林度,2006a)。

一般认为,所谓食品安全,就是食品质量安全(food safety),是一个复杂和多层面的综合概念,包含食品产业中所有的利益相关者(不仅包括消费者,也包括学者、管理部门、媒体、业界、非政府组织等)对安全食品的理解。美国学者Jones区分了绝对安全性和相对安全性两种不同的食品安全概念。绝对安全性被认为是确保不可能因食用某种食品而危及健康或造成伤害的一种承诺,也就是食品应绝对没有风险。不过由于在客观上人类的任何一种饮食消费都是存在风险的,绝对安全或零风险是很难达到的。而相对安全性是指一种事物或成分在合理食用方式和正常食用粮的情况下,不会导致对健康损害的实际确定性(周应恒等,2008)。以上两种区分在很大程度上反映了消费者与管理者、生产者、科学界对食品安全的认识差异。消费者要求对他们提供没有风险的食品,而把频繁发生的食品安全事件归因于技术和管理的不当;食品的生产者、管理者等从食品构成及食品科技的现实出发,认为安全食品并不是完全没有风险的食品,而是在提供一定水平的营养和品质的同时,力求把可能存在的任何风险降至最低限度(周应恒等,2008)。Lopez也认为,消费者必须接受食品安全知识的教育和培训。如果没有一个广泛接受的食品安全的定义,公众会对可以达到的食品的安全性产生不现实的期望。Lopez指出,食品安全标准要考虑经济和科学的可接受性,消费者也不太可能去购买价格昂贵的绝对安全的食品(斯密特、罗德瑞克,2006)。1996年世界卫生组织(WHO)在其发表的《加强国家级食品安全性计划指南》中将食品安全解释为"对食品按其原定用途进行制作和食用时不会使消费者受害的一种担保";国际食品卫生法典委员会(CAC)对食品安全的定义"消费者在摄入食品时,食品中不含有害物质,不存在引起急性中毒、不良反应或潜在疾病的危险性。"在比较了不同的食品安全定义后,汪普庆(2009)将食品安全界定为:从生产到消费(包括贮藏、加工、运输和销售等)的食品链的各环节进过正确处理,安全的食品中不含可能损害或威胁人体健康的有毒、有害物质或因素,从而导致消费者急性(或慢性)毒害或感染疾病,或产生危及消费者及其后代健康的隐患。

农产品质量安全,似乎是一个中国特色的概念。专门为农产品出台一部法律,似乎也是中国特色。根据《农产品质量安全法》第二条的规定,农产品质量安全,是指农产品质量符合保障人的健康、安全的要求。显然,这个界定是比较含混的。

2.2.2　食品安全风险分析与控制的研究

随着工业化的进程和科技的进步,很多国家食品安全事件频发,尤其是

1996年英国爆发的"疯牛病"事件、2000年日本爆发的"牛奶污染"事件、2001年欧洲爆发"口蹄疫"事件等一系列食品安全事件的发生,给人类健康和经济社会带来了很大的危害,也引起了国际社会的广泛关注,迫切需要一种食品安全管理的宏观管理模式。风险分析正是针对食品安全性问题应运而生的一种宏观管理模式。风险分析最早由发达国家提出,并且得到了其他很多国家和CAC的一致认可。

国外对风险分析与风险控制的研究起步很早,已经积累了大量的研究成果,具体研究角度如下:①对风险的研究。自1986年,德国学者贝克提出"风险社会"以来,风险成为一个关键词。贝克认为,"当今社会已经进入风险社会,经济增长的可持续性、有害技术的无处不在及还原主义科学研究的缺陷使得整个社会因为技术的威胁而充满风险、惶恐不安。"(薛晓源、周战超,2005)。可见,用风险来解读食品安全问题,是技术运用于食品领域而产生高风险的结果。②对食品安全风险分析运作过程的研究。风险分析最先出现在环境科学危害控制中,到20世纪80年代末开始被引入到食品安全领域。1991年,在"食品标准、食品中的化学物质与食品贸易会议"上,联合国粮农组织(FAO)、世界卫生组织(WHO)和关贸总协定(GATT)建议CAC在制定决定时应采用风险评估原理。1995年,召开了FAO/WHO联合专家咨询会,会议通过了"风险分析在食品标准问题上的应用"的报告。1997年,联合国粮农组织(FAO)和世界卫生组织(WHO)提出了食品安全风险管理运作的相关意见。1998年,FAO/WHO通过了"风险情况交流在食品标准和安全问题上的应用"的报告。此后,食品风险分析的运作过程就建立了,包括三个部分:风险评估过程、风险管理过程和风险交流过程。近年来,食品安全风险分析得到不断的扩展,包括协商、提高理解力、实施解决办法等内容,这样也扩展了风险分析本身。但是,必须承认,风险分析受时间、资金、专业技能、可利用数据等因素的限制,很难进行全面的、量化的风险评估。③对食品安全风险分析的发展与应用的研究。食品安全风险分析本身是一个技术,目前研究风险分析技术应用的文献占比最高。1996年,荷兰的Notermans和英国的Mead在HACCP系统中的概念性中应用定量的风险分析要素。1998年,Mayes(英国)也将风险分析的理论应用到企业中的HACPP中。1999年,西班牙的Serra将食品安全风险分析和HACPP结合创造了RACCP体系。2000年,美国的Sperber研究食品安全风险分析运用到HACPP中的定量分析问题。《食品中微生物风险评估》(Forsythe,2002)主要研究风险分析在微生物领域中的运用,提供了世界贸易中的食源性致病菌、食品安全、控制和HACCP、风险分析、微生物风险评估(MRA)的应用及微生物风险评估技术和应用在未来可能的发展等,集中讨论了基于每日摄入含有致病微生物食品的情况下的消费者可接受风险水平。④对食品安全风险分析机构设置的研究。1997年5月,美国的一份名为"Food Safety from Farm to Table: a National Food Safety Imitative"的报告指出,美国应建立一个跨机构的风险评估联盟(Interagency Risk Assessment Consortium),负责风险分析。欧盟于2000年出台的《欧盟食品安全白皮书》提出设立欧洲食品安全局,并于2002年正式建立了欧盟食品安全局,来承担风险评估和风险交流工作。日本于2003年在《食品安全基本法》中也提出建立食品安全委员会(Food Safety Commission),职责为食品安全事务管理和风险评估,该机构下设事务局和专门调查会,专门调查会负责专项案件的检查评估,事务局负责日常工作。⑤食品安全风险与价格等重要因素之间的权衡取舍。国外有关对消费者支付意愿、购买行为与农产品质量安全之间关系的研究文献非常多。Variyam和David(1996)通过研究消费者对普通农产品消费需求和安全农产品消费需求之间的关系,阐述了影响农产品质量安全需求的因素及人们对于安全食品的支付愿意问题。Marsden、Flynn和Harrison(1999)研究了消费者偏好对生产者供应产品的影响,讨论了消费者的质量安全偏好,并从零售环节、渠道策略方面提出了一些提高食品质量安全水平的具体措施。Eom(1994)针对价格与食品安全风险之间权衡取舍进行了经验研究。Fox和Hennessy(1999)针对高成本的食品安全干预措施与经济损害之间的权衡取舍进行了研究。Starbird(2005)认为,加强食品安全检查程序本身的监管是一项有效的食品安全风险控制措施。

近年来,国内关于食品安全风险分析与控制的研究文献迅速增长。主要研究角度包括:①食品安全风险分析重要性的研究。食品安全风险分析在世界各国运用已有十多年的历史了,我国为尽快跟世界接轨,必须加快我国食品安全风险分析的脚步,所以很多学者都论述了建立食品安全风险分析机制的重要性。在我国最早研究食品安全的要数李朝伟、陈青川(2001)的《食品风险分析》,他们认为,食品风险分析作为一种新的国际食品安全宏观管理模式,能够最大限度地利用现有的资源,保证食品行业的安全性和有效性,所以值得我们广泛运用。又如农业部农产品质量安全中心渔业产品认证分中心的宋怿认为,国际上针对食品安全性问题最有效的管理方法是食品安全风险分析理论,它不仅是科学的方法论,还是一整套科学的宏观管理模式和风险评价体系,广泛应用这一管理模式,能够保证贸易公平,能够为制定各种标准奠定基础。在2007年的访谈中,中国工程院院士陈君石也呼吁我国应尽快建立食品安全风险分析框架,他认为,我们现在食品安全问题繁多的原因就在于我们没有建立食品安全风险分析框架,一旦建立,不仅政府官员、新闻媒体和消费者能科学地认识风险和安全,而且对构建和谐社会也有极大的帮助。中国农业大学胡晓松教授认为,食品安全属于科学范畴,建议用风险分析的方法对风险进行规避,并呼吁各职能部门不断完善我国的食品安全法律法规和食品安全体系。②食品安全风险分析的发展与应用的研究。关于食品安全风险分析的发展与应用的研究的文章较多,有的学者是研究风险分析在制定食品标准中的应用,杨丽认为,制定我国的SPS措施必须遵循SPS协议,以风险分析为基础,并且风险分析又应该以CAC有关食品安全风险分析指南为指导。有的学者是研究风险分析在进出口食品贸易中的运用,如《对进出口食品风险管理的思考》(陈胤瑜,2006),在该文中,作者认为,进口食品风险管理是食品风险分析的重要组成部分,文章提出了建立我国进口食品风险管理的构思。有的学者是研究食品安全风险分析在农产品质量安全领域内的运用,如中国农业科学院农业质量标准与检测技术研究所,通过多年的研究,介绍了国际农产品质量安全风险评估相关定义、现状、基本程序及农产品中不同危害风险评估现状及经典评估案例等。还有的学者研究转基因食品的风险分析运用,如毛新志(2007)认为,基因食品具有高风险和高收益,我们不该惧怕科技带来的社会风险,而是要在风险和收益之间权衡,用主动的态度管理好基因食品带来的风险,使基因食品为我们所用。③消费者食品安全风险认知方面的研究。与国外相比,国内学界对消费者食品安全风险认知的研究尚处于起步阶段。国内学者对消费者食品安全行为,及影响食品安全行为的食品安全心理因素,如安全食品认知度、安全食品支付意愿、食品安全担心程度、食品安全信息行为、食品安全风险规避行为等进行了研究,有代表性的研究成果包括王锋、张小栓、穆维松、傅泽田(2009);王华书、徐翔(2004);王华书(2004);王志刚(2003);杨金深等(2004);张晓勇、李刚、张莉(2004);周洁红(2004);周应恒、霍丽玥、彭晓佳(2004);冯忠泽、李庆江(2007);周应恒、王晓晴、耿献辉(2008)。国内学者中,只有少数学者(胡卫中,2010)把研究的注意力从消费者行为转移到消费者的食品安全心理,并对影响消费者食品安全行为的心理因素及其形成机制进行了比较深入的研究。④对我国食品安全风险分析体系建设的研究。借鉴FAO提出的基本框架,陈君石(2009)认为,食品安全风险分析框架应该由三个部分组成:第一部分是由科学家独立承担的独立的食品安全风险评估机构;第二部分是政府根据风险评估结果,结合各种实际情况,因地制宜,对风险的管理;第三部分是风险的相关者如政府官员、科学家、媒体、消费者、企业等对食品安全风险信息交流。如果这三个部分能够形成一个完整的整体,食品安全风险分析的框架就建立起来了。⑤对国外食品安全风险分析机制的介绍与比较研究。有些学者通过研究发达国家食品安全风险分析经验,给出我们国家食品安全风险分析体系的启发和建议,如在《国外食品安全风险分析制度建立及特点分析》一文中,王芳、陈松、钱永忠(2008)在总结欧盟等国经验的基础,得出"我国的风险评估和风险管理职能也应该分开,并且得加强风险交流工作"这一结论。又如在《美国食品安全风险分析体系的运作》一文,戚亚梅、韩嘉媛(2007)介绍了美国的食品安全风险分析体系,并指出美国的风险分析体系是由一个跨部门的风险评估联盟进行统筹,内部各部门职能划分明确,值得我们学习。滕月

(2008)介绍了发达国家食品安全规制风险分析。在《日本食品安全法研究》一书中,王贵松(2009)介绍了日本的食品安全法和食品安全风险分析机构设置,并指出:"日本食品安全法的特色就是引入了风险分析制度并建立了风险评估、风险管理和风险沟通的基本制度框架。"魏益民、郭波莉、赵林度、金武军(2009)专门介绍了联邦德国食品安全风险评估机构与运行机制。

综上所述,从20世纪80年代开始,发达国家就已开始对食品安全风险分析及其控制问题展开全面而深入的研究。食品安全的风险分析与系统控制体系,大致经历了三个发展阶段,第一阶段是所谓良好卫生操作,第二阶段是HACCP,第三阶段则是所谓"微生物风险评估"。目前,国外的良好卫生操作和HACCP均已比较成熟,但微生物风险评估尚处于发展和实施的早期阶段。我国对食品安全风险分析及其控制的研究,起步较晚。进入21世纪之后,我国才开始真正重视食品安全风险分析,并在2009年开始实施的《食品安全法》中正式全面引入了食品安全风险监测与评估制度。与国外尤其发达国家相比,我们的差距非常大。实践方面的巨大差距,当然也反映到理论研究层面。一方面,我国有关食品安全风险分析与风险控制的研究成果在总量上很少,另一方面,这些文献对于食品安全风险分析与控制的研究,还处在非常初始的阶段,很多领域都处在学习、介绍和移植阶段,结合我国食品安全的现实进行风险分析和风险控制措施探索的研究成果非常少见,全面系统地探讨我国食品安全风险分析与控制机制的成果就更少。而且,鲜有的研究主要集中在食品安全风险分析与控制的某一方面、某一个领域或者某一个阶段,如介绍食品安全风险分析的概念框架;介绍风险评估的技术运用方面;强调我国建立食品安全风险机制的重要性或者对我国食品安全风险分析机构的设置给予建议等。除此之外,国内的相关研究至少还存在以下几方面的局限性,从而构成了进一步的研究方向:第一,食品安全风险来源及风险分析尚未引起足够的重视;第二,对于不同环节的食品安全无缝对接还缺乏深度的理解;第三,食品安全风险控制的内在机理与机制还未得到深入的探究;第四,对于如何实现理工科与社会科学学者之间真正深入的跨学科研究以探究食品安全风险来源、风险控制机理、风险控制机制还没有得到应有的关注。

2.2.3　信息不对称与农产品质量安全的关系

在信息经济学看来,农产品质量安全的本质困难在于农产品市场所必然存在的信息不对称及与之相伴的逆向选择和道德风险。在农产品市场上,如果质量安全信息的产生和传递不能正常进行,农产品市场将变成"柠檬市场",从而导致优质商品市场不能存在,产生市场失灵。给定信息不对称,相关行为主体之间的博弈决定着市场的均衡状态。Caswell 和 Padberg(1992)和 Antle(1999)开创性地将有关食品安全的信息分为不对称不完全信息和对称不完全信息,将商品分为搜寻品(search goods,即购买前消费者已掌握充分信息的商品)、经验品(experience goods,即只有在消费者购买后才能判断其质量的商品)和信用品(credence goods,即消费者购买后也不能明确判断其品质的商品)。Grossman(1981)研究了企业信誉机制的形成与食品安全的关系,验证了真实、准确信息的重要性,在 Grossman(1981)看来,取得与市场所需要同样充分的信息的方法就是通过信誉机制形成一个独特的高质量高价格分离均衡,而不需要通过政府来解决食品市场的质量安全。正是基于此,Stiglitz(1989)认为具有获取信息、处理信息的能力的"知识型消费者"完全能断定产品的质量安全状况,在具有完全信息的竞争市场和不完全信息但企业非常有信用的市场,市场能为知识型消费者提供安全的产品。Caswell 和 Mojduska(1996)则认为市场机制下食品安全管理政策效能的高低关键取决于合适的信息制度。

周德翼、杨海娟(2002)将食品质量安全管理上的信息不对称归结为五个方面:一是环境污染与新型生产技术的出现要求生产者、管理者、消费者具有更多、更明确的食品质量安全信息;二是食品生产经营者与消费者之间的信息不对称;三是生产经营者与监管者之间的信息不对称;四是下级管理者(代理人)与上级管理者(委托人)之间存在信息不对称;五是政府与消费者之间的信息不对称。正是这一系列的信息不对称造成了种种食品安全"问题"甚至"危机"。信息不对称很容易引发逆向选择。消费者不能准确地区分生产者提供的产品是安全还是危险,也就不能对生产者加以区分而分别给予信任或责罚。当消费者得知某一农产品质量安全事件而不能将其归责于某一生产者时,消费者会简单地停止消费那一类农产品,从而,安全优质农产品的生产者会受到伤害,甚至退出市场(苏昕,2007)。信息不对称也容易引发道德风险。实际上,只要技术水平不发生大的变革,产品成本与产品的质量安全之间往往存在着相当程度的权衡取舍。质量安全措施往往会增加生产者的成本,而信息的不完全和不对称又往往会降低生产者提供质量安全农产品的动力。正是由于信息的不完全和不对称,任何国家和地区的监管,无论其效率有多高,都是不完全监管,从而逆向选择和道德风险必然会顺着其强大的逻辑发生,出现这样那样的农产品质量问题是在所难免的。因此,即便是在欧、美、日等发达国家,也仍然会时不时出现严重的农产品质量安全问题甚至普遍的食品危机。我国近些年所爆发的一系列严重的食品安全问题,其实质在很大程度上是一个快速发展的农产品和食品行业在面临一系列信息不对称时所必然要遇到的问题,当然也有着鲜明的"中国特色",如体制转轨及市场与政府的错位等。

周德翼、杨海娟(2002)通过区分农产品的内在品质(即质量安全水平)和外在品质(即商品品质)较好地表明了信息不对称导致食品安全问题的强大逻辑。在周德翼、杨海娟(2002)看来,食品安全作为内在品质,往往难以被消费者用肉眼辨识出来,且其每次导致的损害往往是轻微的,短期一般难以察觉,长期的损害又往往和其他因素交织在一起,难以区分。而商业品质是外在的,改善商业品质的收益是明显的。并且,改善安全品质与改善商业品质、提高产量、降低成本之间又存在一定的负相关关系,如减少农药、抗生素残留,往往导致农畜产品的产量或商业品质下降,而使用一些香精、防腐剂、增白剂、色素等,则有利于食品商业品质的改善。另外,食品安全管理需要大量人力、设备投入,增加产品淘汰率,从而增加生产成本。因此,生产经营者往往通过某些生产、加工技术,或不遵守某些法定安全规范,降低质量安全标准来提高产量,改善商业品质,降低成本,增加收益。因此,食品质量安全问题的本质首先是由于质量安全品质与其他品质性状、产量指标存在负相关关系,而新型生产技术、新的自然社会条件、责任可追溯性差等,又大大提高了食品质量安全问题发生的可能性。最后,食品经营管理者借助于食品质量安全管理上存在的种种信息不对称的掩盖,在利益驱使下使用非法技术,或不遵守法定规范,使得食品质量安全问题成为现实。世界银行(2006)也非常重视信息在确保食品安全方面的作用。在一项针对中国水果和蔬菜的一项研究中,世界银行(2006)认为,向所有利益相关方提供培训、教育和足够的信息并加强规定的执行将会强化政府在为民众保障食品安全方面的作用。

2.2.4　食品安全信息可追溯性的研究

在发达国家,可追溯性已成为政策制定者、农产品生产者、食品制造商、零售商和消费者共同关注的关键词汇和基础性概念,同时也是食品质量与安全控制体系的基本评定标准。实际上,可追溯性已经在包括水产品、肉类和酒类等很多领域广泛应用。各国和有关国际组织对"可追溯性"的定义尚未形成一致意见。欧盟食品标准法案将其定义为"在生产、加工及销售的各个环节中对食品、饲料、食用性禽畜极有可能成为食品或饲料组成成分的所有物质的追溯或追踪能力";食品标准委员会(Codex)的"追溯能力/产品追寻"是指能够追溯食品在生产、加工和流通过程中任何指定阶段的能力。关于这个定义,欧洲主张使用"追溯能力"(traceability),美国主张使用"产品追寻"(product tracing)。食品标准委员会采取了折中方案,将两个词并列在一起。日本农林水产省在《食品追踪系统指导手册》中,将"食品追踪系统"定义为"能够追溯、追从食品由生产、处理、加工、流通及贩售的整个过程的相关信息"。国际标准化组织(ISO)则将其定义为:"通过记录的信息来追溯一个实体的历史、运用和位置的能力"。这里的"实体"可以是一项活动、一种措施、一种过程、一个产品、一个机构或一个人。对所有可追溯对象来说,ISO的定义更加通用,它重点指出了"记录信息",因为记录信息是满足可追溯性要求的基础(Smith 和 Furness,2010;赵明、刘秀萍,2007)。总之,很多国家(尤其是发达国家)都对可追溯性或可追溯体系提出了各自的定义。这些定义从不同方面描述了"可追溯性"和农产品质量安全可追溯制度的基本性质和特点。实际上,实现农产品质量安全可追溯有两个途径:一是按食品链从前往后进行追踪(tracking),即从农场/生产基地、批发商、运输商(加工商)到销售商,这种方法主要用于查找质量安全问题的原因和出现环节;另一种是按食品链从后往前进行追溯(tracing),也就是消费者在销售点购买的农产品发现了质量安全问题,可以向前层层进行追溯,最终确定问题所在,这种方法主要用于问题农产品的召回和责任的追溯(赵明、刘秀萍,2007)。

所谓可追溯体系,是指一种专门设计出来的信息记录系统,这种系统旨在对生产过程或供应链中的产品或产品属性进行全面追溯(Golan et al.,2004)。❶通过食品供应链中可追溯体系的建立,大致可以满足下述功能:食品安全事故应急处理,食品残留物的监管,食品安全风险评估,执行商标制度,防止造假和剽窃行为,改善食品流通并减少食品浪费,加强食品卫生(Smith、Furness,2010)。

对于政策制定者而言,农产品可追溯体系要解决的基本问题是:私人部门是否能够提供社会所要求的充分的可追溯性? 如果不能,哪些政策工具最适合用来增强供应链可追溯性? 根据美国农业部的一项经验,美国绝大多数可追溯体系都是基于经济激励而非政府可追溯性管制要求而建立的。企业建立可追溯体系是为了提升其供应方面的管理水平,是为了强化其安全和质量控制,是为了更高效地营销其带有信任品属性的食品。与上述目标密切相关的利益包括:更低成本的分销系统、更低的食品召回成本,以及高价值产品销售额的增长。在每种情况下,可追溯性的利益都顺利转化为企业净利润的增长。正是这些利益成为驱动美国食品供应链中广泛建立可追溯体系的根本动力(Golan et al., 2004)。一项针对肯尼亚和印度的案例研究表明,只要有足够的制度性支持,经过一段时期后,小规模农户完全能够满足食品安全方面的严

---

❶ 英文原文如下:Traceability systems are recordkeeping systems designed to track the flow of product or product attributes through the production process or supply chain.

格要求。案例研究表明,集体行动及公共部门-私人部门间的伙伴关系,尤其是起步阶段,对于确保小规模农户不被排斥在交易关系之外是非常重要的。然而,食品安全标准需要在集体行动的形式方面有所变化。作为私人部门的合作伙伴,政府能够发挥互补的功能。政府需要纠正供应链上某些特定的市场失灵而不是去保护供应链本身(Narrod et al.,2009)。Hennessy、Roosen、Msranowski(2001)研究了农产品供应链中,风险交流对于减少农产品安全道德风险问题发生的重要性。Stathird(2005)探讨了监控策略对与质量安全努力程度有关的道德风险的影响。国内学者周洁红、姜励卿(2007)对食品安全质量的信息管理进行了非常全面而系统的研究,赵林度(2006b)则对零售企业的食品安全信息管理进行了系统的探讨。

在国外,对信息可追溯性研究比较早,食品信息可追溯系统作为食品质量安全管理的重要手段,是由欧盟为应对疯牛病(BSE)问题于1997年开始逐步建立起来的。国外对信息可追溯性的研究领域非常广泛,如信息可追溯性与消费者行为、生产者行为、供应链管理、产业分析、信息技术等诸多方面的关系。其中研究得比较充分的领域是信息可追溯性与消费者行为的关系。就实证研究而言,Oickinson、Hobbs、Bailey(2003)通过拍卖实验法分别测量了美国和加拿大消费者对加贴信息可追溯标签牛肉的支付意愿(WTP)。结果表明,两国大多数消费者具有对加贴信息可追溯标的支付意愿。此外,如果信息可追溯系统能够加入更多关于食品质量安全信息的综合评价,则会使信息可追溯标签携带的信息内容更为丰富,满足消费者的多元化需求,那么,消费者还愿意为此支付更多。Ward、von Bakley、Jenseu(2005)测量了消费者对未加贴信息可追溯标签牛肉的接受意愿(WTA),研究了信息可追溯性在多大程度上能够在经历了疯牛病的风波后保存消费者的需求。Charlier(2005)考察了欧洲非转基因食品的信息可追溯系统的建立方式,即是采用强制形式还是自愿形式,以及信息可追溯标签的管理。

在国内,对信息可追溯性的研究目前基本上以理论阐述为主。耿献辉 等(2002)和周应恒、耿献辉(2002)认为,信息可追溯系统能够从生产到销售的各个环节追溯和检查产品,有利于监测任何对人类健康和环境的影响。在实证研究方面,周洁红(2004)通过浙江省农户的调查并建立模型,分析了农户参与质量安全可追溯体系(实质上就是信息可追溯系统)的意愿及影响农户参与意愿的因素。陈红华(2009)专门研究了农产品可追溯体系问题。

2.2.5 声誉机制与农产品质量安全之间的关系

在信息不对称的背景下,声誉机制无疑是一种较好的治理机制。由于消费者所需要的实际上是一定程度的食品安全(而非绝对的食品安全),因此,企业也就有激励来供给更安全的食品(Holleran,Maury 和 Zaibet,1999)。实际上,提供安全食品的声誉是一种有价值的资产,对此,企业显然有保护此种声誉的激励。如果某企业用一种已知的能增强食品安全的技术来生产食品,那么该企业就能发展一种优势来超越其过去的竞争者(Reardon 和 Farina,2001)。相反,如果有消费者因食用某企业的产品而患病,该企业有可能永远地遭受成本增加或销售份额的急剧下降。Richards 和 Patterson(1999)研究发现,在食品安全问题上,一旦出现负面信息,则此种负面效应在价格上将会产生一个非常长久的影响。

2.2.6 政府监管体系与农产品质量安全之间的关系

绝大多数研究都强调政府监管体系在农产品质量安全保障方面的重要作用。然而,也不应对政府规制和监管过于迷信。正如市场可能会因为信息不对称而市场失灵一样,政府监管也可能会因信息不对称而出现政府失灵。美国学者 Antle(2000)的研究表明,农产品和食品的政府规制并非没有成本。在有些情况下,规制成本会非常高。他对牛肉、猪肉和家禽产业实施食品安全规制对可变成本的影响估计表明,食品安全规制成本可能超过了美国农业部所估计的利润。在本质上,各国对食品安全和农产品质量安全的监管都可以概括为所谓"最低质量标准政府规制"。程鉴冰(2008)对于最低质量标准的政府规制问题进行了理论研究,他认为,在信息不对称和产品差异化的前提下,存在政府最低质量标准规制的必要性和必然性,而最低质量标准"阈值"的设置会对社会福利产生关键性影响。周德翼、吕志轩(2008,)甚至得出了一个看似极端的结论,即"我国目前的食品安全管理基本上处于无政府状态,取消所有的政府监管机构,让市场自由运作,食品的安全水平不会下降"。这与世界银行(2006)针对中国水果和蔬菜的一项研究中的一个基本结论有异曲同工之处,即"通过精简公共部门机构的职能和协调好这些部门的活动,政府在推动食品安全方面所付出的努力可获得更好的效果。"相比而言,世界银行的结论似乎更加中肯一些。然而,周德翼、吕志轩(2008)却无情地指出了我国当前食品安全监管机构极端的低效率。从这个角度而言,虽然我国政府有关部门开始高度重视农产品安全问题,农产品安全检测等体系建设在农业、食品工业和公共卫生等部门都获得了比较大的进展,卫生、农业、质量监督检疫等部门均设立了与农产品安全有关的机构,并在各自的领域中具备一定的实验条件,并且已经"培养了10万人以上的从事食品安全工作的专业人员队伍"(胡定寰、Gale、Reardon,2006)。然而,如此庞大的专业人员队伍却在不少重大农产品和食品安全危机面前经常成为摆设。2008年中国大陆整个牛奶行业都违法添加有毒工业原料三聚氰胺的事件就是这一问题的最好说明。完全可以极端的推论,如果没有这么多部门去"监管"牛奶,牛奶中添加的有毒物质可能不至于那么离谱。低效率的监管不仅于事无补,反而有可能使问题更加恶化。因而,周德翼、吕志轩(2008)的结论甚至可以看成是比较保守的。

2.2.7　产业组织与农产品质量安全之间的关系

近些年来,随着新制度经济学和供应链管理理论的流行,国外利用交易成本经济学和不完全契约理论,基于农产品供应链和治理机制研究农产品质量安全的文献越来越多。Maze等(2001)分析了农产品供应链中农产品质量与治理结构的关系问题;Hennessy,Roosen和Msranowski(2001)论述了在安全农产品的供应中产业领导力量的作用及机制;Vetter和Karantininis(2002)探讨了治理结构中纵向一体化解决消费者无法识别质量特征的信用品(credence goods)市场上存在的道德风险问题；Weaver、Kim(2001)和Hudson(2001)则对农产品供应链的合约协调问题进行了理论分析和经验研究。

国内也有不少学者研究了产业组织、供应链管理与农产品质量安全的关系。桑乃泉(2001)探讨了农业纵向一体化与供应链管理问题，但他并未从农产品质量安全的角度分析。王瑜、应瑞瑶(2008)基于交易成本理论分析了农产品质量控制中垂直协作的作用；进而通过对不同组织治理模式的交易成本内化和外化能力进行比较，勾勒出不同垂直协作关系下的交易成本边界比较曲线，探讨了不同垂直协作关系对农产品质量控制的影响及其成因；最后提出建立一套可以稳定地供应安全、优质农产品的长效机制。韩纪琴、王凯(2008)基于229份有效问卷分析了中国生猪屠宰和猪肉加工企业与其现有供货商之间的垂直协作程度对质量管理的影响及垂直协作程度和质量管理对企业营运绩效的影响。根据他们的研究，生猪屠宰和肉类加工企业同上游供货商的垂直协作程度与企业质量管理有密切的关系，企业的质量管理与营运绩效呈正相关关系。

不少政界和学界人士都认定一家一户的小农分户经营模式和作坊式的食品加工模式是我国农产品质量安全和食品安全最严重的隐患(胡定寰，2005；胡定寰、Fred、Thomas，2006；胡定寰、Gale、Reardon，2006；王瑜、应瑞瑶，2008)。在胡定寰、Gale、Reardon(2006)看来，由于农产品质量安全程度与农产品的"供应组织结构(supply organization structure)"有密切的联系，所以，解决农产品安全问题是比较困难的，因为我国当前农产品的生产部门的一家一户及流通部门中个体户经营者成为农产品供应链上的经营主体，其基本特点是经营主体过于分散、规模太小、难以采用比较先进的经营理念和技术，以及社会管理成本过高。然而，需要进一步研究的问题是，农民和小企业主并非完全没有食品安全意识，他们有时也非常清楚忽视质量安全对人体健康甚至生命可能带来的影响。但是，当别人都在过量使用化肥、使用剧毒高残留的农药、滥用激素和抗生素的情况下，他们似乎也没有太多的选择。另外，三鹿、蒙牛、伊利等国家重点龙头企业在相当长的时期内公然添加有毒化学原料三聚氰胺(严格地说应该是"投毒")的事件表明,只要制度出现了严重缺陷,无论是大企业还是小企业,最后都可能被迫进入一个看似极其不道德甚至严重违反法律的境地。正如孔祥智、钟真、乔光华(2011)所指出的,"三聚氰胺事件"发生以来的奶业治理结果表明,盲目地排挤甚至取消小规模散养、一刀切地取缔个体私营奶站,并不能很好地解决生鲜乳的质量安全问题。认定"规模化生产和上下游的纵向一体化可以提高农产品质量安全"的观点是值得商榷的。钟真、孔祥智(2012)的研究结果也支持了这一点。

2.2.8　消费者行为与农产品质量安全之间关系

国外有关对消费者支付意愿、购买行为与农产品质量安全之间关系的研究文献非常多。美国学者Variyam和David(1996)通过研究消费者对普通农产品消费需求和安全农产品消费需求之间的关系,阐述了影响农产品质量安全需求的因素及人们对于安全食品的支付愿意问题。英国经济学家Marsden、Flynn和Harrison(1999)研究了消费者偏好对生产者供应产品的影响,讨论了消费者的质量安全偏好,并从零售环节、渠道策略方面提出了一些提高食品质量安全水平的具体措施。

近些年来,国内学者对于我国农产品(食品)安全的消费者态度、支付意愿、认知、购买行为等方面也进行了多方面的理论研究和经验分析,其中有代表性的研究成果包括:王锋、张小栓、穆维松、傅泽田(2009);王华书、徐翔(2004);王华书(2004);王志刚(2003);杨金深 等(2004);张晓勇、李刚、张莉(2004);周洁红(2004);周应恒、霍丽玥、彭晓佳(2004);冯忠泽、李庆江(2007);周应恒、王晓晴、耿献辉(2008)。

2.2.9　相关行为主体在食品安全问题上的角色

在食品安全问题上,有可能陷入两个截然相反的极端:在一个极端上,为吸引眼球和迎合部分民众的情感,一些媒体可能会在食品安全问题上故意夸大其辞,有时可能造成不必要的恐慌——因为就普通公众而言,其获得的有关食品安全的信息主要来自于媒体,媒体关于食品安全的观点能够影响普通公众的观点(斯密特、罗德瑞克,2006);在另一个极端,一些掌握了重要信息的部门可能会由于种种原因在食品安全问题上故意粉饰太平。以上两种极端的情形都会对公众造成严重的误导。

就理论上而言,对于食品安全,最有发言权的应该是长期研究食品安全的专业人员,他们是受过最好教育的消费者,因此他们往往对食品安全的理解也最深刻,这种理解是将科学与食品供给链中科学的实际应用结合起来统筹考虑。科研人员可能对食品安全中涉及的科学知识了解最多,但研究的专业化和研究所引发的无数疑问,导致科研人员对科学的理解不同。有关食品安全的学术性问题往往是多层面的,包括生物化学、微生物学、遗传学、药学、植物和动物生理学、食品科学等学科。由于科研人员研究领域的局限性和专业性,他们对食品安全的定义往往包括很多假设前提和界定的细节内容(斯密特、罗德瑞克,2006)。然而,由于种种原因,专业人员的声音被媒体所取代。专业人员和政府权威部门的"缺位"造成媒体不同程度的"越位"。有时,政治家或政府可能会在食品安全问题作出一些不现实的承诺。例如,在1998年7月,美国副总统在国会接受食品安全计划预算质询时声称为了实现"当美国人食用食品时,让他们具有安全感",有必要"建立新的管理机构以查封被污染的肉类以保护美国家庭的健康"。但是,专家们都明白即使再多的食品召回也不能改善食品的安全状况(斯密特、罗德瑞克,2006)。

2.3 关于农产品供应链与可持续供应链的研究

有关供应链管理的思想源远流长,但这一思想和方法最早无疑是运用在工业领域。在IBM、宝洁、戴尔等跨国公司实施供应链管理获得空前成功之后,食品和农产品行业也开始纷纷效仿并借助供应链管理这一重要工具来提升其竞争力。食品属于快速消费品,大多数食品产品的附加值都不高,而数量却非常大,需要在短时间内快速分散输送到各地。食品物流被视为一个成本高、耗损大、利润微薄的领域。1996年,Zuurbier等学者在一般供应链的基础上,首次提出了食品供应链(food supply chain)概念,并认为食品供应链管理是农产品和食品生产、销售等组织,为了降低食品和农产品物流成本、提高质量、提高食品安全和物流服务水平,而实施的一种垂直一体化运作模式。一般而言,食品供应链由不同的环节和组织载体构成:"产前种子、饲料等生产资料的供应环节(种子、饲料供应商)""产中种养业生产环节(农户或生产企业)""产后分级、包装、加工、储藏、销售环节"(赵林度,2006a)。这是一种典型的种子—食品体系。食品供应链作为供应链的一个分支,包括初级采集过程、加工过程、运输贮藏过程及销售过程。根据食品和农产品物流的发展阶段,Golan E.等(2002),Boselie D.(2002)认为典型的食品供应链可划分为哑铃形、T形、对称形和混合形四种类型(赵林度,2006a)。

即使从国外来看,供应链管理的思想、理论和方法向农业领域延伸才刚刚开始。国外对农产品供应链管理的研究大多集中在农产品质量保障、纵向合作、信息管理和价值链分析等方面。国内对于农产品供应链问题的研究目前尚处于探索和起步阶段,少数学者(夏英、宋伯生,2001;卢风君、叶剑、孙世民,2003;卢风君、孙世民、叶剑,2003b;冷志杰,2006;陈小霖,2007;胡莲,2008)已经开始尝试从供应链的视角切入农产品生产、流通和质量安全问题。夏英、宋伯生(2001)在分析国外质量标准体系和供应链综合管理对食品安全保障作用后认为,我国应利用农产品供应链,实施农业的综合管理,重点加强对食品质量的反馈和控制;王秀清、孙云峰(2002)在分析食品质量本身特性后认为,为保障食品安全迫切需要对农产品产业链进行协调管理,直接对农产品和食品的生产与流通过程进行管制;陈超、罗英姿(2003)从提高中国肉类加工食品的市场竞争力出发,针对目前中国肉类加工食品尚未形成完善的供应链管理模式这一现状,提出了在新型的供应链模型中加入信息代理中介组织的设想。另外,国内还有一些学者和研究机构(丁华,2004;冷志杰,2006;黄祖辉、刘东英,2007;李晓锦,2008;张旭辉,2008;孟凡胜,2008;赵一夫,2008;北京市商务局、北京物资学院,2005)还从不同的侧面研究了农产品物流和供应链管理问题。

　　长期以来,粗放型经济增长对资源、环境造成了日益增长的巨大压力。为此,我国政府提出将可持续发展战略定为基本国策,大力发展资源节约型和环境友好型经济。可持续供应链等就是与可持续发展理念密切相关的概念。在可持续供应链这一概念没有出现之前,相应的概念是绿色物流与绿色供应链。绿色物流(green logistics)是一个较新的概念,至今并没有统一定义。Wu和Dunn(1995)认为绿色物流就是对环境负责的物流系统,既包括从原材料的获取、产品生产、包装、运输、仓储直至送达最终用户手中的前向物流过程的绿色化,还包括废弃物回收与处置的逆向物流。Rodrigue,Slack和Comtois(2001)认为,绿色物流是与环境相协调的物流系统,是一种环境友好且有效的物流系统。美国逆向物流执行委员会在其研究报告中对绿色物流这样定义:绿色物流也称"生态型的物流",是一种对物流过程的生态环境影响进行认识并使其最小化的过程,并认定逆向物流只是绿色物流的一个方面(王长琼,2004a)。因此,绿色物流至少应该包括绿色供应物流、绿色生产物流和绿色分销物流三个不可割裂的方面(王长琼,2004a)。或者说,绿色物流应包括绿色采购、绿色进货、绿色制造、绿色输出、绿色营销、绿色运输、逆向物流等,不仅仅是一个绿色"储运"的概念(于学成,2006)。近些年来,国内不少学者开始对绿色物流进行研究。王长琼(2004a),王长琼(2004b)和夏春玉、李健生(2005)对于绿色物流进行了比较全面的介绍。绿色供应链则是基于绿色物流而提出的一个重要概念。在物流管理中增加环境因素的思想最早提出是在20世纪70年代,不过当时只是作为企业物流管理的一个次要方面提出的,还没有涉及供应链管理(夏春玉、李健生,2005)。到了20世纪90年代,供应链等相关理论在西方有了一定范围的应用以后,大规模、有意识的绿色化物流理念才开始在供应链的视角下开展,并于1996年首次提出了"绿色供应链"(green supply chain)概念(吴迪冲,2002)。在此之前,西方学者对于逆向物流(即制造商如何回收自己的产品和包装物,以达到成本最低、对环境影响最小的目的)进行了大量的研究。"绿色供应链管理"(green supply chain management)这一概念虽然在1999年以前就已经在不少论文中出现,但仅仅局限在"概念提出"的阶段。而在1999年以后,"绿色供应链管理"这一概念在欧美部分发达国家出现频率明显提高,并涌现出不少理论研究和实践发展的先驱,一些知名的跨国公司,如通用汽车、福特汽车、惠普公司、宝洁公司和通用电气等,还把绿色供应链管理作为企业文化渗透到各个环节、各个部门和各个员工(夏春玉、李健生,2005)。国内最早对绿色供应链管理进行介绍的代表性论文有武春友等(2001),郑迎飞 等(2001)和吴迪冲(2002),代表性专著为杨红娟(2008)。后来,又出现了一个有可能取代绿色供应链的概念——可持续供应链。挪威纳尔维克工学院教授索拉旺·威于2008年发表于《中国流通经济》上的文章《可持续供应链管理模式研究》,是中文文献中正式探讨可持续供应链管理模式最早的论文之一,然而,可持续供应链管理早在多年以前就已经在西方学界流行,其基本思想至少可以追溯到20世纪50年代就开始广泛探讨的"企业社会责任"问题,Bowen(1953)就已正式提出企业(公司)社会责任这一个概念。不过这一概念自提出以来就一直受到学界尤其是主流经济学家的非难,弗里德曼是其中最为著名的,他否认有提出所谓"企业社会责任"的必要性,在他看来,企业唯一的目标就是利润最大化(Friedman,1963)。采用可持续供应链管理战略,虽然意味着在一定程度上提高经营成本,然而,这种战略却能在带来显著的社会效应的同时,为企业带来可观的经济利益,有利于增强企业的竞争力。一项针对英国五家大公司的研究调查表明,通过采取一些对环境无害的方法,供应链确实能够从中获利(Lamming和Hampson,1996)。针对东南亚的一些企业的研究也表明,让供应链的某些环节更"绿色",有利于加强企业的竞争力和能力(Rao和Holt,2005)。

2.4 综合评述和本研究的出发点

从我们目前搜集到的文献来看,国内外学者关于农产品质量安全和可持续供应链管理的研究成果角度不同、观点不一,需要进一步梳理和澄清。从研究内容的视角而言,我国对于农产品质量安全的研究思路大致可以归纳如下。

第一,从纯技术和工程的角度展开的研究,以国家科技部的"十五"国家重大科技专项"食品安全关键技术"系列课题为代表。以2002年公布的项目指南为例,该专项从四个方面开展行动,研究开发食品安全检测技术与相关设备(把关)、建立食品安全监测与评价体系(溯源)、积累食品安全标准的技术基础数据(设限)和发展生产与流通过程中的控制技术(布控)。并通过综合示范,引导和带动地方积极参与专项行动,使我国食品安全状况得到显著改善;开展国际交流与合作。该专项分18个课题,基本上都属于"硬科学"的范畴,对于食品安全关键技术的具体实施、管理并没有给予必要关注。目前,这些课题绝大多数均已顺利结项,但课题成果的转化、应用和实施显然是一个更富挑战性的项目。要将这些"硬技术"付诸实施,就必须借助"软科学"的力量,必须从经济学、管理学和法学等视角加以更深入的研究。

第二,从经济学和管理学的角度展开的研究。上文所综述的相关文献,绝大多数都是从经济学和管理学的视角展开的。从国外的研究来看,除了从纯技术和工程的角度对农产品质量进行研究外,从经济激励和管理机制的视角对农产品质量安全进行的研究受到越来越多的重视。从国内的研究来看,相关决策者对于确保农产品质量安全的纯技术和工程方面的研究高度重视,但对于确保农产品质量安全的经济激励与管理机制研究的重视程度明显不足。

第三,从法学的角度展开的研究。国内基于法学的视角对农产品质量安全所作的研究,从总体上而言仍处于起步阶段,仅有不多的研究成果(冒乃和、刘波,2003;邓楠等,2004;陈彦彦,2008)。我国虽然制定过《中华人民共和国食品卫生法》《中华人民共和国产品质量法》《中华人民共和国标准化法》《中华人民共和国进出口商品检验法》《中华人民共和国农产品质量安全法》《中华人民共和国食品安全法》等法律,上海、北京等地方政府也曾颁布过有关农产品质量安全的"暂行办法",然而,这些法律、法规的效果如何,还有待进一步的观察。总之,国内法学界的相关研究并不系统,也有待深入。周德翼、杨海娟(2002)对于我国食品和农产品质量安全的立法有一段清醒的评价,"目前国内关于质量安全管理的研究,都着重于食品质量安全立法、标准的建设,而忽视法规、标准的可执行性,注重了表面的监管体系,而忽视信息不对称问题及监管体系背后所蕴含的信息管理(揭示、传递、储存、反馈等)与效率(信息成本和产生的激励效果)。这既不利于从更基本的层次来理解发达国家监管制度与政策的有效性、局限性与适用条件,也不利于总结我国的食品安全管理中的问题和经验,以建立适合我国国情的高效的监管制度。"

第四,近些年间,出于学习发达国家食品安全体系的目的,还出现了专门介绍国外农产品质量安全管理和食品安全管理的经验的文献。有代表性的文献包括李应仁(2001);陈君石(2002);刘小和(2003);秦富、王秀清、辛贤等(2003);张华礼(2003);冒乃和、刘波(2003);曾庆宏(2003);邓楠等(2004);刘志杨(2004);秦富等(2004);郭家宏(2004);潘家荣等(2006)。

应该说,以上各种研究思路、方法、层面和研究视角互有千秋,学者们在各自的领域都做出了自己独特的重要贡献。以上几类研究之间需要相互补充、相互支撑,仅仅依赖一个方面的研究,显然不能很好地认识农产品质量安全问题。但是,当前有关农产品质量安全的研究,在很大程度上处于学科间相互闭锁的状态,当前亟须展开工学、经济学、管理学和法学等学科的跨学科联合研究。本课题的研究虽然定位为"应用经济学"的研究,但实质上必须是一个跨学科的研究。

实际上,农产品质量安全,是一个"从农场到餐桌"的系统工程,是从农业生产资料(种子、饲料、肥料、农药等)供应到农产品生产、农产品加工、农产品分销再到农产品消费的一个异常复杂的巨系统。这个巨系统的运行,显然涉及众多的行为主体的参与和多种负责多变的因素的影响。近些年来,学术界从不同的侧面对农产品质量安全问题展开了大量研究:从研究的环节或"阶段"而言,有的侧重于农产品的生产和加工阶段,有的侧重于农产品的分销阶段,有的侧重于农产品的消费阶段;从研究的行为主体而言,有的侧重于消费者,有的侧重于农户和加工企业,有的侧重于分销企业,有的则侧重于政府部门,还有的侧重于媒体。这些研究都为我们深化对农产品质量安全问题的认识奠定了很好的基础,但是,如果要更加深入地探究农产品质量安全保障问题,就有必要全面审视农产品的生产、加工、分销和消费等诸多环节,有必要全面探究包括农户、加工企业、分销企业、消费者、媒体和政府部门在内的诸多行为主体所面临的激励-约束,有必要从整个供应链的视角加以研究。本项目将在充分借鉴和吸收工学(食品科学、检测等)、法学、经济学、管理学、社会学等诸多学科的研究成果的基础上,基于可持续供应链的治理机制对我国农产品质量安全保障问题进行研究,对于农产品可持续供应链治理机制所涵盖的诸多"子机制"(即标准制定机制、检测机制、监管机制、风险评估机制、信息披露机制、信息追溯机制、声誉机制、订单机制和宣教机制)进行系统深入的研究,以确保城乡市场上消费的农产品从田间到餐桌的整个供应链都是"绿色"和"可持续"的。

虽然蔬果质量安全对于我国可持续发展而言意义极为重大,但目前的研究仍处在较低的水平上,在研究的深度、研究的方法、研究的强度等方面,远远落后于国际先进水平。当前国内的相关研究,存在一些明显的不足:第一,缺乏从整个供应链的视角探究蔬果质量安全问题的深入研究;第二,缺乏从治理机制的视角去探究蔬果质量安全的研究;第三,缺乏将法学、工学、经济学、管理学和社会学等学科结合的跨学科研究成果;第四,缺乏在定性研究基础上的定量研究成果,理论研究不算少,但案例研究和经验研究偏少。

本报告试图设法弥补以上不足。项目的最终研究成果对于改良我国蔬果质量安全和食品安全状况有重要价值,其成果将可供国家相关部门(如商务部、工商行政管理总局、食品安全办)作决策参考,也有利于更好地贯彻实施《农产品质量安全法》和《食品安全法》,将对公共管理产生积极影响。

第三章 我国蔬果质量安全的风险来源与影响

3.1 蔬果质量安全的界定

任何一种商品,都有其质量属性。国际标准组织(ISO)对质量的定义是"某一产品或服务所具有的能够满足既定需要的全部特征"。国际粮农组织(FAO)食品法典委员会也认为质量是产品或服务所具有的符合其声明或隐含需求的特征和属性,它并非消费者从产品本身获得的效应。Caswell 等(1998)将食品质量分为安全属性、营养属性、价值属性、包装属性和过程属性(表3-1)。

表3-1 食品质量的属性空间

安全属性	营养属性	价值属性	包装属性	过程属性
食源性病原体	脂肪含量	纯度	包装材料	动物福利
重金属	热量	完整度	标签	生物技术应用
农药残留	纤维	大小	其他信息提供	环境影响
食品添加剂	钠	外观		农药使用
自然毒素	维生素	味道		生产者安全
兽药残留	矿物质	制作的简便性		

资料来源:Caswell等(1998)。钟真、孔祥智(2012)。

从这个角度看,农产品质量应该指的是影响农产品价值的所有属性的总和。所谓食品安全,仅指食品中可能对人体健康造成损害的属性,仅仅是食品质量的一个组成部分(周应恒 等,2008)。借鉴Antle(2000)将肉类产品质量安全属性分为"安全属性"和"非安全属性"的两分法,钟真、孔祥智(2012)将食品质量安全两分为"食品安全"(food safety)和"食品品质"(food quality),前者指的是食品中可能会危害到人体健康的那些安全属性,后者指食品中不会直接危害到人体健康的、能构成其使用价值的那部分非安全属性(即表3-1中提及的营养属性、价值属性、包装属性和过程属性)。

虽然在学理上而言,"质量"的外延大于"安全",但无论是学界还是政界都在习惯上将"质量"与"安全"并提,因此,本报告虽然在名义上着眼于蔬果"质量安全",但重点关注蔬果的安全属性,即在食源性病原体、重金属、农药残留、食品添加剂、自然毒素等方面的属性。[1]之所以重点关注蔬果的安全属性,是因为相对于蔬果的非安全属性而言,其安全属性更容易出现"市场失灵",一方面源于安全属性的揭示更多地受到"信息不对称"的影响,另一方面安全属性也具有一定的(准)公共物品性质,是所有消费者都应享有的基本权利。正是这两方面的原因诠释了政府监管的必要性。[2]

3.2 我国蔬果质量安全的主要风险来源

蔬菜和水果是我国城乡居民日常生活中不可缺少且不能代替的重要食物,其质量安全状况对于民众的身体健康有极大影响。从某种程度上而言,使用高残留、高毒农药,超量使用化肥,构成蔬果种植业源头污染的基本来源。我国每年氮肥的使用量高达2500万吨,农药使用量超过250万吨,单位面积使用量分别为世界平均水平的3倍和2倍。其中,蔬菜种植过程中过量使用化肥和使用高残留、高毒农药,加上种植地区的重金属等污染,会通过农药残留超

---

[1] 实际上,在《中华人民共和国农产品质量安全法》中,农产品质量安全,是指农产品质量符合保障人的健康、安全的要求,所侧重的也是安全属性。

[2] 相反,蔬果的非安全属性(无论是营养属性、价值属性、包装属性,还是过程属性)的揭示相对更为容易,"信息不对称"对相关属性的揭示影响不太大,且更多地具有私人物品的性质,在安全基础上的"高品质"理应"价高者得"。

标、有毒元素污染、微生物污染和硝酸盐超标等多方面对人体健康产生严重的负面影响。

3.2.1 农药残留超标

近几十年尤其是第一次绿色革命以来,农药作为一种重要的生产资料,对农业保持稳产、丰产起到了积极作用。刘长江 等(2002)提出通过使用农药减少农业病、虫害等带来的粮食产量损失占1/3 左右。顾晓军、谢联辉(2003)提出,通过植物保护带来的粮食产量增加中,农药的贡献超过80%,而在水果和蔬菜的生产中农药的贡献则更大。随着中国农药产业的快速发展,农户能选购的农药种类逐渐增多。但是,广大农民掌握的农药专业知识相对较少,使用方法存在着诸多不规范之处,加上质量安全监管普遍缺失,往往因使用农药不当而造成不同程度的药害事故和程度不等的农药残留超标现象。

目前,由于我国农药品种结构仍比较单一,使用效率低下,剧毒和高毒农药品种居多,农药中杀虫剂占70%,杀虫剂中有机磷类品种占70%,有机磷类中少数几个高毒品种占70%,生物农药占农药总量的比例仅为5%左右。禁用农药是造成蔬菜农药残留超标的主要原因。不容否认的是,就总体上而言,中国生产蔬菜、水果等农产品的传统农户食品安全意识仍较弱,且因种植习惯、生产成本等原因仍存在着违法使用未登记农药,甚至使用高毒农药(周峰、徐翔,2008)。各种农业投入品中的不合格产品(尤其是违禁产品)和不当使用是影响蔬果安全的最主要因素(徐柏园,2007)。实际上,近年来国内所发生的绝大多数农产品质量安全事件,基本与蔬果农药残留超标有关。所谓的农药残留,是指在植物上施用农药后,农产品中包含有农药及其代谢物、降解物和有毒杂质的残存。农药除了对人体造成急性中毒外,绝大多数是对人体造成慢性中毒,并且多是通过污染果品的形式造成。农药对蔬果造成污染的主要途径有四:一是为防治病虫害使用农药,喷洒植物体而直接污染蔬果;二是植物根部的吸收;三是食物链的富集;四是蔬果在储藏和运输过程中,混放造成的污染。残留的主要品种为有机磷和氨基甲酸酯类农药,是典型的神经毒剂。

包书政、翁燕珍、黄圣男、王志刚(2012)利用蔬菜出口产地调查数据,对农户农药使用行为进行详细分析,发现,从总体上看,蔬菜出口产地农户合理、安全使用农药意识较差。具体表现在:一是在选购农药时存在着盲目购买行为;二是更加关注使用农药的经济效益,却不考虑农作物的安全;三是缺乏根据天气状况对农作物进行合理施药的技能;四是在使用农药前对周边作物、其他作物、对其他作物采取必要保护措施及充分洗净喷洒器具等方面考虑不够;五是对农产品农药残留概念缺乏认识。我国的蔬菜质量与国外的安全要求仍然存在一定差距,农残超标成为我国出口蔬菜制品被国外通报的最主要原因之一。据烟台口岸办统计,2007年1月的半个月内有8批输日生姜因BHC(俗称六六六)超标而被日方通报。2008年7月因农残超标日本曾下令禁止从中国进口菠菜。由于农残问题,2012年10月欧委会消保总司通报,决定对我国产西兰花中农药残留项目的进境抽查比例提升至10%(赵建欣、张旭、张忠义,2013)。如果说中国蔬菜出口产地的农户农药使用行为都存在以上诸多不合理之处的话,其他地区的农户农药使用行为可想而知。1998年上海在菜区执法检查中,搜查到甲胺磷800吨;2001年农业部对上海等大中城市批发市场的蔬菜农药残留量进行检测时,总超标率达22.5%(方志权,2005)。郜红建、蒋新(2005)测定出南京市郊蔬菜中的有机氯农药残留的检出率是100%,并且各种蔬菜对有机氯农药总量的富集度不同:胡萝卜对HCH和DDT等的富集能力较强,而莴苣、蒜苗和菠菜对六氯苯、狄氏剂和异狄氏剂有较高的生物富集能力。

相对而言,我国果品中农药残留超标问题近年来正在逐年好转。1990年我国进行了首次全膳食研究,对12个省、市、自治区食品中有机磷和有机氯农药残留及人群摄入水平进行调查,结果表明包括果品在内的9类食品均检出有机氯农药六六六(BHC)和滴滴涕(DDT);对12种有机磷农药进行检测,检出5种有机磷农药,其中以高毒农药甲胺磷的检出率最高。据南京环境科学研究所的资料,宁波市受检水果中六六六的检出率达100%,滴滴涕的检出率达12.9%。1993年刘炳海等在对苹果主产区进行农药残留普查中发现,农药使用次数多、用药量大的果园,果实中滴滴涕的检出率和超标率平均分别高达80.1%和75.6%,甲基对硫磷和乙基对硫磷的检出率也分别达到43.4%和54.7%,总超标率为7.6%。2000年冯建国等对苹果主产区进行农药残留调查的结果显示,在检测的12种农药中,除甲基对硫磷、倍硫磷、甲基托布津等3种农药未检出外,其余9种农药均有检出,其中滴滴涕和对硫磷的残留量超标,超标率分别为10.81%和3.33%。从已有报道看,我国果品农药残留问题已有很大改观,检出率和超标率均有大幅度下降。目前,多数农药检出率很低,甚至没有检出,只有少数几种农药有超标现象且超标率都不高(中国农业科学院研究生院,2008)。

3.2.2 有害元素污染

有害元素对蔬菜水果的污染通常以空气、土壤和灌溉水为媒介,通过直接接触或植物体吸收转运等途径进入蔬菜或水果果实,主要污染源为工业"三废"(废水、废气、废渣)和化肥、农药等农用物资。另外,污泥、城镇垃圾和农用粉煤灰等的不合理施用,常常未受重视而被非法取用,造成土地的重金属积累超标、土地板结,人类居住环境和食品被无意中污染和破坏。在农产品中重金属及砷、氟等有害元素的污染问题由来已久,我国大中城市郊区农产品的重金属污染尤其严重。2000年有关部门对10个省会城市郊区的农产品质量调查发现,有7个城市重金属元素超标,污水灌溉区的问题更加严重。近年来,国内外对蔬果产地的有害元素尤其是重金属污染状况越来越关注。

周建利、陈同斌(2002)对我国城郊菜地土壤和蔬菜重金属污染现状进行研究,认为用富含重金属的污水灌溉会提高土壤中重金属的含量,并进而显著提高蔬菜中重金属含量;刘景红、陈玉成(2004)认为工业"三废"的排放及城市生活垃圾、污泥和含有重金属的农药、化肥的不合理使用,导致了蔬菜中重金属污染的加剧,而蔬菜中重金属又可通过食物链进入人体进而危害人体健康;徐柏园(2007)认为从农田到餐桌食物污染严重,除农业投入品残留外,还有重金属和水污染日趋严重,通过食物进入人体,损害人体健康;钱永忠、王芳

(2008)根据国家工商总局2005年4月7日所公布的对全国部分省市蔬菜质量监测结果,北京、合肥、阜阳、昆明、西宁等12个城市的53家经销单位销售的蔬菜质量监测合格率为91.4%,近一成产品重金属超标,监测不合格产品主要为汞、镉、铅含量超标;张永志等(2009)据调查显示:珠三角近40%的菜地土壤重金属超标,而土壤重金属超标引起了蔬菜重金属的超标,另外,我国北方各大城市的蔬菜中也都有不同程度的重金属污染,其中Cd、Hg、Pb污染尤其明显。据2002年对上海市57个重点园艺场进行土壤普查结果表明,有6个园艺场土壤中的重金属镉、砷、铬等严重超标,最高的原镉含量达1.06mg／kg,土壤劣于三级指标(方志权,2005)。蔬果产地的重金属污染主要来源于土壤和灌溉用水。一方面,随着工业化迅猛发展,大量重金属污染农田和水体,在被污染的农田中生产的蔬菜或被污染后的水灌溉的蔬菜,重金属会被蔬菜吸收、富集,导致成熟菜重金属超标。另一方面,含重金属的农药、除草剂、肥料的不合理使用也会造成蔬菜的重金属超标。蔬菜中的重金属由于其毒性、难降解性、生物累积性而对人类健康造成潜在危险,蔬菜的重金属污染越来越引起人们的广泛重视。国内农产品市场的检验主要针对蔬菜上的残留农药,而蔬菜的重金属含量尚未纳入市场的日常检测范围。但是,越来越多的国外的蔬菜进口企业已把铅、汞、砷等重金属含量作为必须检测项目,由此,重金属超标也成为影响我国扩大蔬菜出口的障碍因素之一(赵建欣、张旭、张忠义,2013)。

砷、氟及重金属元素在土壤中有一定的背景值,但一般不会对果实造成污染,有害元素污染主要来源于工业"三废"排放和农药、肥料的施用。随着我国工业尤其是乡镇企业的蓬勃发展,工业"三废"已经对果品的安全质量构成严重威胁,金属冶炼的废气和烟灰中含有大量的砷和镉,煤炭、石油等在燃烧过程中也释放出砷、铅等有害物质,工业废水更是镉、汞、砷、铅等有害元素的共同污染源,目前污水灌溉已成为果园元素污染的最主要来源。农药中的汞制剂、铅制剂和砷制剂也是元素污染的主要来源之一,在我国果树生产中,汞制剂和砷制剂已基本被淘汰,但是含砷农药(如退菌特、田安、甲基砷酸锌、福美胂等)的使用仍然十分普遍。氮肥、磷肥、复合肥和复混肥等化学肥料中一般都含砷、镉、铅、汞等有害元素杂质,而土杂肥(如粉煤灰、河流污泥和生活垃圾等)中有害元素的含量更高。目前,我国有部分企业利用工业废料和城镇生活垃圾生产有机复合肥,销往水果产区,对我国果品的安全质量造成严重影响。1995年李森照等对北京高碑店污灌区的苹果、葡萄、桃、鸭梨、雪花梨等水果的可食部分的重金属含量进行测定,结果除汞和镍在桃中未检出以外,汞、镉、锌、铜、铅、镍等6种金属元素在被检的苹果、葡萄、桃、鸭梨、雪花梨中均有检出。2000年冯建国等对苹果主产区45处果园的产地环境和产品进行调查,结果发现土壤和灌溉水中镉、铅、汞、铬和砷的检出率均为100%。灌溉水中镉和汞分别超标4.4%和2.22%,最高超标24%和50%;灌溉水中氯和氟的检出率亦为100%,分别超标8%和4%。同时发现,苹果中铅、镉、砷检出率均超过了93%,铜、锌、氟、汞和铬检出率为100%;汞、铅和镉等3种元素的超标率分别为1.47%、11.29%和8.06%,最高超标25%、230%和130%(中国农业科学院研究生院,2008)。

3.2.3 微生物污染

新鲜水果和蔬菜的污染,可以出现在生长期、收获期,也可以在加工阶段被李斯特菌(*L. monocytogenes*)等主要病原体和气调包装产品中的肉毒杆菌(*C. botulinum*)所污染。正因为如此,新鲜果蔬生食的风险是非常高的(Food Safety Risk Assessment of NSW,2009)。吴永宁、陈君石(2004)及樊永祥、刘秀梅(2006)认为目前影响我国食品安全的主要原因是微生物污染所造成的食源性疾病,如沙门氏菌等引起的食物中毒。例如,在罐头水果和蔬菜中,肉毒素是一种重要风险(世界银行,2006)。正因为如此,有害微生物检验越来越为发达国家所重视。目前这一问题仍未引起国内的足够重视。

我国出口蔬菜微生物和添加剂超标问题日趋凸现,在引起质量安全问题的原因中所占比重呈上升趋势,有的年份甚至超过农残比例。由于出口冷冻保鲜蔬菜涉及收购、储存、加工、运输等多个环节,流通链条较长。为了保鲜,加工企业一般会使用杀菌剂、消毒剂和防腐剂等,这些物质使用不当就会造成微生物或添加剂超标。食用这些超标的蔬菜极易引发食源性疾病。2006年9月美国和加拿大消费者因食用受大肠杆菌污染的袋装菠菜造成了3人死亡和200多人住院。近几年,输日速冻和调理蔬菜因微生物超标违反日本食品安全法的质量安全事件时有发生。最典型的案例是,我国某出口企业因用污染水清洗蔬菜,导致整批出口蔬菜细菌超标而被退货,给企业造成了巨大的经济损失。2011年7月,输韩盐渍蔬菜焦油色素红106号不符合韩国标准中不得被检出的规定,而被韩国食药厅通报(赵建欣、张旭、张忠义,2013)。在国内,很多企业为延长蔬果加工食品的保质期,或增加产品的甜度,加大了强制性国家标准规定限量使用的苯甲酸、糖精纳等物质的用量(方志权,2005)。

　　在水果及水果加工产品中,生物性危害也不容忽视。一是果品中的真菌性危害。最常见的是黄曲霉毒素(aflatoxin),是黄曲霉的代谢产物,故命名为黄曲霉毒素,简称AFT,实际上是指一组化学组成相似的毒素。黄曲霉毒素常见于一些坚果类果品中,尤其是发生霉变的坚果。另一类常见真菌是展青霉素(patulin),即青霉属、曲霉属和 *Byssochlamys* 菌种产生的真菌毒素,是影响我国果品安全的最主要的真菌毒素,在许多水果中存在,并以霉烂苹果和苹果汁中居多。我国于1991年检测了部分地区136份霉烂苹果和9份山楂汁中的展青霉素,136份霉烂苹果中有66份检测结果呈阳性,占48.5%;9份山楂汁中8份呈阳性,占88.9%。1992年共检测各种苹果制品159份,有49份检出展青霉素,占30.8%。二是果品中细菌性危害。最常见的是大肠埃希氏菌(*Escherichia*),俗称大肠杆菌属,具有较强的耐酸性。果酒和果汁中容易引发致病性大肠杆菌。三是果品中病毒危害,主要指食源性病毒,人体细胞是其最易侵染的寄主细胞,食源性病毒能抵抗抗生素等抗菌药物,目前除免疫外尚没有对付病毒的更好方法。四是果品中天然毒素危害,包括氰苷等。五是果品中寄生虫危害,如蛔虫(中国农业科学院研究生院,2008)。

3.2.4　硝酸盐含量过高

　　1907年,Richardson就指出蔬菜是一种容易积累硝酸盐的植物(都韶婷,

2008）。由于硝酸盐会在人体口腔和胃肠道中细菌的作用下还原为强致癌物质——亚硝胺，食物中的硝酸盐含量一直是人们十分关注的问题，尤其是蔬菜，硝酸盐含量的高低更被看作蔬菜质量安全的一个重要指标。❶在种植过程中，为了实现高产，化肥尤其是氮肥的大量使用，加剧了硝酸盐在植物体内的蓄积（方志权，2005；都韶婷，2008）。当前农学界形成的基本共识是，我国蔬菜施肥尤其是氮肥用量普遍偏高，蔬菜硝酸盐含量超标严重。而且，越来越多的研究证据表明，施用化学氮肥是蔬菜硝酸盐累积的重要因素之一，蔬菜中硝酸盐含量与化学氮肥施用量呈正相关，随施氮时间的延长硝酸盐含量逐渐降低（周兆德等，1991；王正银，1996；黎星辉等，1997；徐晓荣等，2000；黄启为等，2002）。❷由于蔬菜作物具有根系浅、根系吸收能力弱、喜高肥水、奢侈吸收等营养特性，在蔬菜施肥的过程中必然会遇到施肥的品质效应和环境效应问题。持续滥用氮肥的结果，一来使得蔬菜中硝酸盐的含量不断增长；二来使得蔬菜中维生素C减少，这都使蔬菜安全性和质量水平大大降低；❸三来也对地下水和土壤造成了持续的不良影响（肖时运，2006）。正因为如此，多年来各国研究者从各方面进行探索，挖掘了众多控制蔬菜硝酸盐积累的措施。例如，日本和苏联重点改善栽培管理措施；法国等欧洲一些国家则倡导生态农业；美国首先注意了低硝酸盐蔬菜的选育（汪李平等，2003）。虽然国内尚未将硝酸盐

---

❶ 然而近十年来，有许多研究者提出了硝酸盐对人体有利的一面，尤其是JeanL'Hirondel和Jean-LouiSuHirondel撰写的法文版专著"Nitrate and Manes Toxic, Harmlesso:Benefieial?"于1996年问世（英文版于2001年出版）以来，进一步激起了对该话题的争论。事实上，硝酸盐本身虽然没有毒性，但硝酸盐毕竟是 N - 亚硝基化合物等致病物质的前体，硝酸盐转化为有害物质的诱因也防不胜防。因此，仍然不能忽略硝酸盐潜在的危害，对于植物硝酸盐积累机理的进一步深入研究也值得关注（都韶婷，2008）。

❷ 不过，以上正相关关系因蔬菜品种不同而又较大差异。一般而言，叶菜类蔬菜与茄果类蔬菜更显著。周艺敏（1989）对菠菜、小白菜等6种蔬菜进行了施肥试验，都发现N素化肥的施用量与蔬菜体内硝酸盐含量呈显著或极显著正相关。任祖淦等（1997）报道，空心菜中硝酸盐累积可因N素用量提高而呈明显规律性增加，故偏施和滥用N肥，是造成蔬菜（尤其是叶菜类蔬菜）品质恶化的重要原因。

❸ 蔬菜是人体摄入维生素C的一个主要来源。Vc是一种还原剂，它能提高体内SOD（超氧化物歧化酶）的活性，从而提高机体的免疫力，对防癌和抗衰老具有重要的作用。Vc能阻断亚硝胺的形成，同时也是一项重要的蔬菜品质指标。一般认为，增施氮肥会降低很多蔬菜的Vc含量（肖时运，2006）。

含量纳入蔬菜日常监测的范围,但是,随着经济发展和生活水平的提高,社会公众对蔬菜中硝酸盐过高对人体潜在威胁的关注会有所增长,调查并评价蔬菜硝酸盐积累的情况就显得十分必要。不仅可以为大众健康提供一定的参考依据,同时也能引起社会各界对蔬菜硝酸盐污染的重视。❶

另外,转基因、放射性物质等也构成潜在的风险来源,但由于相关科学问题过于复杂且分歧巨大,且不构成蔬果产品的主要风险来源,故本报告分析从略。

3.3　蔬果质量安全问题的经济社会影响

3.3.1　对民众健康的影响

第一,硝酸盐超标对人体的影响。据 Bartsch 等(1988)和 Slob 等(1995)的研究,摄入硝酸盐含量较高的蔬菜,其中的硝酸盐会在口腔和胃肠道中细菌的作用下还原为强致癌物质——亚硝胺,换而言之,硝酸盐是强致癌物质——亚硝胺的前体物(郑鹏然、周树南,1985),对人体健康的远期危害非常大,会增加人们患肠胃癌、高铁血红蛋白症等疾病的概率。

第二,农药残留超标对人体的影响。格莱翰(1987)的第3章专题讨论了残留农药的来源与影响问题。潘佑找、储春荣(2007)的研究发现,虽然农药残留因类型不同而对农产品安全的影响程度不同,但农药残留都会导致农产品营养失衡、感官质量等品质下降,还会危害人体健康,甚至危害生命。已有研

---

❶ 国内部分学者的研究表明,蔬菜是一种极易富集硝酸盐的作物,人体摄入的硝酸盐有81.2%来自蔬菜。据汪李平等(2000)报道,我国部分大、中城市消费量较大的几种主要蔬菜的硝酸盐含量均大大超标(432mg/kg鲜重)。比如北京市销售的大白菜、小白菜、芹菜、生菜、香菜、萝卜的硝酸盐含量分别高达2533、3615、3999、2418、3399 和 2078mg/kg 鲜重;天津市销售的大白菜、芹菜、萝卜也分别高达2312、2144和2464mg/kg鲜重;杭州市销售的小白菜、芹菜和萝卜也分别高达2273、4299和2543 mg/kg鲜重;济南市销售的小白菜、芹菜分别高达3009和3972 mg/kg鲜重;重庆市销售的小白菜、芹菜、香菜、萝卜分别高达2139、3246、2443 和2674 mg/kg鲜重。均大大超标(都韶婷,2008)。

究证明,近7成的恶性癌症与食用蔬菜中的农药残留有关,而且,农药还会对人体内的酶和生殖系统,尤其是男性生殖系统构成严重的影响(汪普庆,2009)。在水果中残留的主要品种为有机磷和氨基甲酸酯类农药,这类农药是典型的神经毒剂,对人体的乙酰胆碱酯酶有抑制作用,能抑制神经介质的传递,造成神经中毒。经观察、研究发现,人们食用有残留农药的果品后,一定程度上会在体内长期蓄积滞留有害物质,从而引起许多慢性疾病,影响健康(中国农业科学院研究生院,2008)。

第三,重金属超标对人体的影响。重金属污染对食品安全性的影响也非常严重,重金属污染以镉污染较为严重,其次是汞、铅等。根据广东省疾病预防控制中心2000—2005年食品污染物检测数据,广东省主要食物中铅、镉含量合格率分别为91.6%和89.6%,其中蔬菜中铅含量及干食用菌中镉含量的合格率较低。砷的污染也不可忽视。多数重金属在体内有蓄积性,半衰期较长,能产生急性和慢性毒性反应,像砷、铬等可能还会有致畸、致癌和致突变的潜在危害。

第四,微生物污染对人体的影响。黄曲霉毒素引起的急性毒性临床上表现为食欲不振、体重下降、生长迟缓、生殖能力降低等;同时其具有很强的致癌毒性,不同的接触途径都可诱发癌症,它诱发肝癌的作用尤其受到重视。展青霉素毒素会引起动物的胃肠道功能紊乱和各种不同器官的水肿和出血(中国农业科学院研究生院,2008)。

总体而言,蔬果质量安全问题,不仅关系到人民的生活质量,更与人类生命和生存密切相关。质量安全存在隐患的蔬果产品,其潜在危害具有三大特征:一是危害的直接性。由于蔬果是人们日常生活的必需品,因而安全问题会造成民众的心理压力,一旦购买过程充满疑虑,食用过程又有担心,就会造成社会的不安全因素。同时蔬果产品质量不安全将对人体健康事实上直接造成危害。二是危害的隐蔽性。蔬果产品质量安全的水平仅凭感观往往难以辨别,需要通过仪器设备进行检验检测,有些甚至还需要进行人体或动物实验后确定。由于受科技发展水平等条件的制约,部分参数或指标的检测难度大、检测时间长,其质量安全状况难以及时准确判断,危害具有较强的隐蔽性。三是危害的累积性。不安全蔬果产品对人体危害的表现,往往经过较长时间的积累。如部分农药激素残留在人体内积累到一定程度后,就可能导致疾病的发生并恶化(方志权,2005)。

3.3.2　对蔬果产业竞争力的影响

质量安全问题影响我国具有比较优势的蔬菜、水果等农产品的出口,并在国际上造成广泛的不良影响。虽然我国蔬菜虽然有非常明显的比较优势,尤其是极其明显的价格优势,但由于蔬菜生产的技术含量相对较低,产品质量安全问题对出口造成了实质性的影响,使得比较优势没能很好地转化为竞争优势(傅泽田、刘雪、张小栓,2006)。其中一个非常重要的原因在于,国外尤其是发达国家的蔬菜、水果的质量安全标准日益完善,中国近年来虽有显著进步,但仍然难以符合发达国家的各种质量安全标准。

20世纪90年代以来,我国对欧洲、日本、美国等国出口的蔬菜等农产品,由于农药残留及重金属等有害物质超标,被拒收、扣留、退货、销毁、索赔和中止合同的现象时有发生。农药残留超标影响着我国蔬菜质量的进一步提升,已成为扩大蔬菜出口的主要障碍(赵建欣、张旭、张忠义,2013)。日本政府从2002年3月20日起,依据新鲜菠菜的标准对进口冷冻菠菜进行抽检,在到当年5月为止抽检的944件菠菜中,发现有42件残留农药超标,超标蔬菜中有41件、共575吨来自中国。另据日本农林水产省2002年6月27日公布对600种蔬菜的抽检结果,中国产20种新鲜蔬菜和18种冷冻蔬菜,包括芹菜、毛豆角、豌豆、大蒜等都发现残留农药超标(几乎全是含磷杀虫剂)。残留农药问题引起了日本朝野和民众的高度重视。除政府部门采取果断措施要求强化检查外,日本媒体还大肆报道查处中国农药超标蔬菜的案件,使日本老百姓对中国蔬菜敬而远之。质量安全问题严重影响了中国蔬菜水果产品在国际市场的声誉,阻碍了其出口竞争力的提升(颜景辰、颜廷武,2004)。

中国蔬果产品频遭日本退货的根本原因,不仅仅在于媒体所言的"绿色壁垒", 更重要的则在于我国的质量安全标准与日本的差异太大, 尤其是日本于 2006年实施"肯定列表制度"之后。目前中国制定了137种农药的477项残留限量标准, 其中有很大一部分指标达不到"肯定列表制度"的要求。2010年中国卫生部开始了食品标准的大清理, 截至2011年4月, 已发布172项新的国标, 包括乳品安全标准68项、食品添加剂标准102项、农药残留限量标准2项(包括66种农药残留限值), 废止了食品中锌、铜、铁限量标准。尽管中国食品安全标准有了显著的提升, 但与日本相比还是捉襟见肘。自从"肯定列表制度"2006年5月29日实施开始至同年8月22日, 中国出口日本的农产品共被检测出120批次不合格, 这些被检测超标的农产品包括油菜、木耳、甜豌豆等。❶至于不合格的原因多为农药残留超标、微生物超标和添加剂使用问题, 直到今日这些受阻产品的种类和原因依然是出口受阻的大项。❷通过数据我们直观地看到了"肯定列表制度"出台后中国各类农产品都受到了不同程度的影响, 特别是水产、果蔬类更是受阻严重, 占比高达21%。❸

另外, 由于蔬果原料的质量安全得不到保障, 蔬果加工制品的国际竞争力也必然受到负面影响。

3.3.3 对生态环境的不良影响

夏世钧等(2008)对农药残留的形成及对农作物的影响进行了研究, 认为农药喷施后, 大约会有30%依附在农作物表面, 对农作物造成直接污染。其余

---

❶ 日本海关.日本向うの農産品不合格公表[R/OL].(2006-12-30)[2015-01-12].http://www.customs.go.jp/.

❷ 2006年6月"肯定列表制度"正式生效, 立刻就对中国农产品的出口产生了明显的影响——中国对日农产品出口出现大幅下降。据海关统计, 2006年1至7月, 中国对日本出口农产品45.4亿美元, 同比减少0.04%。其中。其中6月份中国对日本出口农产品5.96亿美元, 同比减少1.31亿美元, 同比下降18%。受此影响, 2006年6月当月, 中国对全球的农产品同比下降了1.2%, 为之前六年来少有。至此之后, 中国农产品在2006年遭遇"寒潮"后一直呈逐年下降趋势, 直到2010年才有一些回升。即便如此, 距离"肯定列表制度"实施之前, 特别是2005年和2006年的水平还相差很多。

❸ 日本食品安全委员会.食品安全信息[R/OL].(2006-12-28)[2015-12-12].http://www.fsc.go.jp/fsciis/foodSafety-Material/search.

70%则落入土壤和大气中,通过食物链与生物富集效应累积等途径形成农药残留,从而危及农产品质量安全、人畜安全并破坏生态环境等。不安全的农药化肥使用行为,除了生产出具有潜在质量安全风险的蔬果产品外,还对生态环境造成诸多不良影响,具体表现在几个方面:一是对土壤环境的影响。据近年来国内外调查表明,大量使用农药造成土壤的严重污染。因为化学农药被用于防治病虫害的同时还会残留于土壤中,这会对土壤微生物造成严重破坏,影响土壤肥力、活性,破坏土壤生态系统良性循环,降低土壤持续生产力。另外,以该土壤为生长基础的农作物本身就会在生长过程中吸附大量农药,通过渗透进入农作物内部,造成农药残留。二是对水体环境和大气环境的影响。农药在土壤中以蒸汽和非蒸汽的形式进行迁移,主要是通过质体流动和扩散两个过程。土壤溶液中农药沉积物会随水迁移至地面水体,如果向下层移动就可能进入地下水造成水体污染;如果以蒸汽形式扩散进而进入大气,造成大气污染。除此之外,对大气环境影响的主要方式还来自于喷洒农药时所产生的药剂漂浮物在农作物表面的挥发扩散及农药厂"三废"(即废气、废水、废渣)的排放污染严重(包书政、翁燕珍、黄圣男、王志刚,2012)。

第四章　我国蔬果质量安全治理的约束条件

从全球范围内而言,包括农产品在内的食品质量安全的内外部环境已经发生了一些重要变化,其中至少包括:技术结构、不完全信息、高度的异质性、不完全竞争和国际贸易均扮演着非常重要的角色(Antle,2001)。

但是,中国的蔬果市场,却是一个由两个"汪洋大海"构成的典型复杂多元化市场:一是数千万户小规模蔬果种植者所构成的"汪洋大海",二是数千万小规模蔬果运销商所构成的"汪洋大海"。近年来,在以上两个"汪洋大海"中,越来越多的重要"岛屿"正在形成之中。比如一些大规模现代超市迅速崛起并加入到蔬果分销的队伍中来,比如一些大规模蔬果加工企业也在迅速崛起——这些都是推动中国蔬果生产流通体系升级的重要动力。不,这些"岛屿"至今并未对传统生产营销体系基础性地位产生任何实质性影响。当前,中国的蔬果生产流通体系仍然是由数千万户小规模蔬果种植者和数千万小规模蔬果运销商所构成的"汪洋大海",面对着数量庞大的中低收入消费者群体。这也是大多数发展中国家的基本特征。这两个"汪洋大海",不仅容易出现价格波动频繁的弊端,也难以保障蔬果质量安全。❶

4.1　小规模农户为主的生产体系

无论是从当前还是从今后相当长一段时期来看,蔬菜和水果都是中国农

---

❶ 很多欧洲国家和美国蔬果流通体系最令人惊奇之处,不是国内学界经常提及的流通环节少、流通成本低、流通效率高,而是超稳定的零售价格和严格的质量安全水平。

业持续具备比较优势潜力的劳动密集型农业[1]，是可以实现高度集约化经营的产业，可以在相当长的时期内为大量农民提供就业和收入持续增长的稳定来源。

改革开放以来，我国蔬果种植面积逐年增加。在过去20年中，中国的蔬菜和水果的播种面积都翻了一番以上。而与之相比，我国其他作物的种植面积，都有不同程度的减少（见表4-1）。[2]

表4-1　我国主要农作物总播种面积（单位：千公顷）[3]

年份	农作物总播种面积	粮食作物播种面积	油料	棉花	蔬菜	果园面积
1978	150104	120587	6222	4866	3331	1657
1980	146380	117234	7928	4920	3163	1783
1985	143626	108845	11800	5140	4753	2736
1990	148362	113466	10900	5588	6338	5179
1995	149879	110060	13102	5422	9515	8098
2000	156300	108463	15400	4041	15237	8932
2001	155708	106080	14631	4810	16402	9043
2002	154636	103891	14766	4184	17353	9098
2003	152415	99410	14990	5111	17954	9437
2004	153553	101606	14431	5693	17560	9768

[1] 1997—2010年，世界蔬菜进口总体上保持快速增长的态势，进口总额由304.03亿美元增长至765.01亿美元，年均增速7.36%。同期，中国蔬菜出口额由21.06亿美元大幅增长至101.35亿美元，年均增速12.84%，高出世界进口增速5.48个百分点。尤其是中国加入WTO后的9年里，中国蔬菜出口呈现持续高速增长的态势，年均增速高达16.82%，是世界进口增速的1.75倍。因而，中国蔬菜出口占世界进口的比重不断上升，由1997年的6.93%上升至2010年的13.25%。通过两者年均增速的对比可知，中国蔬菜出口的持续、稳定增长一方面受益于快速增长的世界蔬菜进口需求，另一方面受益于中国蔬菜较强的出口竞争力和潜在的比较优势（纪龙，2012）。

[2] 20世纪90年代初以来，我国农作物种植结构发生了显著的变化。在1990—2005年间，谷物在农作物播种面积中的比例下降了11个百分点（从1990年的64%下降到2005年的53%），同期蔬菜播种面积比例提高了7个百分点（从1990年的4%提高到2005年的11%）（黄季焜、牛先芳、智华勇、董晓霞，2007）。

[3] 中华人民共和国国家统计局.我国主要农作物总播种面积：2012年[J].中国统计年鉴.2012.

续表

年份	农作物总播种面积	粮食作物播种面积	油料	棉花	蔬菜	果园面积
2005	155488	104278	14318	5062	17721	10035
2006	152149	104958	11738	5816	16639	10123
2007	153464	105638	11316	5926	17329	10471
2008	156266	106793	12825	5754	17876	10734
2009	158639	108986	13652	4952	18414	11140
2010	160675	109876	13890	4849	19000	11544
2011	162283	110573	13855	5038	19639	11831

仅就蔬菜而言,种植面积在20世纪80年代年均增长近10%,20世纪90年代年均增长14.5%。进入21世纪之后,种植面积增长率虽有所放缓,但仍有所增长。2000年的种植面积为1523.7万公顷,2005年增加到1772.1万公顷,2010年进一步增加到1900万公顷。与此同时,蔬菜播种面积在总播种面积中的比重,从1995年的6.35%上升到2011年的12.10%(而同期,虽然国家反复强调不断增加种植补贴,粮食作物的播种面积占比仍由73.43%下降为68.14%,见表4-2)。人均蔬菜产量也从2001年的379.4公斤上升到2009年的463.2公斤。据联合国粮农组织统计,中国蔬菜播种面积和产量分别占到世界的43%和49%,均居世界第一。与此同时,我国蔬菜出口数量也呈快速增长的趋势,由2000年的321.11万吨,快速上升到2005年的681.38万吨,2010年进一步扩大到844.61,2011年中国累计出口蔬菜973.00万吨,出口额117.5亿美元(赵建欣、张旭、张忠义,2013)。就水果而言,人均水果产量从1995年的35公斤急速上升为2009年的153.2公斤(柳琪、柳亦博、李倩、滕葳,2009)。蔬菜和水果播种面积的不断扩大,对改善农业生产结构和提高农民收入均产生了积极影响。

表4-2　主要农作物种植结构(单位:%)[1]

项目	1995	2000	2005	2007	2009	2010	2011
农作物总播种面积	100.00	100.00	100.00	100.00	100.00	100.00	100.00
粮食作物	73.43	69.39	67.07	68.84	68.70	68.38	68.14
谷物	59.59	54.55	52.66	55.89	55.72	55.92	56.08
油料作物	8.74	9.85	9.21	7.37	8.61	8.64	8.54
棉花	3.62	2.59	3.26	3.86	3.12	3.02	3.10
糖料	1.21	0.97	1.01	1.17	1.19	1.19	1.20
烟叶	0.98	0.92	0.88	0.76	0.88	0.84	0.90
药材	0.19	0.43	0.78	0.63	0.74	0.77	0.85
蔬菜、瓜类	7.08	11.06	12.82	12.76	13.08	13.31	13.57
蔬菜	6.35	9.75	11.40	11.29	11.61	11.83	12.10
其他农作物	4.49	4.70	4.78	4.44	3.58	3.76	3.62

　　虽然有不断上升的巨额产量水平,虽然近年来国内涌现出一批农工商一体化企业,家庭农场的规模也在逐渐扩大,在各地出现了一批专业种养殖大户,但是,这些大户基本都集中在养殖或粮食种植领域,而在蔬菜水果种植领域,绝大多数种植者仍然是小规模农户。黄季焜等(Huang et al., 2008)的研究发现,在山东省的葡萄与苹果种植户中,很少有农户的种植规模超过1公顷。平均而言,平均种植规模还不到3亩。课题组对山东寿光、河北平泉、陕西洛川等省的典型蔬菜、水果种植专业乡镇的调研也发现基本类似的情形。

　　实际上,中国当前的资源禀赋决定了劳动密集型的蔬果种植是小规模、贫困农户缓解贫困的重要途径,正是数千万的小规模贫困农民以较低的成本生产了绝大部分的蔬菜和水果。这些由小规模贫困农户以较低成本种植出来的蔬果,在食品安全方面必然是比较脆弱的。绝大多数的交易仍然是在现货市场进行的,整个交易体系基本上没有任何可追溯性。因为缺乏必要的可追溯

---

[1] 中华人民共和国国家统计局,2012.我国主要农作物总播种面积:2012年[J].中国统计年鉴.

性,只要将其种植出来的蔬果转移给"一手交钱、一手交货"的运销商(或曰经纪人)之后,农户就不再承担任何责任。加上在农户和批发市场几乎不进行任何检测,所以没有哪个机构或组织能够确切地判定中国蔬果的安全性水平。在当前的种植格局下,不可能清楚地了解农民是否施用了那些不安全的化学投入品。即便能够基于供应链自下而上追溯到被污染的蔬果,也毫无办法找到这些被污染的蔬果究竟产自哪个农户。对于超小规模的农户,标签、追溯、施药记录等确保农产品质量安全的现代手段似乎太不现实。至于那些基于大规模现代农业(不仅是现代化的种植,而且是现代化的流通与加工)为基础的HACCP、GMP、GAP、SSOP等确保农产品质量安全的复杂体系,更是与中国蔬果供应链相距甚远。

正因为如此,中国确保蔬果质量安全必然会面临前所有未的挑战。一方面,中国必须确保小规模、贫困农户的市场进入性。在这样的环境中,决策者可以做一些事情以改善蔬果质量安全水平。首先,中国各个层级的市场都是高度竞争性的,且由大量的小规模、贫困农户参与,这是大量蔬果以高效和廉价的方式分销到城市的重要原因。但与此同时,需要持续必要的市场管理。然而,当一个市场主要由传统营销渠道的贸易商所主导时,满足日益增长的食品安全需求就形成很大挑战。加强监管和检测可能会有所帮助,但是,如果规定过于严格,将会迫使部分小规模农户退出市场。世界其他地区的证据表明,促进合作社的政策和更具参与性的营销系统(即一种农民加入到更长期的供应链中的体系)可能有助于改善系统。另一种策略是不考虑营销供应链的农户层面的因素,尝试更好地控制那些供应投入市场。例如,对农药的生产和进口实施更多的监管。这样战略显然是基于将保持危险因素完全排除在供应链之外的想法(Huang et al., 2008)。

4.1.1　我国蔬果种植户的种植特点

正如前文所析,在农药残留问题方面,与蔬菜相比,水果的质量安全问题相对较好。因此,下文重点讨论的是蔬菜的质量安全问题。而在蔬菜的质量安全问题中,以农药残留超标问题最受关注。实际上,当前影响我国蔬菜产品安全的因素,主要是现行的蔬菜病虫害防治方法易造成蔬菜农药残留超标(柳琪、柳亦博、李倩、滕葳,2009)。

导致蔬菜农药残留超标的直接原因是病虫害。蔬菜病虫害是影响我国蔬菜产量和安全品质的重要因素,一般可造成蔬菜产量损失的10%~30%;在病害流行时,损失可达60%~70%,甚至绝收(滕葳、柳琪、郭栋梁,2003)。蔬菜病虫害越严重,直接后果就是蔬菜的安全品质越差。我国当前很多地区的蔬菜生产方式,易造成蔬菜病虫害的危害。由于菜田土质肥沃、水源充足、土壤湿度大、蔬菜种类多、生产周期短等原因,病虫草害的发生较其他作物田有着明显的特点。

一是我国蔬菜种植区域内蔬菜品种过多。在大多数蔬菜种植区域内,往往都种有几种、十几种乃至几十种蔬菜。蔬菜种类的增加,在一定意义上意味着菜园病虫害种类增加——这是蔬菜与大田作物的显著区别。此外,菜园中往往还生长着较大田作物多几倍乃至十几倍的杂草种类,给多种病虫提供了适生环境和中间寄主,这就更促进了菜田病虫害种类的多样化。二是病虫害的发生速度快。菜园中肥沃的土壤、较高的湿度等,在给各种蔬菜提供迅速生长条件的同时,也给多种病虫害提供了适生的环境,尤其对多种病虫害的发生十分有利,因而,这些病虫的发生蔓延速度很快。如黄瓜霜霉病,菜农将其称为"跑马干",就说明了该病发展之快和为害之大。三是病虫害世代重叠。对于杂食性害虫和多寄主病菌来说,多种寄主的同时并存,给这些病虫提供了充足的食物资源和侵染发病的机会。但是,由于病虫在不同的寄主上其发育速度不一样,就会使在同一菜园中具有不同的发育虫态,即出现世代重叠现象,给防治工作带来诸多不利。四是不倒茬,虫源、菌源量大。一般说来,由于菜园对水、肥等条件要求较高,水、电等基础设施投入较大,所以,一旦将某块地作为菜园,在较长时期内将保持相对稳定,不易进行倒茬;特别是设施蔬菜等保护地栽培环境,大面积,大范围地常年种植蔬菜,使多种病虫呈现逐年加重的趋势。尤其土壤害虫和土传病害,如枯萎病、疫病、蝼、蟋蟀等。五是传播途径多,蔓延速度快。由于经济价值较高,菜农对蔬菜的管理较为精细,加之大多数蔬菜生育期较短,更增加了田间管理的频次。与此同时,也增加多种病虫的传播途径,如浇水有利于多种害虫和病害的传播;整枝打杈、采收果实、施肥、打药、上架等田间操作,会使作物产生机械损伤,从而给病毒等多种病害的侵入创造了有利的条件,使蔓延速度较大田作物为快。另外,设施蔬菜的超高速发展也是导致病虫害高发的重要原因。设施蔬菜尤其是节能日光温室的快速发展,反季节、超时令蔬菜数量充足、品种丰富,蔬菜周年均衡供应水平大大提高。❶但在数量满足需要的同时,蔬菜产品的质量也存在着安全问题(柳琪、柳亦博、李倩、滕葳,2009)。

4.1.2 我国蔬果种植户病虫害防治特点

因蔬菜生态系统病虫害的频繁发生,许多生产者在生产过程中,为降低生产成本,并且用药心理追求农药使用后成立竿见影的效果,极易产生对蔬菜病虫害防治盲目地、无节制地依赖广谱高效高毒高残性的禁用化学农药,造成瓜蚜、棉铃虫、小菜蛾等害虫的抗药性水平大幅度提高,天敌被误杀,导致主要害虫的再度猖獗为害,使原处于次要地位的害虫上升为主要害虫,结果是农药品种越用越多,使用浓度不断提高,不但对病害虫控制不利,而且其危害反而越来越重。由于害虫产生抗药性,形成了害虫与农药相生相长的恶性循环(柳琪、柳亦博、李倩、滕葳,2009)。

4.2 高度多元化的蔬果消费需求

在美国农业部(2003)看来,水果、蔬菜与肉类、禽类、加工产品同属以消费者为导向的高价值产品。在美国的农产品出口中,这类高价值产品的出口占总出口的三分之二左右。而所谓"消费者驱动的农业",正是美国农业部对21

---

❶ 1980年我国设施蔬菜不足6700公顷,到2008年全国设施蔬菜面积达335万公顷,稳居世界第一,约占世界的90%。设施蔬菜总产量1.68亿公斤,占蔬菜总产量的25%。

世纪农业体系变化的概括中的基本要点之一。

我国当前的经济实力显然还难以保证当前迅速且普遍地提高蔬果质量安全水平,毕竟人均GDP5000美元(中国)和五万美元(很多发达国家已接近或达到这一水平)的生活水平对蔬果质量安全的要求显然是有相当大差异的。我国农民的年人均纯收入刚超过6000元人民币,我国城市还有大量中低收入人群,他们的蔬果消费需求显然不同于发达国家的消费者,也不同于国内的高收入群体。按照世界银行(2006)的研究,按照不同的消费需求[1],中国当前的蔬果市场:传统的本地水果和蔬菜市场;工业化国家市场;新兴的现代国内城市市场。每种市场都既包括加工产品,也包括新鲜产品。由于它们的特点不同,所需要的政府支持也各不相同。正是这种高度多元化、异质化的蔬果消费需求,决定了中国蔬果生产、流通必然与发达国家有非常大的差别,必须容纳那些让专家学者看起来不那么"安全"的生产、流通方式和经营标准,必须考虑满足不同层次的消费需求(于冷,2004)。

另外,与发达国家相比,中国的人均蔬果消费量尤其是蔬菜消费量在全球处于极高的水平。2009年人均蔬菜产量已高达463.2公斤,其人均消费量数倍于世界平均水平和发达国家水平。[2]实际上,在很多国家,蔬菜水果的零售终端价格都相对较高,但中国的蔬菜水平的零售终端价格相对较低。再考虑到中国庞大的人口基数,中国能够满足如此多元化的蔬果消费需求,本身就是一个奇迹。

4.3 以批发市场和对手交易为核心的流通体系

在过去20年间,虽然中国蔬果供应链的下游发生了一系列重大变化,但

---

[1] 当然,这种区分也不仅是根据消费需求的差异,也与生产、销售、质量和安全管理及附加值方面密切相关,但原初驱动力源于消费需求的差异。

[2] 2004年,中国共生产了4.23亿吨蔬菜,近8100万吨水果,分别占世界总产量的48.9%和16.0%;相比之下,日本在世界蔬菜总产量中的份额由10年前的3.4%下降至2.3%,水果则由1.1%下降至0.7%(世界银行,2006)。

很少有证据表明,下游的一系列变化已对供应链的上游产生任何实质性影响。很多基于农户层面的实证研究(Huang et al., 2008)发现,绝大多数蔬果种植者都将他们的产品销售给传统的营销渠道。虽然现代超市和餐饮企业迅速崛起❶,但它们对中国蔬果市场的渗透性非常低。虽然很多媒体都在大规模报道"农超对接""农餐对接""农校对接"等种种所谓新型的"短链流通"方式,实际上,这些所谓的新型"短链流通"方式并未发挥媒体所宣称的那么重要的作用,最多只是作为当前蔬果流通方式的一种重要补充而已。

4.3.1　批发市场是生鲜蔬果流通体系的核心

不容否认,在发达国家,由于大型农产品加工企业和大型超市的迅速崛起,农产品批发市场交易在农产品流通中的重要性(如果从农产品批发市场经由率衡量)有所下降。大型超市的崛起堪称发达国家农产品批发市场经由率下降最直接、最重要的原因。❷ Reardon 和 Farina(2001)的研究也表明,在发达国家(地区),随着城市、经济和商业的发展,超市将逐步取代集贸市场成为城市居民购买生鲜食品的主要场所。

根据剑桥大学斯达格思教授所著的《蔬果和蔬菜的批发》一文的数据,1984年英国国内农民生产的蔬菜和水果中有82.9%直接通过批发市场进行批发。但是,这一比例到20世纪90年代出现迅速下降,据伦敦大学几位经济学者的推测,20世纪90年代蔬菜和水果的批发市场经由率为20%~30%(小林康

---

❶ 2011年,我国普通超市市场零售额达到3398.2亿元,门店数达到38554个,营业面积2190.9万平方米。大型超市的营业额达到2594.5亿元,门店数达到2542个,营业面积达到1760.6万平方米。均呈现持续高速增长态势。另外,住宿和餐饮业也呈现迅速增长势头(法人企业数从2005年的19366个上升到2011年的39002个,营业额从2005年的2613.5亿元上升为2011年的7070.9亿元)。

❷ 1972年时法国超市企业出售的食品仅为食品销售总量的4.8%,而到1987年增加到59.7%,进入20世纪90年代以后增长速度更为迅速。由于超市企业进入了蔬菜、蔬果流通市场,自己开设集配中心,采购货物,发送到连锁店进行零售,这样造成了流通领域中蔬菜和水果经由批发市场的比例不断下降(小林康平、甲斐谕、福井清一 等,1998)。

平、甲斐谕、福井清一等，1998）。❶但是，在日本、韩国、中国台湾等东亚地区，农业生产者规模普遍较小，超级市场尤其是综合性大型超级市场的发展落后于欧美国家，批发市场是有效解决小规模的农业生产和大市场、大流通之间矛盾的基本平台，批发市场主导着主要农产品流通，农产品的批发市场经由率曾经长期高达80%以上。❷批发市场的公开、公平、公正及高效的市场竞争规则被发挥得淋漓尽致，节约了农产品交易的时间和交易费用，使广大农业生产者和消费者得益匪浅（俞菊生，2003）。

　　近些年来，由于大型超市的迅速发展，东亚地区主要农产品的批发市场经由率不可避免地出现了下降，但是这一下降过程比较缓慢。从1985—1999年，日本国内总流通量中经由批发市场的流通量所占比重，蔬菜从87.4%减少到80.3%，水果从81.4%减少到57.2%，水产品从76.9%减少到68.5%（穆月英、笠原浩三，2006）。❸当前批发市场仍然在日本农产品流通中占有核心地位。韩国农产品流通也以大型国家批发市场为中心，约50%的农产品由批发市场流通，这种流通格局具有稳定的价格基础、强有力的中介组织——农协、发达的物流水平等先进性（丁建吾、赫静，2007）。

　　批发市场之所以能够在很多国家的农产品流通中居于主导地位，不仅是因为其为供求双方提供交易场所、信息、方式和过程管理，从而实现其交易和集散功能，更为重要的是其具有价格形成、发现和结算功能（黄祖辉、吴克象、金少胜，2003）。实际上，农场规模较小的国家或地区，无论其整体经济和农业发展的水平如何，农产品批发市场往往都是农产品流通体系的核心。大型连锁超市的迅速扩张与农产品批发市场之间，并不必然是竞争和互替关系，而可能是不同程度的合作关系。

---

❶ 在20世纪的20、60年代，美国农产品的批发市场经由率也曾高达80%~90%，当前仍稳定在30%左右（丁建吾、赫静，2007）。

❷ 批发市场的公开、公平、公正及高效的市场竞争规则被发挥得淋漓尽致，节约了农产品交易的时间和交易费用，使广大农业生产者和消费者得益匪浅。

❸ 根据丁建吾、赫静（2007）提供的数据，日本蔬菜、水果、水产品通过批发市场流通比例仍分别达80%、60%、70%。

另外,产地批发市场在所有国家都变得日益重要。首先,在日本、韩国、中国台湾地区,随着居民收入水平的提高和消费习惯的变迁,位于大城市的销地批发市场在农产品流通中的重要性虽然有逐年缓慢下降的趋势,但是,相生相伴的,却是产地市场的重要性的不断提升。前文提及,日本农协系统3000多个农产品集贸所,实际上发挥着产地市场所应发挥的挑选、包装或冷藏及组织上市等重要职能。[1]中国台湾各地建有较高水平的产地市场,在管理方面,要求入市农产品必须分等分级、包装,在包装上标明供货商、品名、品级和数量等,这种分级和包装看起来只是对农产品的简单处理,但却是提升农产品质量的重大变革,对农产品大量而快速地集散,对于高效对接超市、电子商务、直销等新型流通业态并实现优质优价,非常必要。[2]其次,在超市极其发达、农产品批发市场经由率不断下降的欧美国家,农产品产地市场也变得日益重要。在美国,由于农业生产者规模大,经销农产品的大型超级市场发展又很快,产销一体化组织非常发达,批发市场的部分功能逐渐受产销一体化组织的冲击被削弱,因此,在该国最近几十年的农产品流通中,农产品批发市场尤其是销地批发市场(又称车站批发市场)的市场经由率并不高(仅为20%左右),更重要的批发市场反而是产地批发市场。在整个农产品流通中,产地批发市场与零售商之间的交易量占了绝大多数。有关数据显示,全美近80%的农产品是从产地经物流配送中心直接到达零售市场的。在西欧各国,一般在农产品的集中产区,都建立有以"集货"为主要功能的交易市场,为附近地区的农场主

---

[1] 日本早在20世纪80年代就已经具备了非常现代化的流通加工设施。在农产品"集荷"环节,"农协"建有"集选中心"和初加工设施,包括蔬菜水果的分等包装、肉畜的屠宰加工、鸡蛋的验质分级等,从而保证了上市产品的质量,也大大降低了运输损耗和运输负担。目前这些设施的特点是趋向现代化、大型化,果实类产品都用自动化流水线分等包装。经过这种筛选处理可提高卖价10%~15%,但选果费用不太多,所以农户愿意参加这种"共选"(张留征,1984)。

[2] 我国台湾产地市场在不以营利为目的的经营目标下,功能定位具有多元化特点。市场往往除了负责蔬果产品的批发交易业务外,还有一整套辅导措施。产地市场经常派人按蔬果生产季节到各地指导农民分级包装,调整优化品种结构;辅导产地健全产销班制度,以推动样品拍卖作业,缩短拍卖时间,增进农民收益,促进共同运销业务的发展;配合政府处理夏季蔬菜保价作业、购储蔬菜调节作业、稳定蔬菜供应和提高蔬菜品质作业等(闫华红,2007)。

出售农产品和大中城市采购商集中收购农产品提供一个直接见面、接洽交易的场所。一度号称世界的最大农产品批发市场的法国伦吉斯（又译为兰杰斯）批发市场，自从1990年代初期以来的交易量就开始不断萎缩，其重要原因就在于法国国内超市及大型超市的迅速崛起，大规模超市企业在郊外和产地建立了大量的集配中心，从这里向各连锁店发运货物（小林康平、甲斐谕、福井清一等，1998）。

国际经验表明，在中国这个人多地少从而农场规模很小的国家，以批发市场为农产品流通的核心是符合国情的。根据最近的统计数据，中国大陆农产品批发市场的数量已超过4300家。当前，覆盖城乡的农产品批发市场网络已经形成，70%以上的农产品通过批发市场流通。

无论基于国外经验（即便是在一些发达国家，批发市场的经由率仍保持在较高水平[1]），还是从中国的实际来看，在今后相当长一段时期内，农产品批发市场都必将继续保持中国大陆农产品流通中心枢纽地位。

4.3.3　对手交易将长期是主流的交易方式

我国农产品批发市场交易方式以"传统"的"一手交钱、一手交货"的"对手"交易[2]为主，以近期现货交易为主，且不仅有着批零兼营的"弊端"，[3]还存在一系列明显的"缺点"。[4]在国内一些学者和政府官员看来，这种交易方式显然过于原始和落后，远不如荷兰、日本、韩国、中国台湾等国家和地区在农产品流

---

[1] 全国城市农贸中心联合会调查资料显示，截至2009年年底，全国占地30亩以上的农产品批发市场数量已达2700家，其中，亿元以上批发市场已达1884家；排名前30名的农产品批发市场交易总额达到3564.27亿元。有关资料显示，美国农产品批发市场的经由率（农产品经过批发市场进行流通的比率）约为20%，欧洲约为50%，日本为60%～70%；中国为70%～80%（马增俊，2010）。

[2] "对手交易"一词，大概来源于日语，源于日本流通界的概括。

[3] 在批发市场内进行的虽然也是批发交易，但批量并不大，而且还有少量零售交易夹杂在其间，批发交易与零售交易分离并不彻底。

[4] 这些缺点往往被总结为：一是协商买卖是买卖双方私下议价达成交易，不是竞价成交，透明度较低，竞争性相对较弱，不能充分体现公开、公平原则；二是一对一的议价需要寻找多个对手，不利于节约交易时间，不利于提高流通效率；三是对农产品的规格化、标准化要求低，商品档次不高。

通中所普遍采用的拍卖交易和"电子交易"等交易方式先进。❶因此,他们主张应在国内加快引入农产品拍卖交易,一些主管部门还大力推动了这一进程。然而,自1998年以来,我国已陆续有深圳福田、山东寿光、广州花卉中心、云南斗南花市、北京莱太花卉等市场开始尝试拍卖交易。然而,从目前情况来看,这几家批发市场经营状况并不乐观。2007年山东寿光蔬菜批发市场投巨资建起了电子拍卖大厅,但并没有投入实际运营,或者作为一种经常使用的交易方式。通过与市场管理方访谈获知,拍卖交易的商品量仅占总量的2%左右。上海的农产品批发市场也曾采用"拍卖"方式进行过试点交易,但由于在标准化、规格化、消费水平、商业信誉及支付手段等方面还存在着有待解决的一系列问题,也未能坚持下来(中商流通生产力促进中心、中国人民大学流通研究中心,2010)。当前,在北京等大城市的农产品批发市场,看似落后的面对面的"对手"交易仍是主流交易方式,而"先进"的拍卖交易方式则很少应用。从发展趋势看,面对面的"对手交易"仍将在相当长时期占据主导地位,拍卖交易方式仍将处于辅助地位。

国内学界和政界很多关于我国农产品批发市场传统交易方式的"弊端"或"缺点"的总结,绝大多数是似是而非的。这些总结,一方面严重忽视了面对面的对手交易在我国现阶段的必然性和有效性,另一方面也忽视了日本等国拍卖交易的演化背景和最新发展趋势,以至于一度非常钟情于这种据说是非常"先进"的交易方式。前文已析,日本、荷兰、韩国、中国台湾地区的农产品交易中,拍卖之所以成为流行的交易方式,有很多特殊的复杂原因。一些学者和官员不明就里,错把一些已经过时的经验或者高度受限于这些国家和地区的经验当成放之四海而皆准的模式,甚至生搬硬套地嫁接到中国的农产品流通体系之中,其后果当然是可想而知的。中国的经验证明,看似落后的面对面的对手交易却成为中国所有城市农产品批发市场的主流交易方式,而被认为非常"先进"的拍卖交易方式则基本处于水土不服的状态。

---

❶ 在国内一些学者看来,在日本等国,作为多年实践逐渐发展和完善的一种行之有效的交易方式,拍卖交易具有透明度高、信息集中、价格合理、交易规范、成交迅速等优点。

我国将拍卖交易方式引入农产品批发交易的历程表明,如果不顾中国的国情,盲目移植甚至照搬别国曾经成功的交易方式,无异于削足适履。拍卖交易方式虽然存在诸多优点,但这并不能表明,这种"先进"的方式就适合我国当前的国情和农产品批发市场今后的发展方向。实际上,交易方式无所谓先进与落后,在某个时期,某国或某地"先进"的交易方式,当转换时空,在另一个时期,在其他的国家或地区,可能就会非常的不合时宜。而从国际经验来看,拍卖交易也不能看作是唯一"先进"的交易方式。被某些国内学者和官员看作范本的拍卖交易方式,在日韩等国的现实运行中也存在很多缺陷,甚至被一些著名学者看作农产品流通效率低下的根源。❶拍卖交易,在很大程度上是日本政府管制批发市场交易的后果。实际上,在日本最新的批发市场法中,拍卖交易的法定地位已被动摇。

4.4　相对滞后的蔬果加工产业体系

近年来,中国蔬果加工产业体系有了长足发展,主要表现为如下四方面。

第一,从加工规模上看,中国的蔬果加工尤其是水果加工总量已居于世界前列,其中苹果、梨、草莓加工还高居全球榜首(根据美国农业部经济研究局数据库的数据计算)。

第二,加工业呈集群式、特色化和精深化发展态势。各地根据自然资源优势和经济区位优势,蔬果加工业开始呈现出向特定区域集中的趋势,在一定区域范围内形成了一批由众多加工企业组成的,特色鲜明的蔬果加工产业带,相关企业正向集群式方向集聚发展。例如,浙江、山东、福建、江

---

❶ 在小林康平看来,日本在制定《中央批发市场法》时,虽然也遵循了欧美各国所认定的公开公正原则,但在实际运用中却有较大的出入。首先,日本限定了批发商的数量;其次,日本不对第三者公开拍卖、投标交易过程,有时甚至公然采取暗号交易或黑布下捏手指等不明朗的方法,却丝毫不会受到任何社会指责。因而,日本的农产品批发市场交易虽有一定的竞争性,但并不像欧美各国可以实现完全竞争。而且,日本农产品批发市场的委托销售手续费也是由行政当局规定的,这显然会妨碍批发商努力经营。可见,日本的拍卖交易并不像国内有些学者和官员所描述的那样完美和完善。

苏、山西等省的水果业加工,新疆的葡萄和番茄加工等,都已形成特色鲜明的产业体系。罐头产量排名前五位的省份分别是福建、浙江、新疆、山东和湖南,五省总产量占全国的比重超过60%,其中福建、浙江、新疆三省占全国的比重就接近50%。❶江苏省兴化市已连续十年保持"亚洲最大的脱水蔬菜加工基地"称号。

第三,加工业的产业组织正在逐步优化。近年来,蔬果加工业兼并、重组步伐有所加快,一批竞争优势明显的农产品加工企业迅速发展壮大,涌现出一批上规模、上水平的知名骨干企业和名牌产品,名优产品的市场份额稳步提升。像中粮、熙可食品、汇源、中鲁等一大批不仅规模大,效益好,而且带动能力强,辐射面广,具有著名品牌的大型蔬果加工企业。很多龙头企业将基地和农户作为"第一生产车间",通过"公司(企业)+农户""订单+服务""服务+农户"、科农工贸一体化等经营模式与农户结成利益共同体,把一家一户的分散经营与大市场衔接起来,延长了农业产业链,提升了产品附加值,已经形成龙头企业联基地,基地带农户,相辅相成、良性循环推动农业产业化发展的格局(中国乡镇企业及农产品加工业年鉴编辑委员会,2009)。通过整合,培育优势产业,扶强扶壮骨干企业,促进了政府、科技、企业、农户行为的"四位一体",企业、基地和农户联动发展,建立了合作共赢的利益机制。

第四,产品质量、装备水平和科技含量稳步提高。"十五"以来,通过加强农产品加工业技术创新,开展科技攻关,中国不断缩小了蔬果加工业在装备方面与国际先进水平的差距,部分领域接近国际先进水平,个别领域已达到国际领先水平,在装备和科技领域实现了跨越式发展。与此同时,农产品加工业技术创新体系逐步完善,大量部级技术创新机构和农产品加工研发分中心相继成立;产学研合作机制逐步完善,重点骨干企业在产品上做到生产一代、研发一代、储备一代;关键共性技术逐步突破,筛选出一些重大关键技术,取得了一批具有自主知识产权的成果;先进适用技术逐步推广,技术项目对接活动普遍开展,企业的很多技术难题得以高效率解决。

---

❶ 以上数据均根据《中国农产品加工业年鉴(2009)》中的相关数据计算得出。

虽然如此,我国蔬果加工体系相对比较滞后。这主要表现在如下方面:

第一,农产品加工的深度和精度仍嫌不足。虽然一些实力较强的农产品加工企业开始全面采用新技术大大提升了加工的精深程度,产品结构出现多样化趋势,并开始全面打造循环经济,注重对农产品及其加工副产物的综合开发利用,对副产物几乎做到"吃干榨净",基本做到生产过程的"零排放"。但是,总体而言,我国农产品加工率仍然不高,加工深度和精度仍嫌不足。美国利用废弃的柑橘果籽榨取32%的食用油和44%的蛋白质,利用葡萄皮渣提取葡萄红色素,从橘子皮、苹果渣中提取的纯化果胶质、柠檬酸,并已形成规模化生产(杜彦坤,2002)。在欧美、日本等国家,90%以上的蔬菜都是经过商品化加工处理后进入流通领域的;德国的苹果加工量占总产量的75.2%,美国、巴西的柑橘加工量占柑橘总产量70%以上(王敏,2005)。在我国,即便是在一些发达地区,在某些重要农产品的加工深度仍严重不足。例如,浙江省的柑橘种植总量为150万吨,居全国第二位,但加工量仅为8%,而且均为罐头。而国际上柑橘的加工量一般占总产量的35%,发达国家高达65%以上。

第二,农产品加工业空间布局不太合理。从大型农产品加工龙头企业与蔬果生产布局的衔接看,蔬果加工业的空间布局不太合理,蔬果产品的生产、加工和销售等各产业链基本环节相互脱节的现象仍普遍存在,一些农产品主产区缺乏大型加工龙头企业,一些农产品加工企业布局远离原料主产区,影响一些地区的原料资源优势顺利转换为产业优势,而且造成农产品原料消耗大、运输费用高,增加了经营成本。

第三,蔬果产品加工企业规模扩张速度偏慢。我们对基层的调研也表明,近年来,一些大型龙头企业主营业务收入的增长速度迅速放缓,有些甚至出现负增长。一些重要行业的增长速度也至急速放缓,甚至接近零增长水平。由于加工总体规模偏小,生产集中度不够高,很多企业尚未达到规模经济阶段。多数企业生产设备落后,资源消耗多,经济效益低。这种状况,严重制约了企业规模经济的实现,极大地限制了我国农产品加工业国际竞争力的提升。

第四,中国与国外在农产品加工业政策取向上存在明显差异。一是在目标取向方面,国外政府对食品安全的重视程度远甚于产业的快速发展。这也是发达国家产品质量标准体系越来越完善的重要原因。由于有严明的法律和高效的政府管制,发达国家农产品加工企业大都建立了科学的产品标准体系和质量保证体系。二是在政策的着力点方面,政府主要提供间接支持,很少直接投资开办企业。在产业发展过程中,政府严格按市场规律办事。不直接投资办厂设店。而我国的国有企业投资于农产品深加工业的企业不在少数,而且得到国家多方面的支持。三是从政策扶持手段方面也存在差别。在税收优惠方面,发达国家一般采取的是行业内所有企业都受惠的普遍减税,而且多为间接减税(如采用加速折旧、投资抵免、增加税前扣除项目等间接方式);而中国则多为直接减税(如定期减免、优惠税率),且往往专门针对某些特定企业,尤其是专门给予大型企业——但是这会导致企业间的不公平竞争。在财政补贴方面,发达国家一般重视对农民的直接补贴,更加关注于农民收入,很少直接干预农产品市场价格,而中国仍然非常重视对农产品市场价格干预,对于流通环节仍然有相当数量的间接补贴。

另外,我国农产品深加工企业较少,且企业多为中小型企业,规模小,竞争力较弱,品牌培育较滞后,产业链条短,品种比较单一,"以工促农"能力不强。加上技术装备水平较落后,产品科技含量低,节能降耗减污难度较大,清洁化生产程度不高,对原料的综合利用水平低,转化增值能力弱,附加值低,产品质量和安全隐患较突出。

4.5　小结

总之,小生产为主导的生产体系,高度多元化的消费需求,批发市场与对手交易为核心的流通体系,以及相对滞后的加工体系,构成了中国蔬果质量安全治理的基本约束条件。另外,蔬果产销体系的多环节性,即蔬果生产的产地环境、投入品、生产、加工、流通、消费等各个环节,均有可能对蔬果产生污染,引发质量安全问题。蔬果产业链复杂、产销区域跨度大,质量安全管理涉及多学科、多领域、多环节、多部门,控制技术相对复杂(方志权,2005)。任何深入的分析与务实的政策建议,都必须将以上的基本约束条件牢记于心,否则,一定会犯严重错误。

第五章　我国蔬果质量安全治理的基本困境及原因

近年来,我国农产品质量安全治理取得了一系列重要进展,至少从法律和行政层面来看是如此。首先,农产品质量安全相关法律法规体系逐步健全。2006 年以来,国家相继颁布了《中华人民共和国农产品质量安全法》《中华人民共和国食品安全法》等法律法规,农业部配套出台了《农产品产地安全管理办法》等一系列规章制度。其次,行政监管体系框架基本形成。2008 年农业部农产品质量监管局成立,目前约有50%的地市、30%的县组建了农产品质量安全监管的专门机构,基本形成了依法监督的格局。再次,检验检测体系逐步建立健全。目前已基本建成贯通部、省、县的农产品质量安全检验检测体系,形成了覆盖全国主要城市、涵盖主要农产品的监测网络,实施了包括农药及其残留、兽药及其残留、饲料及其添加剂、水产品等方面的监控。最后,农业标准体系也不断完善。目前共完成农业国家标准和行业标准4400 余项,标准范围拓展到农产品生产全过程,内容延伸到加工、包装、贮运等各环节,基本建立起以国家和行业标准为主体、地方标准为配套、企业标准为补充的农业标准体系(章力建、胡育骄,2011)。

但是,由于种种原因,我国农产品质量安全治理还存在诸多问题。探究我国蔬果质量安全治理的基本困境及其原因,是本章的基本任务。

5.1　蔬果质量安全的层次与性质

为便于分析,按消费者获得商品品质信息的方式与途径,尼尔逊等(Nelson ,1970；Darby 和 Karni, 1973；Caswell 和 Padberg ,1992）将商品分为搜寻品（search goods）、经验品（experience goods）和信用品（credence goods）三种类型。其中搜寻品是指购买前消费者已掌握充分信息从而能够识别其品质的商品；经验品是指只有购买乃至消费后才能判断其品质的商品；信用品是指消费者在消费后仍然难以识别其品质的商品。

就生鲜蔬果而言，一般而言，其大小、形状、颜色、包装等外观特征具有搜寻品属性；其口感、味道和韧性等特征则具有经验品属性；而农药残留量、重金属残留等则大多属于信用品属性，但是也不排除其经验品属性。例如，有些蔬果因为农药残留量过高而导致消费者急性中毒，就是典型的"经验品"属性。

因此，蔬果质量安全的性质，应该可以区分为两个基本的层次。第一类是信用品属性的质量安全，第二类则是经验品属性的质量安全。如果前者可以概括为"吃了不倒"（或"吃了暂时不倒"）的话，后者则可以概括为"吃了就倒"。

其实，绝大多数的安全属性都具有典型的信息不对称和信息隐蔽等特征，而且具有极大的危害不确定性特征。累积性、富集性等特征导致农药残留、重金属残留等对人体健康的影响至今仍未有定论。正因为如此，绝大多数的安全属性都是典型的"信用品"特征，即消费者在消费后仍然难以识别其安全性，虽然吃了之后暂时没有出现急性中毒或疾病情形，但不排除长期食用将导致的慢性中毒、致癌、致畸等不确定情形。信用品属性正是蔬果质量安全的真正难点所在。但是，在当下，也不排除有些蔬果生产者完全不顾操作规程，过量过频施用高毒高残留农药造成消费者急性中毒的事件也时有报道，从而将"信用品"属性转变为"经验品"属性。而且，"经验品"属性也有程度的差别，强烈的"经验品"可能导致消费者死亡，不那么强烈的"经验品"导致消费者出现其他不适（如出现急性中毒所引发的呕吐等现象）。

不难发现，媒体所报道的蔬果质量安全问题，往往都是典型的"经验品"属性，而且往往是比较强烈的"经验品"，要么出现消费者死亡，要么出现集体中毒事件。国内媒体所披露的信用品属性的质量安全问题,是比较少见的。[1]因而,可以得出一个基本结论,即国内媒体所报道的蔬果质量安全问题,要么是假新闻,要么只是冰山之一角。

5.2 我国蔬果质量安全治理的基本困境

当前的农产品生产、流通和食品工业的发展,似乎正在陷入一个无论是谁都不愿意看到的困境:几乎每个行为主体(相关政府部门、农民、农产品运销商、批发市场经营者、零售商、食品加工商、消费者、媒体、法院及研究者)都感到无奈、无助和无策。与相关的政府部门(技术监督、工商行政管理局、商务部门、卫生行政、食品药品监督管理局、农业部门等)就农产品的质量安全和更广义的食品安全问题进行探讨时,其眼神往往惊人的一致:无奈! 其话语也同出一辙:问题太多,管理太难。与食品加工商、农民就农产品质量安全和食品安全进行探讨时,也不难发现他们都陷入典型的囚徒困境:当其他厂商都无视食品安全时,都在"造假""违规"添加各种不安全原料、使用不合格原材料、不重视食品卫生,其中很多厂商不仅没有倒闭反而越办越红火时,其最优策略是什么也就可想而知了。这是一个典型的由于"信息不对称"而导致"劣币驱逐良币",每个厂商原本是不愿意低水准从事经营的,但在一个信息不对称的背景下,被迫低水准经营。曾经有一种观点认定大企业比小企业在确保食品安全方面更具有技术可行性和经济可行性,然而,三鹿、蒙牛、伊利等国家重点农产业产业化龙头企业长期以来的公然造假事件(有人甚至认为是"投毒")表明以上论点的破产。只要制度出现了严重缺陷,无论是大企业还是小企业,最后都被迫进入一个看似极其不道德甚至严重违反法律的境地。此处仅仅从道德上去批判那些严重违法的企业显然已经丧失了说服力。关键的问题在于制度及其实际的运行状况。这种制度不是停留在纸面上的,而是在现实中的运行着

---

[1] 蔬菜农药残留超标原本是信用品层面的问题,然而,我国当前的蔬菜农药残留超标已严重到发展成为经验品和信用品层面问题共存的境地。蔬菜中毒事件时有发生且屡禁不止就足以说明这一点(汪普庆,2009)。

的制度。

我国蔬果质量安全治理的基本困境主要表现为如下五方面。

5.2.1　质量安全标准尚需完善

当前农产品质量安全标准较少,且制定水平低、修订慢,可操作性差,缺少产地环境安全控制标准、农产品生产过程控制标准。已有农业标准贯彻实施力度不够,农产品质量安全标准国际采标率低,国际标准信息与发达国家差距较大(章力建、胡育骄,2011)。[1]

5.2.2　缺乏必要的质量监控机制

发达国家对重要农产品一般都实行严格的市场准入制度,并且根据农产品市场准入和市场监管的需要,建有分品种的全国性、区域性和地方性农产品质量监测专业机构,由这些监测机构负责农产品生产过程中的安全质量和产地环境安全。我国目前已建立(或正在筹建)的国家级、部级农产品质量监督检验测试中心200余个,其中果品质检中心5个。但是,由于还没有建立起完善的市场准入和例行监测制度,这些监测机构未能完全发挥应有的作用(中国农业科学院研究生院,2008)。

5.2.3　农业操作"有禁不止"的普遍性

农药在蔬果生产中发挥着不可替代的作用,但长期过量地使用农药,尤其是违禁农药,将严重影响蔬果的质量安全。我国虽然早在1984年就发布实施了《农药安全使用标准》(GB/T4285),并先后发布实施了7项《农药合理使用准

---

[1] 农产品质量安全标准的核心内容是农药残留最大限量标准值,著名国际组织和发达国家对水果中农药残留最大限量标准的规定非常完善和详细,FAO/WHO食品法典委员会(CAC)已经规定了103种农药在各种水果中的最大残留限量标准值;欧盟将水果分为仁果类、核果类、浆果和小粒水果类、柑橘类、杂果类等5类,分别制定农药残留最大限量标准,涉及农药164种;美国将水果分为70余种(类),分别规定农药残留最大限量标准值,涉及农药128余种。而在我国已发布的农药残留最大限量标准中,涉及水果的农药仅有70种,且过于笼统,没有分树种规定标准值(中国农业科学院研究生院,2008)。

则》(GB/T 8321.1—GB/T 8321.7),明确规定了27种农药在水果生产中的常用药量(或稀释倍数)、最高用药量(或稀释倍数)、施药方法、最多使用次数和安全期间隔。但是,在生产中很少有人遵照执行。据调查,我国大多数苹果园每年喷药10~15次,甚至更多,有些地区苹果园年用药量达52.5~82.5kg/hm²。我国早在1983年即禁止使用六六六、滴滴涕等高毒、高残留农药,但据冯建国等2000年报道,苹果主产区的苹果中六六六、滴滴涕检出率为87.1%和67.57%,与李鹏琨1991年报道的苹果中六六六和滴滴涕的检出率为94.4%,刘炳海等1993年报道的苹果中滴滴涕的检出率为80.1%相比,并无明显改善。需要说明的是,导致我国在苹果中滴滴涕检出率居高不下的主要原因,可能是国产三氯杀螨醇的大量使用。2002年5月,农业部发布公告,公布了六六六、滴滴涕等18种(类)国家明令禁止使用的农药清单,同时规定甲胺磷、甲基对硫磷等19种农药不得在果树生产中使用。同年6月,农业部发布实施《农药限制使用管理规定》,目的是从源头上解决农产品的农药残留问题。但是,从我国目前农药使用情况看,一些高毒、高残留农药(如甲胺磷、对硫磷、甲基对硫磷、久效磷、甲拌磷、克百威等杀虫剂)虽然被明令禁止,但仍然以复配农药的形式在果树生产中大量使用,形成了禁而不止的局面(中国农业科学院研究生院,2008)。在蔬菜中,类似的情况也非常普遍。

5.2.4　蔬果供应链各环节的对接存在困难

首先,我国《农产品质量安全法》与《食品安全法》规定的食品安全需要无缝对接。我国食品安全监管牵涉监管部门较多,卫生行政、农业行政、质量监督、工商行政管理和食品药品监督管理部门,分别承担综合协调及初级农产品、食品生产、食品流通、餐饮服务活动的监督管理职责。在维持分段管理体制的情况下,目前仍然缺乏保障各监管部门之间的无缝衔接的有效手段。

其次,法律执行与监管中无缝对接存在的问题。虽然《食品安全法》和国务院有关规定反复强调"不同供应环节的食品安全无缝对接",但是,在法律执行和监管过程中,仍然存在着诸多难以无缝对接或衔接之处,这主要表现在:

第一,不同环节之间的割裂仍然非常严重。第二,不同监管主体的监管激励严重不足,但罚款激励非常强大,从而造成"监管不足,干扰有余"的尴尬格局。我们在基层地区的专题调研发现,不少县市尤其是欠发达地区的食品安全监管部门经常让企业不胜其扰。罚款。质监、工商、税务等垂直管理部门和卫生、食药等部门都有大量的自由裁量权,容易造成食品企业的税外负担高企,不仅没有能够提高食品质量安全程度,反而因为增加了企业负担影响了企业竞争力,从而最终不利于食品安全水平的提升。第三,监管力度、监管处罚力度与处罚方式均不利于监管中的无缝对接。在我国行政执法领域,普遍存在的问题是"以罚代法"甚至"以罚代刑"。行政机关对于违法犯罪行为往往以罚钱了之,该立案的不立案,该移送公安机关处理的不移送,特别是在涉及经济犯罪时尤为突出。这样做一方面放纵了犯罪行为,可能会导致犯罪现象难以根除,影响了整顿和规范市场经济秩序工作的效果,造成更严重的损失。例如对假冒伪劣食品生产经营以罚代刑,反而助长了造假分子的气焰,导致假冒伪劣食品屡禁不止。另一方面,以罚代刑也是对行政权力的滥用,容易引发贪污贿赂、渎职犯罪。

5.2.5　"媒治"代替"法治"的普遍性

近年来,中国的很多农产品质量安全事件,往往都是如下路径:先是由媒体高调曝光,然后是公众强烈关注与质疑,然后是政府高层在重大压力下作出"激情"的决策,很多是"连夜开会"而作出的决策,然后抓出几个典型,"杀鸡骇猴",搞一阵风式的运动,开展大检查、大排查,过一段,等公众忘记了,运动也就过去了,措施也就解除了。如果被证明是真正的农产品质量安全事件,基本是如上的程序,如近年来连续出现的"毒菠菜""毒韭菜""农残豇豆"事件。但是,已经被证明是假新闻的"有毒黄花菜""致癌香蕉""蛆柑"事件,虽然对正常的农业生产经营造成了极其严重的恶劣一些,最后却不了了之。总之,在整个过程中,农业和食品专家的声音基本被淹没了,法治秩序也受到冲击。

5.3 我国蔬果质量安全治理困境的原因

5.3.1 法律体系存在天然的逻辑缺陷

在中国,包括蔬果在内的农产品质量安全监管体制与食品安全监管体制是并行的。按照不同的法律,有着不同的监管体制。当前很多涉及农产品质量安全监管体制的研究,实际上混淆了该体制与食品安全监管体制的差别——虽然在逻辑上两者应该没有差别。在中国,有两部规范食品安全的基本法律,一部是《农产品质量安全法》,另一部是《食品安全法》,虽然农产品也属于食品,但据说是考虑到农产品的特殊性,再加上《农产品质量安全法》在颁布两年之后,《食品安全法》就被催生出来,似乎并没有深入考虑两部法律之间的对接和协调问题,仅仅用"农产品之外的食品"的食品安全适用《食品安全法》显然是不够的。原因在于,绝大多数食品都是以农产品为原料的。如果这两部法律采取了不同的标准和体制,实际上会使得这两部法律都无法有效运行。类似的问题还出现在《农产品质量安全法》与相关的法规(如《农药条例》《兽药条例》等)之间的无缝连接问题。

5.3.2 相关方确保蔬果质量安全的能力不足

必须承认,各级政府在农产品质量安全检测、监管等方面的投入、人员、设备等方面仍然存在相当的历史欠账,需要在今后持续增加投入。我国确保蔬果质量安全的能力建设起步较晚,目前虽然已颁布《农产品质量安全法》,并开始启动食品安全风险评估,但是,仍存在如下突出问题:第一是能力建设总量不足。无论是食品安全风险监测、评估、分析,还是食品安全的风险控制,以及生产经营的基本条件方面,能力建设在总量上仍嫌不足。以餐饮业为例,这一点表现为非常明显。在我国小型餐饮单位由于空间的限制,加工场所不能按原料—半成品—成品的流水线布局,往往达不到各种生熟食品分隔的要求,餐厨面积比普遍小于2∶1(廖佳眉、吕晓华、周立,2006)。上海市徐汇区小餐饮单位食品安全状况调查结果显示,布局流程存在生熟交叉的占20.3%,加工水池无标记、混用的占74.6%(章宝根、葛佩芳、乌建国,2009)。从餐饮业经营运作过程看,经营场所绝大多数是租赁的,由于房屋产权人与管理使用人不一致,加上租赁关系不稳定,致使餐饮业经营者不愿投入资金用于硬件的配套和改善(徐智裕,2008)。在实际工作中也基本未开展施工前的卫生审查和预防性监督,致使一些设施、场所从开始就出现先天不足(张小平,2008)。第二是能力建设的结构存在重大缺陷。目前最薄弱的环节在于两头,一头是农业投入和农场,一头是餐饮。城市尤其是大城市的能力建设情况要远好于农村地区,加工环节的能力建设远胜于流通环节。这种状况显然是与全环节风险控制理念严重不符的。

从生产者层面看,很多学者都断定,在中国这样一个"高度机会主义的社会",蔬菜中农药残留超标现象,绝大多数都是由生产经营者在经济利益的驱使下(降低成本、改进外观和提高产量等)有意而为的行为所起的(伍建平,1999;王秀清、孙云峰,2002;卫龙宝、王恒彦,2005;汪普庆,2009)。然而,根据课题组田野调查的经验,以上的结论有时并不符合事实。●在很多情况下,农民生产出来的农产品即便是不达标的,也不一定就是所谓的"利欲熏心",而可能是因为"不可避免的无知",也可能是因为被迫自己判断。这表明,学者们对现实中的"生产经营者"或许存在一些误会。

5.3.3　主要相关方确保蔬菜质量安全的动力缺乏

本来就比较紧张的能力的"利用"也极其不充分,无论是生产经营方,还是监管方,都缺乏足够的"激励"利用现有的"能力"进行监管。应该指出的是,当

● 课题组曾经参加过一次印象深刻的村民蔬菜种植技术会议,在这次会议上,有好几个村民都表明了其对蔬菜质量安全的担忧,但是,马上就有村民指出如下的事实:第一,我们目前的栽培技术(包括施肥、用药等)是不是安全,我们根本就无从得知;第二,我们即便想检验种出来的蔬菜是否达标,也没有合适的途径,更不用说检测仪器了;第三,即便不合格,或者某些指标超标,怎么知道是那种农肥或农药的不合理使用导致的?第四,即便不合格,如果别的农户都违规用药,或者用廉价的农药,自己可能也要被迫使用廉价的农药。

前,监管"激励"不足的问题,远比监管"能力"不足的问题严重。我们一方面承认我国的检测人员力量不足、经费不足、"技术"跟不上,但并不等于强化设备、技术、人员和经费投入就成为确保蔬菜质量安全的救命稻草,仅仅靠立即紧急购置一批检测设备,或许不能解决任何实质性的问题。问题的关键,是既有和新增设备、人员、技术和经费是否能够发挥应有的功能。只要深入各大城市调查农贸市场、批发市场的农产品质量安全检测设施,就会发现,这些设施基本是闲置的,只有在"大比武"和"治理整顿"中才能发挥"用处"。❶在这种状况下,即便增加再多的人力、经费和先进设施,也与农产品质量安全无关。以北京市为例,经过奥运会的"洗礼",目前北京已具备国内一流的确保农产品质量安全的硬件设施,也积累了诸多宝贵"经验",但目前农产品质量安全状况并不那么乐观。调研结果表明,在一些大型批发市场和农贸市场,很多设备和必要的检测设备基本处于闲置甚至荒废状态,几乎成为摆设,其中不乏一些先进设备。大量农产品在进入北京零售渠道之前基本上处于"免检"状态。王娥、梁娜、何雨竹(2010)也指出,"现阶段在国家财政补贴的支持下,大部分批发市场都建立了农产品质量检测检疫中心。但因在检测过程中需投入巨大的操作成本,且较高的农产品质量安全进场门槛会导致批发市场面临丢失商户的风险,所以在实际运作中,大部分批发市场对质量安全检测睁一只眼闭一只眼,检测检疫中心往往处于闲置状态。"

长期以来,我们总是倾向于认为,我国的基本制度是好的,落后的只是"器物"层面的事物,我们很少认真反思过自己的制度与文化,也没有认真考虑过"人"的激励-约束层面。我们并不否认物与物之间的关系的研究的重要性,但是,如果在研究物与物之间关系的同时,不充分考虑人与物之间的关系和人与人之间的关系,容易出现一种倾向,即在研究时,可能会非常看重对国外"先进技术"和操作规程的借鉴甚至是直接"移植"。近年来在中国开始大行其道的GAP、HACCP及可追溯系统等,在很大程度上反映出这种研究倾向的影响。然而,这些技术手段和操作规程在中国绝大多数地区很难运行,其重要原因就

---

❶ 其主要功能,似乎主要是给上级"看",是给媒体"报道"。

在于缺乏对我国国情尤其是人与人之间关系的深入研究。北京市农产品质量安全监管中存在的以上问题表明，先进的技术、设备并不能真正确保农产品质量安全，任何先进的科学技术和"设备"，其效果都最终取决于"人"的行动，因此，必须对人的行动，尤其是人与人之间的关系进行深入研究，也就是必须对检测者和相关行动者的"激励"与动力进行研究与反思。

　　另外，任何法律和制度，一旦用于社会，都不是制度中性的，成功的法律和制度均有其相应的社会与文化背景，显然必须结合中国国情探索适宜的法律与制度。正如看似中性的工程与技术也必须考虑中国当前的经济背景和制度背景、经受中国国情的检验一样。我国近年来制定了一系列法律、法规和规章❶，但是，正如周德翼、杨海娟（2002）所言，"目前国内关于质量安全管理的研究，都着重于食品质量安全立法、标准的建设，而忽视法规、标准的可执行性，注重了表面的监管体系，而忽视信息不对称问题及监管体系背后所蕴含的信息管理（揭示、传递、储存、反馈等）与效率（信息成本和产生的激励效果）。这既不利于从更基本的层次来理解发达国家监管制度与政策的有效性、局限性与适用条件，也不利于总结我国的食品安全管理中的问题和经验，以建立适合我国国情的高效的监管制度。"要考虑法律、法规、标准的可执行性，考虑信息不对称问题及监管体系背后所蕴含的信息管理与效率，就不能只是简单"移植"他国的法律和标准，就不能只是简单的"学习"和借鉴，就不能仅仅停留在"中体西用"的层面，停留于"术"的层面，除了法律方面的研究外，必须从政治、经济、社会、文化、伦理、公共治理等多个视角加以深入探究。

---

❶ 目前，中国已建立了包括法律、行政法规、部门规章在内的一套完整的法律法规体系，以确保农产品质量安全和食品安全水平。法律包括《农产品质量安全法》《食品安全法》《产品质量法》《消费者权益保护法》《刑法》《进出口商品检验法》《进出境动植物检疫法》《卫生检疫法》和《动物防疫法》等。行政法规包括《认证认可条例》《进出口商品检验法实施条例》《进出境动植物检疫法实施条例》《兽药管理条例》《农药管理条例》《出口货物原产地规则》《标准化法实施条例》《饲料和饲料添加剂管理条例》《农业转基因生物安全管理条例》等。部门规章包括《食品卫生许可证管理办法》《进出境肉类产品检验检疫管理办法》《进出境水产品检验检疫管理办法》《流通领域食品安全管理办法》《农产品产地安全管理办法》等（中华人民共和国国务院新闻办公室，2007）。

5.3.4 政府的角色冲突与低效率农药监管

我国限于技术及生产条件的限制,本来就是世界上生产剧毒高残农药的大国,高毒甲胺磷我国的产量占全世界总产量的70%以上,加之违禁使用高毒高残农药者非常广泛,生产与销售互相需要,共同生存发展,到现在仅仅是政策性的宣传,对于解决滥用高毒高残农药问题的力度不够。[1]统计近年公开发表的蔬菜农残资料可以看出,全国普遍呈现同样一种趋势,即寒冷季节蔬菜超标率在25%上下,夏季一般不低于40%(柳琪、柳亦博、李倩、滕葳,2009)。出现农药滥用的重要原因在于低效率的农药监管。

有一种看法是,只要由一个部门负责监管,则一定可以显著改善监管的效率(周德翼、吕志轩,2008)。但是,这一推断对于农产品质量安全而言似乎不能成立。最重要的原因在于政府的角色冲突。对于农业部而言,最重要的政绩莫过于农业增产尤其是粮食增产,其次是农民增收。至于农产品质量安全,由于是典型的看不见摸不着的政绩,而且存在诸多说不清道不明的方面。农业部既负责增产增收,又负责质量安全,在这种情况下,似乎在逻辑上更有利于统筹兼顾,但是,在实际运转过程中,显性政绩往往会掩盖隐形政绩。产量和增收的目标往往会掩盖质量安全的目标。

农药监管实际上是蔬菜质量安全监管的前提。对比中日农药监管体制,或许可以发现一些非常值得深思的经验教训。日本的农药登录制度的功能实际上是一种市场准入制度,只要不能取得登录就不准许上市销售。而判定是否给予登录的标准虽然也考虑农药的药效,但主要的依据是伴随着农业农药使用的危害性,因而日本农药登录的目标定位是通过农药登录向社会提供安全的农药,也就是说这项制度运行的"产出"是伴随着农药生产使用的"安全"。与之相比较,我国的农药登记制度采取"田间试验""临时登记""正式登记"三阶段进行。只要通过"田间试验"阶段,便可以申请"临时登记"进行试销。而田间试验阶段主要是试验农药的毒性和药效,也就是说在"临时登记"

---

[1] 例如,我国自20世纪80年代初就限制使用的农药,至今仍然在蔬菜农作物中检出,一方面说明原来使用量大,土壤中残留多;另一方面是至今仍在使用。

和"正式登记"阶段进行环境和残留试验之前,农药已经进入试销阶段投入使用,并且试销的期限可以为4年。由此可见我国农药登记制度的目标定位主要在于监管农药的"药效",即通过登记为社会提供有效的农药。很明显,伴随农药使用的"安全性"具有很强的公共财产的性质,很难由市场机制直接评价和提供,必须要通过政府的介入来保障。而农药的"药效"具有更强的私人财产的属性,很容易通过市场机制得到评价,并通过消费者(农药使用者)投票和生产者竞争予以保障。由此可见,两种制度安排在目标定位时对"管"与"放"的不同选择,必然带来两种制度效率(宋敏,2008)。

5.3.5　监测体系存在一些难以克服的弊端

主管部门质量监督抽查与监测方案的科学性有待强化,最典型的就是农业部的"无公害食品行动计划"所确定的蔬果产品质量监督检查工作评价方法。但是,该评价方法至少存在如下不足:①蔬菜产品监督抽查中常用的抽样规则本身就存有误判风险。因为我国蔬菜产业化经营程度不高,分散经营难以规范化、标准化等状态,使得我国蔬菜生产的样本个体的不均匀性极为突出,误判风险难以控制。②大量的蔬菜产品检验的周期太长,抽查结果基本是仅体现在纸面上,而难以在生产和销售实际中应用。检验结果的信息反馈到管理层再决定产品质量控制措施时,往往为时已晚;而市场蔬菜产品等到检验完再卖,鲜菜的商品货架期又不允许。监督的作用缺乏与本次监测蔬菜产品的直接联系。③蔬菜产品质量检验涵盖面太小。尽管我国蔬菜产品检验技术的开发已达到较高水平,但对于许多农药等危害物质还不能检测,蔬菜产品检验的费用高,实际检测的项目数量少,检测项目还不能覆盖实际使用的农药品种。④蔬菜产品质量监督及其评价方法可比性较差。各地的蔬菜监督检查的产品合格率是分别按次和年度进行统计和分析的,由于各次和年度所监督的蔬菜产品种类和检验的企业、基地类型、产品种类、数量的选取受生产季节、种植习惯、市场流通、市场销售者随机性的影响,使得不同季度和年度之间缺乏可比性。它不能体现一个地区的整体产品质量水平变化情况。由于蔬菜产品种类变化较大,生产季节的变化影响,每次监督抽查蔬菜产品合格率也无法科学比较。⑤蔬菜产品质量监督及其评价方法抽查随意性大。现有的批次合格率评价方法,只把产品批次作为评价因素,而未考虑到不同产品之间具有不同价值量、不同蔬菜品种在经济结构中占有不同比重等其他因素。这样一来,利用部分产品质量水平来推断产品总体质量水平的产品监督检查工作的目的就无法真正得到体现(柳琪、柳亦博、李倩、滕葳,2009)。

5.3.6　监管现场是最困难的环节

一个非常值得深入探讨的问题是,如何将产品质量监管深入到工作现场(the field,比如对于初级农产品而言,就是田间地头和包装运输物流的现场;对于加工食品而言就是加工车间及其物流环节;对于餐饮企业就是厨房)。现有的研究往往注重对于监管规则本身的探讨,但是,更关键的问题在于,如何将现有的规则应用到最关键的环节,即工作现场(the field)。因为,很多的食品安全事件往往都出现在"工作现场"(Gilliland 和 Manning,2002)。然而,一旦我们将食品安全监管延伸到工作现场,就必然会出现以下难以避免的困境:①必然需要更多的监管人员和检测人员,这意味着监管成本的直接上升;②必然意味着信息不对称的情形将更加严重,必然出现谁来监督监督者的问题,有可能会使得相关企业与监管者合谋的现象更为严重,从而使得监管过程本身失灵;③工作现场高度复杂,而且还有诸多不确定的因素。这些都导致了这样结果:任何一种食品安全监管,无论它在逻辑上多么严密,都必须要由人去实施,从而必然出现这样那样的低效率。尤其是当监管现场延伸到广大农村之后,问题将会更加复杂。因为农产品质量安全监管过程,显然是一个监管者与农民打交道的过程,这个过程也是一个与农民进行沟通的过程。这个过程本身是有较高成本的。首先要让农民知晓监管规则,这本身就是一件颇费周章的事情;其次,还要设法让农民遵从这些规则,这对于长期自由散漫的农民来说显然是更困难的事。相应的激励约束机制必须建立并实施。激励相对好办一些,但是要激励农民少用高度农药和化肥,显然有相当的难度(必须有事实证明少用更合算）。困难的事情在于约束机制难以实施,即谁去干"得罪"农民的事?

5.3.7　相关方缺乏必要沟通导致不必要的误会

学界、业界、政界之间本应进行必要的沟通、交流与合作,因为可以化解诸多不必要的误会和不信任。本来发布农产品质量安全信息最权威的部门应该是有关监管部门,但是,由于农产品质量安全监管者与学者、业界、消费者之间缺乏有效沟通,消费者对农产品质量安全的信任度就会比较低,学者、业界对于监管方发布的信息的信任度也比较低。消费者变得极其脆弱,某些记者的不严谨的夸张报道甚至就可以对一个地区、一个产业产生极大的负面影响。近年来诸如"毒黄花菜""蛆柑""致癌香蕉"等误导性的报道表明,中国的消费者似乎过于敏感,过于轻信缺乏任何专业水准的媒体。然而,出现这样的后果,除体制方面的原因外,学界、业界、政界与媒体、消费者之间缺乏有效的沟通与合作是重要原因(徐振宇,2010)。在民众被媒体误导的情况下,政府和专家都会显得非常被动,必然影响政策出台的时机、效果与方式方法。

5.4　我国蔬果质量安全治理困境的理论解释

5.4.1　理性的行动主体及其典型行为

蔬果质量安全状况主要取决于"人"的行动,因此必须先研究相关的"人"或曰"行动主体"。各个行动主体都受到其知识、信息方面的局限,在受到时间、金钱等约束的前提下,通过权衡其面临的成本－收益来决策。❶农产品质量安全,涉及行动主体太多,注定是一项链条极长且极其复杂的系统工程。所

---

❶ 离开对相关行动主体决策理性的分析,无论采取什么样的先进标准和先进技术,也无论怎样去改善基础设施、检测设备,都将于事无补。这也正是有关确保农产品质量安全的工程技术研究必须与社会科学尤其是经济学相结合的基本原因。否则,必然是对纳税人税款的浪费。

有行动主体,包括质量安全监管者,都理性人,即在某种约束条件下追求效用最大化的个体。区别仅仅在于不同行动主体的效用指向有所差别而已。那些假定某些行为主体非理性的研究,其结论也必然是不可靠的。

第一,蔬果消费者。他们的典型行为特征可概括为理性无知,从而会分化为两种类型的消费者,一类消费者过度敏感,神经脆弱;另一类消费者对于质量全问题趋于麻木。任何一个消费者,无论他(她)是否拥有必要的食品安全知识,在购买蔬果过程中难以鉴别引发食物中毒、导致质量安全问题的直接原因。❶在这种情况下,理性无知是必然选择。与之相关的就是一旦遇到所谓的质量安全事件之后,就显得过度敏感,神经脆弱。近些年来,诸如"蛆柑""致癌香蕉"等被炒作成农产品质量安全的事件其实都是典型的假新闻。很多消费者之所以会如此敏感,一个非常重要的原因就在于有关部门在食品安全危机发生之后首先想到的是隐瞒真相,都力图保持沉默,都不愿意站出来说出真相,实际上,早在很多问题被曝光之前,有关部门就已经对该问题了解得一清二楚。❷另一类消费者,对于质量全问题趋于麻木,所谓"眼不见为净"是对这类消费者心态的最好描述。

第二,典型的蔬果生产者。一种生产者可以被称为由于"不可避免的无知"的生产者,他们没有途径掌握现代农业操作知识,或者无从得知或确认什么是安全的生产方式。另一种生产者可称为是由生产经营者在经济利益的驱使下(降低成本、改进外观和提高产量等)有意而为的生产者。

第三,典型的选民。在中国当前的政治体制下,无所谓真正的"选民"一说,被选举者都是酝酿出来的,由此也就决定了,被"选"上或者被任命的官员,

---

❶ 食品是一种"经验产品"甚至是"后经验产品"。对于一种食品,消费者只有购买并食用之后才能对其效用做出比较准确的评价,有时,由于残留的剂量比较小和潜伏期的存在,消费者在食用后仍不能立即对该食品的效用做出准确的评价。消费者在购买食品时,只能凭直觉(根据食品的色香味)做出自己的判断和选择(徐晓新,2002)。

❷ 比如三聚氰胺奶粉事件,就是如此。有人认为是奥运会的召开推迟了问题的曝光,使很多儿童继续被问题奶粉所伤害,这种说法只是一部分的真相。真正的真相在于,没有哪个部门有积极性首先站出来挑明问题。

只需要对上级负责,不需要对选民负责。在这种情况下,选民的典型特征就是所谓的"理性无知"。

第四,政府官员。必须承认,无论是哪一级政府,都有为数不少的将食品安全事件视为"负面影响事件"的官员,有一些在食品安全问题上过于"高调"的官员。这些"高调"的官员和一些不切实际的要求,与我国分环节、多部门负责的食品安全体制结合在一起,在很大程度上极大地恶化了我国很多地区的食品安全状况(周勃,2004)。地方政府主管食品安全的领导人,往往难以摆脱政治理性与政治浪漫主义,往往会对食品安全提出一些不现实的高"要求"。❶而那些基层的监管者不仅务实且理性冷漠。如果某一部门的监管者发现了某种质量安全问题,最优选择可能是选择沉默。不说话可能会好一些,最多被看成是由于"监管能力"或"监管人员"不足,而说话就等于自己跳出来说自己的监管有问题。

第五,典型的记者。不排除有一些记者是经过比较艰苦的调查取证的,但现实中也有不少记者是在道听途说的情况下的夸大其词。对于国内一些媒体的记者而言,主要目标不在于事件的真相,而在于吸引眼球。而只有少数比较严肃的媒体才依靠深度的分析赚钱。

第六,典型的学者(自然科学的学者和社会科学的学者)。几乎所有学者都认为可以在食品安全问题上发表一些自认为正确的意见。闭门造车的情形较多,没有深入到现场,没有深入到基层和实际之中。

第七,典型的立法者。他们往往会迫于舆论尤其是媒体的压力盲目采纳过高的"标准",并没有经过真正充分的调研。❷

以上各方,哪一方都是理性的,但所有的个体理性却导致了集体的不理性,这是典型的公地悲剧。

---

❶ 研究中国的农产品质量及更为广泛的食品安全问题,由于直接涉及"社会负面影响"而往往被一些政府官员列为机密,因而,对该领域的研究必然会遭遇一系列的困难,甚至有可能会面临现实的危险或威胁。

❷ 无论是《农产品质量安全法》还是《食品安全法》的出台,均有这样的特点,后者更是被三聚氰胺牛奶事件快速催生出来的法律。

5.4.2 目标函数与制度约束

首先是监管者的目标函数。监管者受到多目标冲突的约束。以往对农产品质量安全的管理,在很大程度上基于"产业的健康发展",有时可能更多地强调了发展而忽视了健康,忽视了产品质量安全。

为什么地方政府也不愿意真正加强监管。只要某地动真格地加强了农产品质量安全监管,就有可能导致很多不太合格的农产品改运其他地区,就很可能造成该城市农产品供给的短缺,从而造成农产品价格的上扬。地方政府往往不愿意承担农产品供应过于紧张的责任。因为过高的蔬果价格尤其是蔬菜价格很可能通过各种渠道向地方政府施加压力。除非所有城市和地区都加强监管——这在地大物博的中国几乎是不可能的事情。

批发市场也不愿意加强监管,也是同样的逻辑,因为只要加强监管,甚至只要加强了检测,就有可能导致农产品运销商将农产品运往其他可替代的批发市场,导致该批发市场的交易受到严重影响,从而必然影响到该市场的利益。显然,所有的批发市场都面临着其他市场的竞争,从而无论其他批发市场在农产品质量检测和监管上采取何种战略,其最优战略(或曰"占优战略")都是放松监管,不予检测。只有在运动式的大检查时才做做样子,平时最多只对瘦肉精等高风险项目进行抽查。所以,无论批发市场的硬件尤其是为确保农产品质量安全的检测设备有多么先进,最终都一定会成为摆设。而且,很多批发市场就是靠低成本、不检测、放松监管而快速发展起来,这在这些批发市场的发展轨迹早已形成共识和惯例,要予以改变几乎是不可能的。

因此,无论是地方政府的有关部门,还是各主要批发市场,更不要说农产品运销商,没有一个行动主体会对农产品加强监管。惟有中央政府和消费者最有积极性。然而,这种积极性却是不可靠的。因为消费者的不满,只能通过"用脚投票"的方式(即一旦某种农产品被"曝光"有产品质量问题后便减少甚至不再购买该种农产品)来实现。而这种方式带有很大的局限性,因为在现行体制下,几乎没有多少农产品的质量是真正安全的(即便是某些号称是"有机农产品"的产品)。即便不购买此种不安全的农产品,也不得不购买其他不安全的农产品。

5.4.3　低水平均衡与路径依赖

在现行制度下,绝大多数行为主体都缺乏强化监管的激励,也缺乏强化监管和安全的约束。整个社会没有多少行为主体真正关心农产品质量安全,这与素质、道德没有多少关系,而在于既定体制下激励不足。

当前中国农产品质量安全令人担忧,但这种格局是由众多理性的行动主体的个体理性行动共同导致的集体不理性格局,这种格局,在大多数情况下都陷入囚徒困境。在此种背景下,如何打破种种囚徒困境,即如何改变博弈规则,换而言之,如何改变参与人的激励和约束,是提高中国农产品质量安全水平的必由之路。❶

这里的核心困境是信息不对称所必然导致的问题。在消费者与零售商的博弈中,零售商当然占有更多的私有信息,从而在博弈中占有优势地位;但零售商与供应商(包括批发商、农户和农产品运销商)的博弈中,后者又必然在农产品质量方面占有更多的私有信息,但这并不必然表明后者在博弈中占有优势,比如农户和农产品运销商还必须耗费成本去表明其农产品质量是安全的;在农产品运销商与农户的博弈中,农户又拥有更多的私有信息;但农户也不是农产品质量安全的源头,以往的"从田间到餐桌"的概括仍然是不完全的,应该是"从工厂到田间再到餐桌"。因为农户所购买和使用的生产资料都是现代工业制造出来的,农产品的农药残留、化学污染绝大多数的源头在工厂而不在农场,如果工厂生产出来的农药、化肥、催熟剂、添加剂、激素等不是安全的,农民又从何得知? 在实践中,农药、化肥等农资又往往不是直接从农资企业进入农

---

❶ 在这里,把食品安全问题泛道德化是没有意义的,诸如"315晚会"上"揭露黑幕"之类的节目,基本是于事无补的。关键在于,为什么人们的良心会"坏"掉? 为什么良心"好"的反而被良心"坏"的淘汰了? 市场上剩下的都是没有良知的经营者吗? 经营者难道真的只考虑赚钱吗? 这样的节目容易使公众和消费者将农产品和食品行业妖魔化。

户的,而是经历了农药代理、批发、零售、运输才进入农户的,农户使用了之后也不知道究竟会不会给人体带来确定的伤害。根据我们对基层的深度访谈,的确有不少农户开始关注其生产的农产品的质量安全,但是,这些农户无从知晓哪些投入品是安全的,以及如何使用才是安全的。

另外,由于农产品质量安全具有相当强的"外部性",即一旦某地的某种农产品被曝光有某种严重的质量安全问题,不仅有可能造成该地该种农产品的销售出现严重萎缩,还可能造成其他地区该种农产品销售出现困境,前些年出现的所谓"蛆柑"事件和前些年出现的海南香蕉所谓"致癌"事件,都不仅使特定地区的柑橘和香蕉销售出现困难,也使全国的柑橘和香蕉销售出现困境。这也就意味着,只要某种质量安全事件被曝光,可谓"覆巢之下,安有完卵"。由于消费者在面对食品安全事件时如同惊弓之鸟,而农产品又很难自动表明其生产地点,因而一旦负面消息出现,全国乃至全球的同类农产品都会受到殃及,甚至其他国家某种农产品的负面消息也会对国内造成影响。农民也能考虑到以上方面,因而,农民往往没有足够的激励去提高农产品质量安全程度,何况,他们也不知道从何提升农产品质量安全程度。

一些大城市(如北京市)在技术和硬件方面已经具备了确保农产品质量安全的基础,但是,北京的农产品质量安全却并不那么乐观,至少没有有关部门所宣称的那样乐观。农产品合格率这样的笼统指标往往会掩盖部分农产品质量安全所存在的严重问题。❶比猪肉被普遍注水更严重的是数据和信息被严重注水。有关部门公布的数据每年都在好转,而且是在高合格率的前提下不断好转。这样就不得不令人怀疑,合格率是真相还是为了迎合某种需要。合格率这么笼统的一个指标,通过随意性非常强的抽检,很可能出现"要有多高就可以有多高"的情形。为了达到不切实际的高合格率,最优的措施不是加强监管,而是在数据上注水。就像猪肉运销商为了增加利润,最优措施不是设法

---

❶ 比如注水肉问题,在北京猪肉市场,极其严重,根据我们对部分从业者的深度访谈,他们坦陈,北京市的猪肉注水已经成为一个长期的"潜规则",几乎所有的猪肉都有不同程度的注水。所以北京市居民无论在哪里(包括那些跨国零售商)购买的猪肉,都是注水肉。现在的重点只是放在瘦肉精检测等方面,对于注水则放得非常松。

提高经营效率,而是往猪肉里面注水一样。

　　如果我们认真比照中国政府对于农产品质量安全和食品安全的法律和标准,其实不难发现,中国官方对食品安全的要求与一些发达国家的区别并不带有根本性,只是在程度上有所差异而已。关键的问题在于,中国的所有法律、法规、标准的"实施"和"执行"存在很大的问题。更重要的问题是,为什么"实施"和"执行"会有"问题"? 无论是否承认,政府监管者也是理性人,亦有其自身的成本－收益权衡,如果没有足够的激励和约束,"执行"和"实施"必然是困难的。在这种情形之下,无论我们采取何种先进的技术,也无论采取多么"有效"的程序,无论采用何种标准,都不会有本质的改进。

　　以往对于食品安全和农产品质量安全的监管,在很大程度上忽略了对监管者的激励－约束,在这种情况下,良知、责任心、热情在农产品质量安全监管方面必然是不可靠的,必须有足够的激励,也必须有必要的约束。然而,由于信息的严重不对称,激励约束机制的构建也变得相当困难。因为监管者的行为本身可能是难以衡量的,当监管者卸责、渎职或与被监管者勾结起来时,可能难以举证。也有可能出现政府作为监管者不愿意透露真实的食品安全信息的情形。不愿透露真相,谁都不愿意承担责任,最后演变成,只要谁发布了食品安全方面的"问题",谁就必须承担责任,最后造成谁都不愿意"捅破那层窗户纸"的格局。

第六章 蔬果质量安全可持续治理机制的国外经验及借鉴

一般来说,构成供应链的基本要素包括原材料或零部件供应商、产品制造商、批发商、代理商、零售商、物流企业等。对于蔬果而言,完整的供应链至少应该包括农业生产资料提供商、种苗提供商、农户、农产品批发商、农产品零售商、农产品物流企业等。根据蔬果的不同消费形态,其实还应该包括蔬果加工企业。这样,蔬果供应链的质量安全,就不仅仅表现为通常意义上的"农产品质量安全",也会表现为更广泛以上的"食品安全"。

确保包括蔬果在内的农产品质量安全的要求,早在上个世纪初期就已在美国等发达国家明确提出。在生产上,先后提出了"自然农业""生物农业""有机农业""生态农业"等要求;在最终产品上,陆续提出了"生态食品""健康食品""自然食品"等(尽管对这类产品的叫法不同,但宗旨和目的一致,即"在洁净的土地上,用洁净的生产方式,生产洁净的食用农产品,提高人们的健康水平"。1945年,美国罗代尔等一批有机农场的建立,标志着有机农业在美国进入推广时期。自此以后,农产品的质量安全便正式提上了议事日程,并形成了一套较为完整的政策与执行体系(刘志扬,2004)。在北美、欧洲、日本等发达国家,确保质量安全的措施与机制是全方位的,是基于整条供应链的,是可持续的。

6.1 通过科学的风险评估防范体系强化蔬果质量安全治理

相当多的农产品(食品)安全风险实质上就是科学应用的风险,这种风险也只有通过科学的手段才能加以识别和控制。为此,世界各国高度重视科学研究在食品安全管理中的作用,组织、调动和协调相关科研资源,并投入大量经费进行相关研究。如欧盟科学委员会专门向欧盟的有关机构提供食品安全和食品消费方面的信息与建议,其内容包括:营养风险问题、动物健康问题及其他与食品有关的环境及化学方面的风险评估。美国成立总统食品安全顾问委员会,负责制定关于食品安全的长远规划,增加预算和投入,以加强食品安全管理前沿问题的研究。

首先,食品安全风险分析在发达国家食品安全管理体系中占据非常重要的地位。风险分析(risk analysis)首先用于环境科学的危害控制,20世纪80年代末用于食品安全领域,特别是CAC标准的制定。1995年、1997年和1999年,FAO和WHO召开了三个专家咨询会议:"风险分析在食品标准中的应用""风险管理与食品安全""风险信息交流在食品标准和安全问题上的作用"。目前,风险分析已经全面纳入《CAC程序手册》。从发达国家内部来看,也十分重视食品质量安全风险分析工作,尤其是欧盟、美国、澳大利亚等发达国家已从20世纪80年代末相继开展风险分析,经过三十多年的发展,已成功地将风险分析原则运用到国内食品生产流通与国际贸易中。在食品安全风险管理中,较为流行的有HACCP、食品安全风险分析、基于SPS协定的风险评估、GMP、GAP、GPVD等。目前,风险分析技术已经成为食品安全控制的科学基础。

其次,发达国家食品安全风险分析技术持续快速发展。在发达国家,食品安全风险分析技术已成为比较成熟的科学技术,主要包括食源性危害关键检测技术的研究、食源性疾病与危害的监测和预警技术研究、食源性危害人群暴露评估和健康效应的研究等方面。

最后,发达国家的食品安全风险防范与控制技术的研究日趋深入。目前,国际上公认的食品安全的最佳控制模式是在"从农田到餐桌""良好农业规范""良好生产规范"或"良好卫生规范"实施的基础上,推行"危害分析和关键控制点"。美国FDA和农业部等有关机构分别先后对HACCP的推广应用做出了一系列规定,并要求建立一个以 HACCP 为基础的食品安全监督体系(Food Safety Inspection Model Based upon HACCP)。1997 年 6 月,CAC 大会通过了《HACCP 应用系统及其应用准则》,并号召各国应积极推广应用。实际上,在国际食品贸易中,许多进口国已将 HACCP 作为对出口国的一项必须的要求。

同时,为增加公众了解和获取各种信息和情况的途径和方式,国外都特别强调对农产品质量安全管理工作的制度建设和管理过程的公开性和透明度,强调公众参与。如美国为使公众健康免于受到不安全食品的危害,通过全国范围内各个阶层的食品安全系统电信网和大众媒体及信息分享机制告知社会大众、国际组织、地区组织和其他国家,使消费者和相关组织能够及早进行预防。此外,政府通过向社会大众公开风险分析程序,接受社会大众的评论和建议,提高风险分析的准确性和风险管理的有效性(颜景辰、颜廷武,2004)。

6.2 通过法律体系强化蔬果质量安全治理

发达国家都有完善的农产品质量安全法律法规体系。欧盟现有关于农产品(食品)质量安全方面的法律 20 多个。欧盟正在制定新的食品安全法律框架,主要包括:新的动物饲料立法纲要、动物健康与食品安全措施、疯牛病和流行性脑炎法规、污染和残留限量控制规定、食品和饲料辐射污染的法规、新型食品规定等一系列内容。日本与农产品质量安全有关的法律法规主要包括:《农林产品品质规格和正确标识法》《植物防疫法》《家畜传染病预防法》《农药取缔法》。

维护公众的生命与健康,促进经济与社会的持续发展,是美国农产品质量安全相关法律法规的立足点。美国有关农产品(农产食品)安全的主要法令包括:《联邦食品、药物、化妆品法》(FDCA)、《联邦肉类检验法》(FMIA)、《禽类产品检验法》(PPIA)、蛋类产品检验法》(EPIA)、《食品质量保护法》(FQPA)。此外,美国还通过一系列程序性法规以实施国家样本检验及监测计划(颜景辰、颜廷武,2004)。主要法律法规的基本情况如下。

第一,农药生产和使用法规。美国、日本、欧盟对农药立法都十分重视,旨在通过严格的法律来保障、规范农药的生产和使用,以此保护人的身体健康和生存环境。美国的农药立法分联邦和州政府两个层次,可追溯到20世纪初期。1906年美国国会通过第一部有关农药的法律,即《联邦食品、医药、化妆品法》,规定任何食品、医药、化妆品不能含有农药。1910年和1938年相继出台了联邦杀虫剂法和补充法,旨在防止卖假劣农药。1947年通过《联邦杀虫剂、杀菌剂、杀鼠剂法》,首次规定了农药登记和标签的内容。1954年和1958年相继通过3个补充规定,对农药在农业初级产品中的允许残留量作了明确限制。1972年通过了《联邦环境农药控制法》,第一次规定将农药分为两类,即通用类和限制类,并实施农药使用许可证制度。❶随着食品安全越来越受到人们的关注,1996年,美国通过了《食品质量保护法》,对农药使用进一步作了严格规定,其中特别要求在儿童食品中不得含有任何化学农药残留(刘志扬,2004)。日本的农药登记制度的功能实际上是一种市场准入制度,只要不能取得登录就不准许上市销售。而判定是否给予登录的标准虽然也考虑农药的药效,但主要的依据是伴随着农业农药使用的危害性,因而日本农药登录的目标定位是通过农药登录向社会提供安全的农药,也就是说这项制度运行的"产出"是伴随着农药生产使用的"安全"(宋敏,2008)。另外,日本的农产品化学残留制度近年来已经由"否定列表制度"演变为"肯定列表制度"。按照"否定列表制度",即使检测出残留的农药浓度很高,只要不能断定该物质明显危害身体健康,就不能停止其流通销售。而按照"肯定列表制度"的要求,只要其没有出现在列表之中,就必须被禁止。由此可见,"肯定列表制度"要严于"否定列表制度",旨在一方面有助于消除国内外食品安全标准的差异,另一方面有效防止国外无安全标准或者过低标准的食品进入日本市场。

---

❶ 通用类农药毒性低,对人畜环境较安全。任何商店都可买卖,使用者不需办理使用许可证。限制类农药毒性比较强,使用不当会造成环境污染和人畜中毒,因而使用者必须办理农药使用许可证。

第二,食品安全供应法规。20世纪90年代,美国提出了"从农场到餐桌"食品安全目标,要求全社会以实际行动重视食品安全,包括产品的生产、运输、加工、贮藏和零售等各个环节。为此,国会制定了一些新的法令以保证食品供应的安全性。还把原来的一些有关法令重新在美国重要的法律公布刊物《联邦记录》上发表。同时,要求政府通过颁布规章来实施法令。在食品安全供应方面,美国先后制定的主要法令有:①联邦肉类检验法令,要求所有家畜在屠宰前和屠宰后都要进行强制性检验,禁止在肉类加工过程中使用有害添加剂,严防在肉及肉产品包装上使用伪造或有错误导向的标签等。②食品药品和化妆品法。1906年罗斯福总统就签署了《食品与药品法》,1938年《食品药品与化妆品法》又应运而生。③包装和牲畜市场法,该法案在1921年由国会通过,严格禁止任何牲畜市场所有者、营销商或代理商在家畜的接收、销售、购买、营销、饲养、饮水、移交、运输、称重和处理过程中有任何不安全行为。④家畜疾病防治法令,规定任何给家畜带来疾病的行为和不及时给家畜治疗疾病的行为都是违法行为,都要受到追究。除上述法律外,还有"禽类产品检验法令""蛋产品检验法令""食品质量保障法令"和"公共健康事务法令"等。为了保证这些法令的实施,美国国会要求,在涉及食品供应的安全性上,管理机构必须严格遵守的程序性法令。这些程序性法令包括"行政程序法令""联邦咨询委员会法令"和"信息自由法令"(刘志扬,2004)。2006年5月,日本修改《食品卫生法》同时,"肯定列表制度"正式实行。实际上,"肯定列表制度"是日本食品规制法律体系下的一则标准,❶在法律上并不是独立的。早在2003年10月日本政府就已出台"暂定标准"第一草案;2004年8月,又出台了第二草案。2005年5月底"暂定标准"草案正式定稿,并上报WTO组织;同年11月,厚生劳动省正式公布了715种农药的暂定标准,同时公布了统一标准为0.01ppm。日本实施"肯定列表制度"的法律依据是《食品卫生法2003修订案》

---

❶ 日本食品规制法律体系(见附录7.2)。

中第11条第3款❶。该条款可简要表述为:对于已建立最高残留限量标准的化学物质,其在食品中的含量不得超过最高残留限量标准;而对于未制定限量标准的农业化学品,其含量不得超过厚生劳动省确定的"一律标准",但经厚生劳动省确定的豁免物质可不受此限制。根据这一条款制定的"肯定列表制度",主要包括以下三方面的内容。第一,"豁免物质"❷,即在常规条件下其在食品中的残留对人体健康无不良影响的农业化学品。对于这部分物质,无任何残留限量要求。目前,日本确定的豁免物质有65种,主要是维生素、氨基酸、矿物质等营养性饲料添加剂及一些天然杀虫剂。第二,对在豁免清单之外且无最大残留限量标准的农业化学品,采用"一律标准"❸,即其在食品中的含量不得超过0.01毫克/公斤。第三,针对具体农业化学品和具体食品制定的"最大残留限量标准"。"最大残留限量标准"中包括3种类型:①在所有食品中均"不得检出(ND)"的农业化学品,共15类16种;②针对具体农业化学品和具体食品制订的"暂定标准"(provisional MRLs),共44552条;③未制定暂定标准但在"肯定列表制度"生效后仍然有效的现行标准,共9995条❹。从食品和农产品的角度看,"肯定列表制度"的实施在最大程度上将农业化学品中危及食品安

---

❶ 日本《食品卫生法》第11条第3款原文:"食品中含有农药(指《农药取缔法》第1条之2第1款规定的农药,下一条中相同),或者含有在《关于确保饲料安全、改善质量的法律》第2条第3款规定的、用于农林水产省令所规定用途的饲料(指同条第2款规定的饲料)中添加、混合、浸泡及用其他方法使用的物,或者含有《药事法》第2条第1款规定的动物用药的成分物质(包括该物质经化学反应而生成的物质,但厚生劳动大臣确定明显无损害人身健康之虞的物质除外),其残留的量超出厚生劳动大臣在听取药事、食品卫生审议会意见后所确定的不会损害人身健康的量,不得为了销售而制造、进口、加工、使用、调理、保存、销售此类食品。但该物质残留于食品中的量的限度符合第1款食品成分规格的,不在此限。

❷ 根据《食品卫生法》修正案第11款第3段的规定,指定不会对人体健康造成不利影响的物质(豁免物质)。

❸ 根据《食品卫生法》修正案第11款第3段的规定,制订一律标准,在该标准水平下不太可能对人体健康产生不利影响(一律标准)。

❹ 日本食品安全委员会.食品に残留する農薬等に関するポジティブリスト制度品目リスト(食安発第1129002号)[R/OL].(2006-12-28)[2015-12-12].https://www.fsc.go.jp/.

全的所有不确定因素置于可控制的范围之内,最大限度地保护了国民的身心健康,使其免受来自食品中农药残留物质的毒害,而这一点在现代工业社会中显得尤为重要。此外,通过世贸组织关于农药及残留管理措施的通报来看,其成员国对农药的使用和残留限量额的要求也日趋严格,日本"肯定列表制度"的实施无疑也是遵循贸易国际化的要求。从食品安全规制的角度看,"肯定列表制度"的实施,既能确保本国食品和农产品生产环节的安全标准的科学性、准确性和严格性,又能保证其进出口食品和农产品的安全,从而能充分发挥食品安全标准在确保食品安全方面的支柱性作用。从进出口贸易的角度看,"肯定列表制度"制定的限量标准不仅多而且严格,能最大程度上确保进出口农产品和食品的安全,但同时也导致外国企业生产成本的增加,从而使其丧失原有的价格优势,进而导致其经营风险的加大,甚至迫使一些企业从此退出了日本市场。❶

6.3 通过行政体系强化蔬果质量安全治理

6.3.1 美国确保农产品质量安全的行政管理体系

美国在解决各种经济与社会问题中,使用最多的是法律手段,其次是经济手段,很少使用行政手段。但在对农产品质量安全及食品安全问题时却使用严厉的行政手段来对付。

第一,美国设立了总统食品安全委员会。过去,负责管理食品安全的权力一直分散于执行着35个法令的12个政府机构中。这种结构过于庞大,效率低下,难以确保食品供给的安全性,所以,1998年8月,克林顿总统发布了成立

---

❶ 诚然,"肯定列表制度"中的一些标准过于苛刻,其科学性和合理性也有待商榷。尤其是"肯定列表制度"中的"一律标准",很容易为贸易保护主义者所利用,成为潜在的贸易壁垒,近年来因为此制度而引发的国际贸易争端就是其明证。这一点也引起了日本政府的高度重视,成为"肯定列表制度"下一步改革的重点所在。

"总统食品安全委员会"的行政命令。该委员会的成员是农业部部长、商务部部长、卫生与公众服务部部长、管理与预算办公室主任、环境保护局局长、科学与技术政策办公室主任、总统国内政策助理及国家政府重组联合会主席。农业部部长、卫生与公众服务部部长及科学与技术政策办公室主任共同担任该委员会的主席。该委员会的职能是:负责制定农产品总体质量与安全计划,以实现无缝隙的基于科学原理的食品安全体系:在上述计划的框架内,向各联邦机构提出在食品安全方面进行投资的重点领域,并且审查各个相关机构所上报的年度预算报告,监督食品安全联合研究机构的活动。后来的农产品质量与安全性的效果证明,总统食品安全委员会的成立,是确保食品安全非常重要的措施。

第二,美国还对农药残留实施严格的行政监控。美国农药残留行政监控起始于1963年。农药残留行政监控工作由国家环保局、食品与药品管理局和农业部3个部门共同负责。环保局负责农药登记和农药最高残留限量的制定;食品与药品管理局监督实施农药残留限量,并负责对进口和国内市场上的农副产品、加工食品中农药残留的监测;农业部负责畜禽产品和农产品产地农药残留监测,并负责组织农副产品农药残留情况调查,列出不同时期残留监测重点。美国农药监测体系非常完善,除了联邦政府各有关部门具有国家级监测中心以外,食品与药品管理局还在全国设有5个区域性监测中心,农业部在所有的州都有农药残留监测机构,在县级设有监督检查员,负责农药使用的监督和农产品样品的采集,农场在使用农药前必须得到监督员的许可。除常规检测外,美国农业部还负责一些有目的的长期定向监测。农产品农药残留行政监控是一项公益性任务,所以都是政府出资支持。加拿大和欧盟的情况也比较类似。加拿大农业部食品检验局(CFIA)是加拿大负责农产品的检验机构。食品检验局在全国分4个大区,下设18个地区性办公室,185个基层办事处并在408个非政府机构设点。该机构还拥有22个实验室和研究机构,从事新技术研究、组织测试和咨询指导工作。欧盟各国主要依靠农业行政主管部门按行政区划和农产品品种类型设立的全国性、综合性和专业性检测机构实施执法监督检验如丹麦有38个农业部授权的农产品质检机构,对农产品实行严格的市场准入和监管(颜景辰、颜廷武,2004)。

第三,美国实行食品召回制度。食品的生产商、进口商或者经销商在获悉其生产、进口或经销的食品存在可能危害消费者健康、安全的缺陷时,依法向政府部门报告,及时通知消费者,并从市场和消费者手中收回问题产品,或者予以更换,或者进行赔偿,或者采取其他积极有效的补救措施,以消除缺陷产品的危害风险。美国产品召回制度是在政府行政部门的主导下进行的。负责监管食品召回的是农业部食品安全检疫局、食品与药品管理局。前者负责监督肉、禽和蛋类产品质量和缺陷产品的召回,后者负责管辖肉、禽和蛋类制品以外食品的召回。食品召回分为三级:第一级是最严重的,消费者食用了这类产品将肯定危害身体健康甚至导致死亡;第二级是危害较轻的,消费者食用后可能不利于身体健康;第三级是一般不会有危害的,消费者食用这类食品不会引起任何不利于健康的后果,如贴错产品标签、产品标识有错误或未能充分反映产品内容等。

第四,实施"绿色"补贴计划。美国农业补贴计划始于经济大萧条时期,后来,随着农业市场机制日益完善和抵抗自然灾害能力的增强,补贴逐步变成治理农业污染的"绿色补贴"。在实施"绿色补贴"中,美国的政策和办法是:①根据种植面积和环境保护的程度与"绿色补贴"挂钩。②土地交易与"绿色补贴"结合,在土地的价格和征收的交易税中,有土壤是否受到污染等条件,这样减少了潜在的农业环境破坏源同时,政府还将那些对地表水和地下水直接造成污染达到1万hm²以上的连片土地实行永久性休耕。③环保教育与"绿色补贴"配套,联邦政府每年单列25亿美元,用于农业环保教育和农业生态研究,让人们普遍认识到生态环境与生物多样性对可持续农业的重要性。④引导与强制并行,政府设置了一些强制性条件,要求受补贴的农场主必须重视对土壤、水质等进行保护。对表现出色的农场,除提供"绿色补贴"外,还可减免农业所得税,以资鼓励(刘志扬,2004)。

6.3.2　日本确保农产品质量安全的行政管理体系

频频出现的进口农产品农兽药超标事件及日本国内发现的未登记农药的违法使用问题使消费者陷入对食品安全性的极度不信任状态。为适应社会经济的发展和日益发展变化的饮食结构,充分保证食品安全,日本政府先后在1972年、1995年和2003年多次对《食品卫生法》进行了修订,而最近一次的2003年《食品卫生法》修订更是改动明显(图6-1)。这次修订《食品卫生法》将其目的从确保食品卫生改为确保食品安全,并明确规定国家和地方政府及从业机构和人员在食品安全方面应负的责任。修订后的《食品卫生法》不仅提高了药物残留限量的标准与卫生要求,增加了限制项目,而且强化了进口农产品的检查制度。

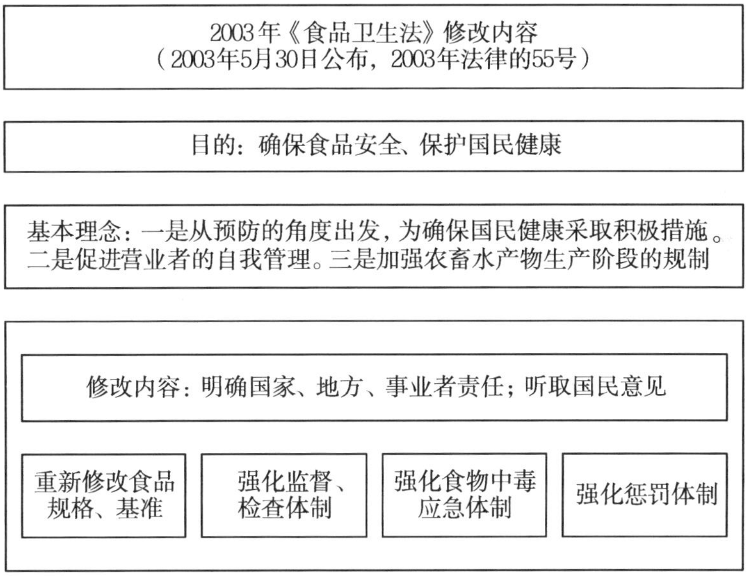

```
┌─────────────────────────────────────────────┐
│          2003年《食品卫生法》修改内容            │
│    （2003年5月30日公布，2003年法律的55号）      │
└─────────────────────────────────────────────┘

┌─────────────────────────────────────────────┐
│          目的：确保食品安全、保护国民健康         │
└─────────────────────────────────────────────┘

┌─────────────────────────────────────────────┐
│  基本理念：一是从预防的角度出发,为确保国民健康   │
│  采取积极措施。二是促进营业者的自我管理。三是     │
│  加强农畜水产物生产阶段的规制                     │
└─────────────────────────────────────────────┘

┌─────────────────────────────────────────────┐
│  修改内容：明确国家、地方、事业者责任；听取国民意见 │
│  ┌────────┐┌────────┐┌────────┐┌────────┐  │
│  │重新修改食品││强化监督、││强化食物中毒││强化惩罚体制│  │
│  │规格、基准  ││检查体制  ││应急体制  ││        │  │
│  └────────┘└────────┘└────────┘└────────┘  │
└─────────────────────────────────────────────┘
```

图6-1　2003年日本《食品卫生法》修改的内容[❶]

另外,为扭转日本民众对政府的不信任感,日本还专门成立了食品安全委

[❶] 日本食品安全委员会.食品卫生法[R/OL].(2006-12-28)[2015-04-29].Therevisedcontentsoflawonfoodhygieneｍhttp://www.japanlaw.info/.

员会(图6-2),以加强和协调相关机构对食品安全的管理。同时,农林水产省修改了《农药取缔法》[1],加强对未登记农药的取缔和处罚,同时健康、劳动与福利部(MHLW)修订了食品卫生法。2005年,已实现立法、更新管理体制的日本政府宣布推行"肯定列表制度"[2],此举解决了食品安全体系全面应用前的最后一个问题——明确各项技术标准。至此日本的新食品安全体系构筑完成。

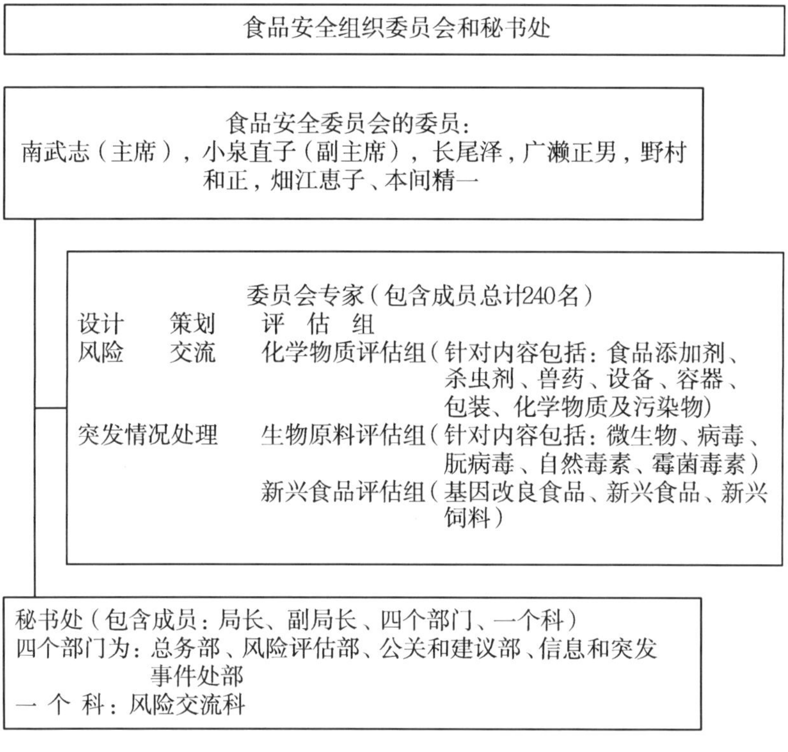

食品安全组织委员会和秘书处

食品安全委员会的委员: 南武志(主席),小泉直子(副主席),长尾泽,广濑正男,野村和正,畑江惠子、本间精一

委员会专家(包含成员总计240名)

设计　　策划　　评 估 组
风险　　交流　　化学物质评估组(针对内容包括:食品添加剂、
　　　　　　　　　　　　　杀虫剂、兽药、设备、容器、
　　　　　　　　　　　　　包装、化学物质及污染物)
突发情况处理　　生物原料评估组(针对内容包括:微生物、病毒、
　　　　　　　　　　　　　朊病毒、自然毒素、霉菌毒素)
　　　　　　　　新兴食品评估组(基因改良食品、新兴食品、新兴
　　　　　　　　　　　　　饲料)

秘书处(包含成员:局长、副局长、四个部门、一个科)
四个部门为:总务部、风险评估部、公关和建议部、信息和突发
　　　　　　事件处部
一 个 科:风险交流科

图6-2　日本食品安全委员会和秘书处部门结构图[3]

---

[1] 这里的"取缔"是日文单词,中文意思应该是管理监督。

[2] "肯定列表制度"汉语说法来源于英文"Positive List System",日文说法为"ポジティブリスト制度"。

[3] 日本食品安全委员会.野田佳彦内阁重要担当通知[R/OL].(2003-12-28)[2015-12-29].Therevised-contentsoflawonfoodhygiene,http://www.japanlaw.info/.

日本负责食品安全的管理机构主要由三个隶属于中央政府的政府部门组成：厚生劳动省、农林水产省、食品安全委员会。其执行机构主要是两个省下属的动植物检疫所和食品检疫站。各个地方政府负责配合中央政府的各部门（图6-3）。

图6-3　日本食品安全问题机构示意图❶

根据有关法规❷，日本主要有两个省（部级机构）负责管理食品产品。农林水产省负责食品的生产和保证质量，厚生劳动省负责稳定的食品分配和食品安全。为此，农林水产省设立了"食品安全危机管理小组"，建立内部联络体制，负责应对突发性重大食品安全问题。该危机管理小组将负责搜集信息，研究和制定应对方针，并指挥实施。另外，日本通过机构管理体制的改革，将原农林水产省制定农兽药残留标准的功能划归给厚生劳动省。农林水产省的机构编制也进行了相应的调整，新设立了"消费者安全局"。

日本动物检疫的法律依据是《家畜传染病预防法》及依据国际兽疫局

❶ 日本食品衛生学会编，2009.食品安全の事典[M].東京：朝倉書店.

❷《厚生劳动省设置法》《农林水产省设置法》《中央省厅等改革基本法——再编の日本行政机构》（平成10年法律第103号）。

　　农林水产省负责食品安全管理的主要机构是消费安全局。消费安全局下设消费安全政策、农产安全管理、卫生管理、植物防疫、标识规格、总务等6个课及1名消费者信息官员。农林水产省还新设立食品安全危机管理小组，负责应对重大食品安全问题。

　　农林水产省将根据食品安全委员会的评估鉴定结果，制定食品添加物及药物残留等标准；执行对食品加工设施的卫生管理；监视并指导包括进口食品的食品流通过程的安全管理；听取国民对食品安全管理各项政策措施及其实施的意见，并促进信息的交流。

(OIE)等有关国际机构发表的世界动物疫情通报制订的实施细则,即禁止进口的动物及其产地名录,具体工作由农林水产省下属的动物检疫所(AQS)负责。动物检疫所的总部设在横滨,在东京成田机场、大阪关西机场及门司、冲绳、神户等主要海空口岸设有分部,在另外一些口岸城市则有派出机构,负责进出口动物及动物产品的检疫工作。

日本植物检疫的法律依据是《植物防疫法》,具体工作由农林水产省下属的植物防疫所(PPS)负责。❶劳动厚生省下设药品和食品安全局,其下的食品安全部负责食品卫生安全管理工作。按照《食品安全基本法》规定,厚生劳动省负责制定每个财政年的监督检验计划并在港口对进口食品进行抽样检查。取样检查根据国际食品法典委员会推荐的方法进行,所有的检查和实验室检测费用由日本厚生省承担。❷日本目前有31所食品检疫站,其中6所具有执行指令性检验的能力和检验设备。同时,日本还有两个具有执行指令性检验能力的针对进口食品的检验中心。此外,日本厚生省指定了大约40个实验室,代其行使监督检验职能。

在进口的动植物及农产品中,有相当部分是作为食品或食品原料进口的,这些货物在接受动植物检疫之后,还要接受日本厚生省主管的卫生防疫部门的食品卫生检查。其中农林水产省的动物和植物检疫所主要针对危害动植物健康的病虫害,而劳动厚生省则负责从人体健康的角度出发的卫生防疫(图6-4)。而食品安全委员会由内阁府直接领导,是对食品安全性进行鉴定评估,并向内阁府的有关立法提供科学依据的独立机构。根据《食品安全基本法》,该委员会由7名食品安全专家组成,委员全部为民间专家,经国会批准,由首相任命,任期3年。

---

❶植物防疫所在全国设横滨、门司、神户、那霸、名古屋5个总部,另外在14个城市设有分部,在68个城市设有派出机构,负责进出口植物及植物产品的检疫工作。

❷参见日本《食品安全基本法》第1章第10条。

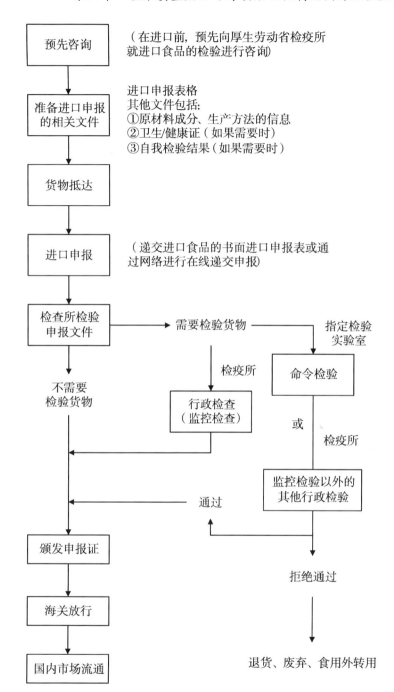

图6-4 日本进口食品和相关产品的进口申报程序图❶

---

❶技术壁垒资源网.日本进口食品和相关产品的进口申报程序[R/OL].(2008-07-15)[2016-02-20].
http://www.tbtmap.cn/portal/Contents/Channel_2125/2008/ 0715/24278.

该委员会下设事务局(负责日常工作)和专门调查会。专门调查会负责专项案件的检查评估,下分化学物质评估组、生物评估组、新食品评估组3个评估专家组。其重要职能就是实施食品安全风险评估、对风险管理部门进行政策指导与监督和负责风险信息的沟通与公开。

6.4 通过技术手段强化蔬果质量安全治理

法律和行政手段对于保证农产品的质量安全固然重要,但还必须有若干技术措施进行配合,才能够达到目的。在这方面,美国积累了一套比较成熟的经验。

第一,综合治理农作物病虫害。防治农作物的病虫和杂草,美国的农场过去一直是靠大量使用化学农药,这样不仅造成严重的农药污染,导致农产品质量下降,而且大量杀伤天敌,使自然控制作用降低、害虫抗药性增强,最终导致生产成本上升,农业效益下降,直接影响美国的农业生产。为解决这一问题,从20世纪的70年代起,美国就开展了农作物病虫害综合防治的研究工作,20世纪90年代以后,有了更大规模的推广普及。现在美国大部分农作物,包括小麦、玉米、水稻、大豆及蔬菜和果树等,都先后使用了综合防治措施。其结果是,防治成本比原来明显下降,生态、经济和社会效益突出,更重要的是,提高了农产品的质量安全性。所谓农作物病虫害综合防治措施,就是运用捕食性和寄生性天敌,自然环境调节,在需要和适当的时候使用化学农药等一系列技术措施,将病虫危害控制在允许水平之内的一种系统方法。农作物病虫害综合防治措施包括设计、使用和不断地评估有害生物控制方法,它要求对每一种病虫及其相关的生态系统有一个准确、完整的理解。农作物病虫害综合防治措施是一个知识集约型体系,是4大相互影响要素的科学组合。这4个要素是:决策支持系统、综合防治战略和战术选择、综合防治的实施与田间作物生态系统、生物学监控和环境监控,其中最基础的就是生物学监控和环境监控。

第二,推广免耕农业技术。免耕农业,是美国的一种保护性耕作制度,主要目的是防止土壤侵蚀。1977年,美国农业部土壤保护局将免耕农业定义为:一种不翻动表土,并全年在土壤表面留下足以保护土壤的作物残茬的耕作方式。其类型包括不耕、条耕、根茬覆盖及其他不翻动表土的耕作措施。由于免耕技术可以用作物残留物来减少土壤侵蚀,降低水对土壤生产力的影响,有助于提高农产品质量并缩小生产成本,因此,美国采用免耕技术的面积不断上升。美国的免耕技术措施,主要在大豆、玉米及小品种作物上推广应用。

第三,扩大无土栽培面积。无土栽培蔬菜中的病虫害很少发生,即使发生,也相对容易防治。经过无土栽培的蔬菜,污染少、品质好、安全性强,更受消费者欢迎。因此,无土栽培蔬菜的面积在美国不断扩大,美国成为全世界无土栽培蔬菜最多的国家。美国无土栽培的蔬菜种类主要有番茄、黄瓜和莴苣等。采用良好的保护设施,是美国无土栽培技术得以发展的重要一环。美国的温室或塑料大棚都是比较大型的,其单栋的跨度为8m以上。塑料大棚上覆盖聚乙烯薄膜,可连续应用3年。常常应用双层薄膜中间充气的塑料大棚,可增加保温性能,节能20%~30%。由于温室及塑料大棚的结构合理,所以室内的光照条件良好,有些温室还装有二氧化碳发生器、人工补充光照设备,使无土栽培的蔬菜处在严格环境条件的保护设施中,这些环境条件都采用先进的自动控制设备。无土栽培的专业化经营和多茬应用,是美国无土栽培蔬菜技术应用的显著特点。一个农户一般有0.7hm²左右的温室,大企业的经营规模更大一些。但一个农户或企业中,通常只种一种蔬菜,进行专业化栽培,既加强了市场竞争能力,又有利于提高农产品质量(刘志扬,2004;孙立勇、朱玉东,2001)。

6.5 通过市场和消费者选择的治理

消费者日益关注鲜活农产品的安全性,也是发达国家确保农产品质量安全的重要经验。根据美国农业部的一项经验,美国绝大多数可追溯体系都是基于经济激励而非政府可追溯性管制要求而建立的。企业建立可追溯体系是为了提升其供应方面的管理水平,是为了强化其安全和质量控制,是为了更高效地营销其带有信任品属性的食品。与上述目标密切相关的利益包括:更低成本的分销系统、更低的食品召回成本,以及高价值产品销售额的增长。在每种情况下,可追溯性的利益都顺利转化为企业净利润的增长。正是这些利益成为驱动美国食品供应链中广泛建立可追溯体系的根本动力(Golan et al.,2004)。一项针对肯尼亚和印度的案例研究表明,只要有足够的制度性支持,经过一段时期后,小规模农户完全能够满足食品安全方面的严格要求(Narrod et al.,2009)。

日本在经济高速增长时期,由于农药的不正确使用,曾出现多起食用生鲜食品而中毒的事件。因此,进入20世纪70年代以后,消费者对鲜活农产品安全性的要求大为提高,同时,也有部分农户对农业生产中大量使用农药、化肥的"现代农业"表示不信和不满,愿意提供减农药、减化肥的农产品。因此,日本的生协等流通组织顺应消费者的要求,对鲜活农产品的评价标准开始由降低消费成本的价格取向转为保证身体健康的安全取向。同超市比较注重外观不同,生协等流通组织在组织鲜活农产品、实行农产品配送时对鲜活农产品的要求,首先是安全,其次是价格,再次是外观。如和歌山县生协与生产者、农协在使用农药方面达成协议,即不用禁用农药、添加剂,减少农药使用总量,生产能让消费者放心的农产品。生协的品质管理部商品检查室对鲜活农产品的虫害、农药残留等负有检查责任。同时,不少大型超市也对健康食品、有机农产品给予关注,有机农产品受到市民的青睐(方志权、焦必方,2002)。

上文虽然用大篇幅总结了发达国家的治理经验,但是,以上经验显然是有局限性的。大农户、大零售商和高组织化程度、契约化及高水平的公共管理、法治社会等特征,都决定了发达国家的很多经验都是无法简单复制或移植的。尤其是农业部及相关部委耗费巨资从国外借鉴的HACCP和GAP等范式,是典型的大农场、大零售商、大型加工企业方能承受和采纳的范式,小规模农户、小型加工企业和小规模零售商必然面临规模不经济这一基本困境。加上消费者收入水平较低,更是加剧了高成本范式的生存困境。

第七章　日本农产品化学残留制度演进及对中国输日农产品贸易的影响[1]

1978年以来,中国对日农产品出口一直保持稳步上升趋势。日本长期保持着中国食品性农产品出口的第一大市场的地位。从2006年开始,随着日本新的农产品化学残留制度由"否定列表制度"转变为"肯定列表制度",随着残留限量新标准的实施,中国输日农产品占农产品总出口的比重出现快速下降(表7-1)。

表7-1　中国农产品出口及对日农产品出口情况(单位:十亿美元)[2]

年份	中国农产品出口总额	中国农产品对日出口额	对日出口占总出口比重
1994	14.474	4.791	33.10%
1995	12.897	5.262	40.80%
1996	13.296	5.345	40.20%
1997	14.171	5.314	37.50%
1998	15.459	5.457	35.30%
1999	17.046	5.523	32.40%
2000	13.997	5.543	39.60%
2001	16.221	5.612	34.60%
2002	17.886	5.813	32.50%

[1] 谨向提供给笔者日文专著与资料的东京大学教授伊藤 隆敏先生致以由衷的谢意,感谢北京工商大学科技处王沈南先生提供的专业支持与帮助,感谢北京工商大学经济学院冯中越教授、周清杰教授、孟昌教授提出的修改意见与建议。徐振宇(北京工商大学经济学院/中国食品安全研究中心)、韩禹(日本筑波大学系统信息工学研究科博士生)和祝金甫(北京工商大学经济学院)为本章的共同作者。

[2] 日本贸易振兴机构.世界贸易统计数据库[R/OL].(2002-12-15)[2016-04-20].http:// www.jetro.go.jp/cgi-bin/nats/cgi-bin/search.cgi.

年份	中国农产品出口总额	中国农产品对日出口额	对日出口占总出口比重
2003	23.661	6.341	26.80%
2004	23.889	7.812	32.70%
2005	29.247	7.926	27.14%
2006	30.569	7.734	25.30%
2007	31.012	7.921	25.60%
2008	40.197	6.713	16.70%
2009	39.897	6.743	16.90%
2010	49.145	7.765	15.80%
2011	50.204	7.281	14.50%

我们需要关注的基本问题是,日本农产品化学残留制度会由"否定列表制度"逐渐转变为"肯定列表制度",其制度演进的背景是什么样的? 这一重要的制度演进对中国输日农产品贸易又会产生哪些影响? 下文将主要基于日文文献和计量经济分析对以上两个基本问题进行分析。

7.1 日本农产品化学残留制度的变迁及原因

日本食品安全体系并非一蹴而就。而作为食品安全体系的重要内容,农产品化学残留制度也是长期演化的产物。任何历史上的重大变革,都有着深刻的历史背景,并与当时的国际大环境密切相关。同样,日本农产品化学残留制度的变迁,也是根据日本国内社会发展与国际环境的变化而提出的。若不深究某些过于苛刻的条款,这种发展是必然的,也是合理的。

随着日本后工业化社会的成熟,随着民众生活品质的提高和安全意识的觉醒,食品安全日益受到重视。日本《食品安全基本法》第5条规定:"要确保食品的安全,应充分考虑食品安全的国际动向和国民意见,根据科学认知采取必要措施,防止因摄取食品对国民健康构成的不良影响。"这表明,无论是在风险评估阶段还是风险管理阶段,确保食品的安全性都必须倚重科学和尊重民意。在民意方面,日益严重的"少子高龄化"是促成日本建立更严格的食品安全体系的重要因素。日本的老年人口占到总人口的20%以上,而这些老人恰恰是推进日本食品安全标准的"急先锋"。日本老人通常退休后都会享有高额的退休金,非常富有。而且日本老人在对养生的重视上也是首屈一指的,对健康食品非常推崇,愿意购买价格贵但质量好的食品,这便催生了日本安全食品市场的形成。由于老年人的人数多社会影响力大,最终左右了日本政府加速了社会向更加完善的食品安全体系的转型(田中隆一,2008)。

实际上,美国、日本和欧洲都是源于某些重大事件才真正认识到食品安全的重要性并采取行动的。最先行动的是欧洲。直接原因是1986年欧洲首现"疯牛病"(BSE)病例,引起了英国和其他欧洲国家政府的关注。欧盟在1996年与2001年提出与修订了《欧盟食品卫生相关事项基本原则》,这是世界上第一个比较完善的食品安全原则。面临食品安全问题多发的国际环境,美国在1990年就提出了《食品安全强化对策》。之后又以2001年"9·11事件"为契机提出了《生物恐怖主义法》,并借此加强了对食品安全的监督。2003年,各国疯牛病的频繁发生及21世纪以来的食品安全问题的集中暴发,促使美国最终在2011年提出《美国食品和药品管理局(FDA)食品安全现代化法》。

与欧美相比,日本当时的食品安全标准还比较宽松和粗略。在2005年之前,日本已登记或已设定残留标准的农药、兽药(350种)远少于世界上使用的农药、兽药数(700多种),而按照日方当时的规定,对于没有制定限量标准的农兽药,即使发现某种食品中含有该物质,也允许其在日本销售。由于日本大部分农产品依靠进口(60%左右),[1]对于进口食品中可能含有的这部分农兽药的监管当时尚处于失控状态。[2]这也正是日本在世纪之交集中暴发雪印事件、O157型大肠杆菌中毒事件、疯牛病和禽流感等一系列重大食品安全事件(表7-2)的重要背景,也是日本强化食品安全体系的直接诱因。

---

[1] 以上数据均来自日本食品安全委员会《いま有機農業について》(2010年)。

[2] 日本之所以能够成为中国最主要的农产品出口市场,这是重要背景。

表7-2　日本"肯定列表制度"实施前重大食品安全事件[1]

2000年6月,雪印乳制品大规模的食物中毒丑闻,4800余人受害
2001年9月,疯牛病检测。暴发后,当局用了很长时间系统评估了BSE感染。公众不满于原因的调查,担心危机会在其他领域蔓延
2002年2月,中国产冷冻蔬菜(主要是菠菜)的农药残留事件;同年4月,发生雪印违禁牛肉事件
2003年7月,日本当局宣布MAFF的下设机构买断国内疯牛病暴发之前的牛肉做焚化处理,但最终流入市场
2004年5月,日本市场发现转基因大米,疑似从中国进口

7.1.1　否定列表制度

在"肯定列表制度"出台之前,日本实行的是"否定列表制度"[2],也有中国学者称之为"限制清单制"。[3]"否定列表制度"是指将禁止的物质列在一览表中,列表之外的物质原则上不禁止的制度。而"肯定列表制度"正好相反,是原则上禁止,而将不禁止的物质作为例外标注在一览表中的制度。"否定列表制度"在日本持续使用了40多年,是对已设定认证标准的农药和食品的一种安全规制手法。2006年之前,日本只对当时世界上使用的700余种农业化学品中的350种进行了登记或制定了限量标准,而对于其进口农产品中可能含有的其余300多种农业化学品,则无明确的认证标准,从而造成了监管上的漏洞,进而威胁到本国的食品安全。

随着科技的不断进步,该认证标准已经无法满足现有的食品安全的要求。例如,即使检测出残留的农药浓度很高,但是按照"否定列表制度"的

---

❶ 日本食品安全委员会.历年食品安全评价备忘录[R/OL].(2004-12-28)[2016-04-20].http://www.fsc.go.jp/hyou-ka/index.html.

❷ "否定列表制度"源于英文"Negative List System",日文为"ネガティブリスト制度"。

❸ 其原文表述是:原则规制がない状态で、规制するものについてリスト化するもの。(在无统一标准的原则背景下,在列表内的禁止项目将受到禁止)而肯定列表制度的原文表述是:原则规制(禁止)された状态で、使用を认めるものについてリスト化するもの(在统一的禁止原则背景下,在列表之内的项目将被准许)。

要求,只要不能断定该物质明显危害身体健康,就不能停止其流通销售,而按照"肯定列表制度"的要求,只要其没有出现在列表之中,就必须被禁止。由此可见,"肯定列表制度"要严于"否定列表制度",这样既有助于消除国内外食品安全标准的差异,又有效防止国外无安全标准或者过低标准的食品进入日本市场,对于保障其国内食品和进口食品的安全都产生了积极影响。

"肯定列表制度"与"否定列表制度"的差别抛开政策背景与技术背景不谈实际上只是一个逻辑上的问题,讨论的中心是通过检测的范围与通过率的多少。"肯定列表制度"比较严格,其逻辑模型是:只允许被批准的产品进入,未被批准的与被禁的都不行。比如A、B、C三种产品,只允许A产品进入,则B、C均不能进入。相对的"否定列表制度"口子就宽松很多:除了被明令禁止的产品,其他的都可以进入。比如A、B、C三种产品,只禁止A进入,则B、C均可以进入。但"否定列表制度"也并非对产品出口国只有好处,其实施带来的另一个直接的结果是出口企业的风险会较大,原因是存在"模糊地带",就是存在所谓的"打擦边球"现象,比起在"肯定列表制度"之下一旦被批准便可以保证无风险,"否定列表制度"会造成更多的不确定风险。

7.2.2　肯定列表制度

2006年5月,日本修改《食品卫生法》的同时,"肯定列表制度"正式实行。实际上,"肯定列表制度"是日本食品规制法律体系下的一则标准,在法律上并不是独立的。早在2003年10月日本政府就已出台"暂定标准"第一草案;2004年8月,又出台了第二草案。2005年5月底"暂定标准"草案正式定稿,并上报WTO组织;同年11月,厚生劳动省正式公布了715种农药的暂定标准,同时公布了统一标准为0.01ppm。

日本实施"肯定列表制度"的法律依据是《食品卫生法2003修订案》中第

11条第3款❶。该条款可简要表述为:对于已建立最高残留限量标准的化学物质,其在食品中的含量不得超过最高残留限量标准;而对于未制定限量标准的农业化学品,其含量不得超过厚生劳动省确定的"一律标准",但经厚生劳动省确定的豁免物质可不受此限制。

根据这一条款制定的"肯定列表制度",主要包括以下三方面的内容。

第一,"豁免物质"❷,即在常规条件下其在食品中的残留对人体健康无不良影响的农业化学品。对于这部分物质,无任何残留限量要求。目前,日本确定的豁免物质有65种,主要是维生素、氨基酸、矿物质等营养性饲料添加剂及一些天然杀虫剂。

第二,对在豁免清单之外且无最大残留限量标准的农业化学品,采用"一律标准"❸,即其在食品中的含量不得超过0.01毫克/公斤。

第三,针对具体农业化学品和具体食品制定的"最大残留限量标准"。"最大残留限量标准"中包括3种类型:①在所有食品中均"不得检出(ND)"的农业化学品,共15类16种;②针对具体农业化学品和具体食品制订的"暂定标准"(provisional MRLs),共44552条;③未制定暂定标准但在"肯定列表制度"生效后仍然有效的现行标准,共9995条❹。

---

❶ 日本《食品卫生法》第11条第3款原文:"食品中含有农药(指《农药取缔法》第1条之2第1款规定的农药,下一条中相同),或者含有在《关于确保饲料安全、改善质量的法律》第2条第3款规定的、用于农林水产省所规定用途的饲料(指同条第2款规定的饲料)中添加、混合、浸泡及用其他方法使用的物,或者含有《药事法》第2条第1款规定的动物用药的成分物质(包括该物质经化学反应而生成的物质,但厚生劳动大臣确定明显无损害人身健康之虞的物质除外),其残留的量超出厚生劳动大臣在听取药事、食品卫生审议会意见后所确定的不会损害人身健康的量,不得为了销售而制造、进口、加工、使用、调理、保存、销售此类食品。但该物质残留于食品中的量的限度符合第1款食品成分规格的,不在此限。

❷ 根据《食品卫生法》修正案第11款第3段的规定,指定不会对人体健康造成不利影响的物质(豁免物质)。

❸ 根据《食品卫生法》修正案第11款第3段的规定,制订一律标准,在该标准水平下不太可能对人体健康产生不利影响(一律标准)。

❹ 日本食品安全委员会.食品に残留する農薬等に関するポジティブリスト制度品目リスト(食安発第1129002号)[R/OL].(2006-12-28)[2015-12-12].https://www.fsc.go.jp/.

从食品和农产品的角度看,"肯定列表制度"的实施在最大程度上将农业化学品中危及食品安全的所有不确定因素置于可控制的范围之内,最大限度地保护了国民的身心健康,使其免受来自食品中农药残留物质的毒害,而这一点在现代工业社会中显得尤为重要。此外,通过世贸组织关于农药及残留管理措施的通报来看,其成员国对农药的使用和残留限量额的要求也日趋严格,日本"肯定列表制度"的实施无疑也是遵循贸易国际化的要求。从食品安全规制的角度看,"肯定列表制度"的实施,既能确保本国食品和农产品生产环节的安全标准的科学性、准确性和严格性,又能保证其进出口食品和农产品的安全,从而能充分发挥食品安全标准在确保食品安全方面的支柱性作用。从进出口贸易的角度看,"肯定列表制度"制定的限量标准不仅多而且严格,能最大程度上确保进出口农产品和食品的安全,但同时也导致外国企业生产成本的增加,从而使其丧失原有的价格优势,进而导致其经营风险的加大,甚至迫使一些企业从此退出了日本市场。诚然,"肯定列表制度"中的一些标准过于苛刻,其科学性和合理性也有待商榷。尤其是"肯定列表制度"中的"一律标准",很容易为贸易保护主义者所利用,成为潜在的贸易壁垒,近年来因为此制度而引发的国际贸易争端就是其明证。这一点也引起日本政府的高度重视,成为"肯定列表制度"下一步改革的重点所在。

7.2　日本农产品化学残留制度演进对中国农产品出口的影响:描述性统计

2006年6月"肯定列表制度"正式生效,立刻就对中国农产品的出口产生了明显的影响——中国对日农产品出口出现大幅下降。据中国海关统计,2006年1~7月,中国对日本出口农产品45.4亿美元,同比减少0.04%。其中6月份中国对日本出口农产品5.96亿美元,同比减少1.31亿美元。同比下降18%。受此影响,2006年6月当月,中国对全球的农产品同比下降了1.2%,为之前六年来少有。[1]至此之后,中国农产品在2006年遭遇"寒潮"后一直呈逐年下降趋势,直到2010年才有一些回升。即便如此,距离"肯定列表制度"实施之前,特别是2005年和2006年的水平还相差很多(表7-3)。所以,事实不容否认,即肯定列表制度的确对中国农产品的出口造成了较大的负面影响。

表7-3　中国对日农产品及食品2003—2010年贸易数据[2]

年份	贸易额(US$)	贸易额 (千円)	占日本当年 总贸易量 比例	增长率 (US$合算)	增长率 (JP¥合算)
2003	6,020,656,689	698,657,500	13.9%	4.13%	-3.84%
2004	7,267,861,880	786,104,500	15.0%	20.72%	12.52%
2005	7,810,654,922	857,085,964	15.6%	7.47%	9.03%
2006	7,999,521,329	929,980,906	16.5%	2.42%	8.50%
2007	7,733,782,039	912,046,203	15.3%	-3.32%	-1.93%
2008	6,718,718,789	698,844,031	11.4%	-13.13%	-23.38%
2009	6,728,039,438	628,629,292	12.7%	0.14%	-10.05%
2010	7,853,491,551	690,541,792	13.4%	16.73%	9.85%

通过以上数据,不难发现,"肯定列表制度"出台后,各类中国输日农产品都受到了不同程度的影响,水产、果蔬类受阻尤其严重(表7-4,表7-5)。基本原因在于,中国农产品质量安全标准较日本而言还非常不完善,尤其是农、兽

---

[1] 日本贸易振兴机构.世界贸易统计数据库 [R/OL]. (2010-12-28)[2015-12-12].http://www.jet-ro.go.jp/cgi-bin/nats/cgi-bin/search.cgi.

[2] 日本贸易振兴机构.世界贸易统计数据库 [R/OL]. (2010-12-28)[2015-12-12].http://www.jet-ro.go.jp/cgi-bin/nats/cgi-bin/search.cgi.

药标准非常不完善。●所以"肯定列表制度"对中国农产品出口带来的挑战实际上是对中国现行食品安全体系的挑战。归根到底,中国农产品频遭日本退货的根本原因是日本的食品安全体系严格得近乎苛刻,而中国的却过于宽松和模糊,差距非常明显。目前中国制定了137种农药的477项残留限量标准,98种兽药的658项限量标准,有很大一部分指标达不到"肯定列表制度"的要求。2010年中国卫生部开始了食品标准的大清理,截至2011年4月,已发布172项新的国标,包括乳品安全标准68项、食品添加剂标准102项、农药残留限量标准2项(包括66种农药残留限值),废止了食品中锌、铜、铁限量标准。❷

表7-4 2003—2010年中国对日食品贸易受阻明细表(上)

年次	食品类型	水产及水产制品		肉类及肉制品		谷物及谷物制成品	蔬菜	水果
	单位:吨、万円	数 量	金额	数 量	金额	金额	金额	金额
2003		27	9653	3	1207	465	5393	5050
2004		23	8223	4	1403	331	5132	5562
2005		25	8887	5	1047	507	4422	4733
2006		126	44872	30	6327	2049	41093	39975
2007		112	39918	31	6535	2234	37733	35356
2008		124	44238	29	6139	2503	34082	34212
2009		109	38801	31	6471	2264	34931	35499
2010		107	38186	54	11402	1938	27042	30054

---

❶ 目前我国制定了137种农药和477项农药残留限量标准,98种兽药和658项限量标准,很多都不符合"肯定列表制度"的标准。以农药为例,各种农药中约有70%为有机磷农药,而有机磷农药70%有剧毒。大多数监测显示甲胺磷(有机磷农药的一种)是主要的违规农药品种。这种农药经常用于棉花和树木,因此可对附近区域的水果和蔬菜造成污染(农药飞散污染)。农民在决定在什么地块栽种水果和蔬菜时,往往并不知道甚至根本没有想过这个问题,或者他们也没有其他土地供选择。而我国尚没有相关的管制标准。

❷ 参见《中华人民共和国食品安全法》第5章,中华人民共和国卫生部《国家食品安全标准》。

表7-5　2003—2010年中国对日食品贸易受阻明细表(下)[1]

年次	食品类型	咖啡、茶及香料	速冻食品类	杂食干果类	其他食品
	单位:万円	金额	金额	金额	金额
2003		2298	877	482	6266
2004		2108	775	411	5343
2005		2066	786	431	5603
2006		9971	3868	2243	29159
2007		9504	3801	1995	25935
2008		10789	4021	2147	27911
2009		9023	3592	1930	25090
2010		9313	3707	1890	24570

尽管中国食品安全标准有了显著的提升,但与日本相比还是捉襟见肘。自从"肯定列表制度"2006年5月29日实施开始至同年8月22日,中国出口日本的农产品共被检测出120批次不合格,这些被检测超标的农产品包括油菜、木耳、甜豌豆、蜂花粉、鳗鱼、泥鳅、银耳、花生、乌龙茶和虾等。[2]至于不合格的原因多为农、兽药残留超标,微生物超标和添加剂使用问题。直到如今,这些受阻产品的种类和原因依然是出口受阻的大项(图7-5,图7-6,表7-6)。

[1] 日本海关.日本向うの農産品不合格公表[R/OL].(2006-12-30)[2015-01-12].http://www.customs.go.jp/.

[2] 日本总务省统计局.国际贸易相关统计数据库[R/OL].(2010-12-28)[2016-04-12].http://www.stat.go.jp/data/ni-hon/15.htm.

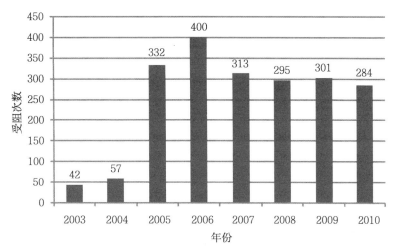

图7-5　2003—2010年中国对日食品贸易受阻次数图[1]

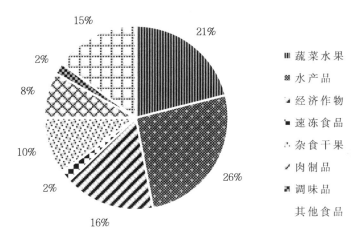

图7-6　2003—2010年中国对日食品贸易受阻结构图[2]

[1]日本食品安全委员会.食品安全内容报告[R/OL].(2010-12-30)[2015-01-12].http://www.fsc.go.jp/monitor/in-dex.html.

[2]日本食品安全委员会.食品安全信息 [R/OL].(2010-12-30)[2015-01-12].http://www.fsc.go.jp/fsciis/food-SafetyMaterial/search.

表7-6 2003—2010年中国对日贸易受阻原因表[1]

原因/年份	2003	2004	2005	2006	2007	2008	2009	2010
农兽药	○	○	○	○	○	○	○	○
添加剂	○		○	○	○	○	○	○
微生物			○	○	○	○	○	○
发霉、变质、异物	○		○	○	○	○	○	○
重金属				○	○		○	○
抗生素	○	○						
贝毒素			○		○	○	○	○
二氧化硫			○	○		○	○	○
氯霉素								
三唑磷				○	○			
甲胺磷				○				
黄曲霉素			○			○		○
河豚毒素								○
一氧化碳								○
过氧化苯甲酰		○						
亚铁氰化钾					○			
禽流感		○						
转基因			○			○		
放射性物质			○			○	○	

7.3 日本的农产品化学残留制度演进对中国农产品出口的影响:计量分析

为便于定量分析"肯定列表制度"的实施对中国农产品出口的影响,我们截取2003年1季度至2012年1季度的数据(表7-7),通过Eview软件进行了OLS回归分析,其数学模型为

[1]日本食品安全委员会.食品安全信息[R/OL].(2010-12-30)[2015-01-12].http://www.fsc.go.jp/fsciis/food-SafetyMaterial/search.

$$\ln JE = \alpha + \beta \ln GDP + \gamma DD + \mu$$

式中,JE是中国对日农产品出口金额,衡量农产品对日出口状况;GDP是日本的国内生产总值,体现日本的宏观经济形势和进口消费能力;DD是设立的虚拟变量,用以检测"肯定列表制度"的影响。

表7-7　2003年1季度至2012年1季度数据　单位:十亿美元[1][2]

时间	对日农产品出口金额	日本名义GDP
2003年第1季	6.024	4323.331
2003年第2季	6.332	4417.251
2003年第3季	6.645	4511.272
2003年第4季	6.912	4578.371
2004年第1季	7.257	4605.962
2004年第2季	7.401	4592.972
2004年第3季	7.215	4599.452
2004年第4季	7.257	4596.302
2005年第1季	7.212	4552.432
2005年第2季	7.369	4504.986
2005年第3季	7.219	4457.047
2005年第4季	7.392	4410.233
2006年第1季	7.229	4362.659
2006年第2季	7.413	4366.413
2006年第3季	6.086	4370.827
2006年第4季	6.779	4774.011
2007年第1季	7.173	4377.394
2007年第2季	7.248	4503.482
2007年第3季	7.322	4628.495
2007年第4季	6.977	4754.398

❶世界银行数据库.对日农产品出口金额[EB/OL].(2012-12-30)[2016-04-22].http://data.worldbank.org.cn/.

❷日本贸易振兴机构.世界贸易统计数据库 [R/OL].(2010-12-28)[2015-12-12].http://www.jet-ro.go.jp/cgi-bin/nats/cgi-bin/search.cgi.

续表

时间	对日农产品出口金额	日本名义GDP
2008 年第 1 季	6.912	4879.826
2008 年第 2 季	6.732	4918.154
2008 年第 3 季	6.754	4956.412
2008 年第 4 季	6.732	4994.724
2009 年第 1 季	6.736	5032.298
2009 年第 2 季	7.013	5059.663
2009 年第 3 季	7.291	5086.622
2009 年第 4 季	7.571	5212.884
2010 年第 1 季	7.852	5458.824
2010 年第 2 季	7.976	5562.622
2010 年第 3 季	7.952	5665.808
2010 年第 4 季	7.764	5769.428
2011 年第 1 季	7.281	5872.903
2011 年第 2 季	7.892	5899.944
2011 年第 3 季	7.121	5926.986
2011 年第 4 季	7.211	5953.098
2012 年第 1 季	7.102	5954.221

注:本表中的数据均以美元当年的时价核算。

7.3.1 检测结构性变化

假设"肯定列表制度"的实施对中国农产品对日出口额产生持续性的结构变化,为此,我们将 2003 年第 1 季度到 2012 年第 1 季度的虚拟变量 DD1 取 0;"肯定列表制度"正式实施后,2006 年第 3 季度至 2012 年第 1 季度虚拟变量 DD1 取 1,即

$$DD1 = \begin{cases} 0 & 2003 \quad Q1 - 2006 \quad Q2 \\ 1 & 2006 \quad Q3 - 2012 \quad Q1 \end{cases}$$

回归结果见表7-8:

表7-8　结构性检验回归分析结果

变量	系数	标准差	t-检验	概率
C	-1.370216	0.997389	-1.373803	0.1785
lnGDP	0.395163	0.118586	3.332294	0.0021
DD1	-0.037803	0.025846	-1.462589	0.1528
R^2	0.260353	F-检验	5.983931	
修正后的 R^2	0.216844	概率	0.005935	
D-W检验	0.718491			

修正后的 R^2 很低,说明模型拟合效果并不好,各项也都难以通过 t-检验。由此,我们可以认为"肯定列表制度"实施后,中国农产品对日出口并没有出现之前普遍预期的那种结构性下滑。

7.3.2　检验短期冲击

假设"肯定列表制度"刚实施时,对中国农产品对日出口造成短期冲击。因此,我们将2006年第3、第4季度虚拟变量DD2取1;其他时期虚拟变量DD2均取0,即

$$DD2 = \begin{cases} 0 & 其他 \\ 1 & 2006 \quad Q3-2006 \quad Q4 \end{cases}$$

回归结果见表7-9

表7-9　短期冲击检验的回归分析结果

变量	系数	标准差	t-检验	概率
C	-0.162518	0.747017	-0.217557	0.8291
ℓnGDP	0.250862	0.087858	2.855318	0.0073
DD2	-0.091541	0.04107	-2.228896	0.0325
R^2	0.314046	F-检验	7.783011	
修正后的 R^2	0.273696	概率	0.001648	
D-W检验	0.583374			

新模型修正后的 R^2 较前面有所改善,各项解释变量的回归系数符号都与预期相符, t -检验基本上较为显著,模型的 F -检验值表明模型的对数线性关系也显著。这说明该模型一定程度上可以验证"肯定列表制度"刚实施时对中国农产品对日出口产生了短期的冲击。

从上面两个模型的比较我们可以认为,"肯定列表制度"对中国农产品短期的对日出口造成一定程度的冲击,但之后未转化为结构性的变化。

7.4 日本的农产品化学残留制度演进对中国相关企业的影响

日本海关检疫机构会对进口的农产品逐批次检验,一旦发现质量问题整批产品便会遭到退货,这显然会对企业的收益造成巨大的负面影响。此外,日本对于被记录在案的企业还会采取从严检验和罚款等处罚措施,这对于出口企业的生存更是雪上加霜。[1]而且这种负面影响从来都不是针对单一个体的,而是会影响出口链条上的一系列企业——中国的生产商、出口经销商、驻日直销商等都会受到影响(图7-7)。受影响最大的往往并非肇事者,而是那些日本市场上占商品份额较大的大型企业(翁鸣,2006)。

因为一旦来自中国的产品出问题,同批次乃至同月的产品都会面临日方检查力度的提高。另外,日本食品安全委员会还会定期向全民发布进口食品现状,曝光问题产品和国家。如果暴发大的食品安全事件对于肇事国的企业来说更是毁灭性的,所以往往损失最大的是产品市场份额最大的企业。

---

[1] 依据日本《制造物责任法》41条规定:进、出口商有责任承担问题产品的义务,但零售商可以免责,除非产品的问题是由零售商造成的。

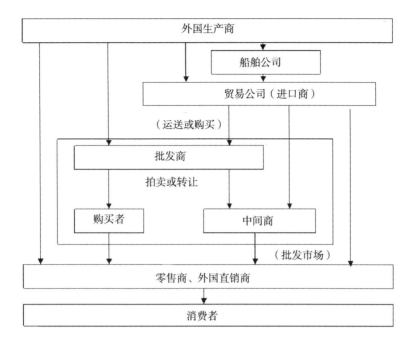

图7-7　日本进口果蔬的销售渠道[1]

在"肯定列表制度"实施之前中国的农产品遭遇退货的概率是比较低的,而且那时的日本食品安全体系也不像现在这么严格,对于中国产品质量的考量及决定是否需要退货方面,日本进口商掌握着比较大的决定权,而且在决定是否退货方面是用商业思维在考虑。那个时期成本比质量对日本进口商而言更具约束性,因为那时一旦日本方面选择退货则要负担高额的货物装船费,这通常伴随着亏损和双方合作关系的破裂。所以以商人为主导的贸易一般都会极力避免这种情况,利用食品安全标准的模糊地带打擦边球。

但自从"肯定列表制度"实施以来,以上情况一去不复返。而在这之前日本的食品安全理念已发生巨变,日本在2003年颁布的《食品安全基本法》中,以法条的形式确立了其进行食品安全规制的基本理念,即国民健康至上理念、过程化规制理念、科学与民意并举理念。这三个基本理念是指导日本食品安

---

[1] HIROJI FUJISHIMA, THEO H. JONKER, HIROSHI ITO, 2004. Food Safety and Quality Standards in Japan Compliance of Suppliers from Developing Countries[D].Agriculture and Rural Development-DiscussionPaper,TheWorldBank.

全规章制度的设计和运行的理论基础,是各个食品安全行政机关及其人员在执法中必须遵循的最高的价值准则。日本《食品安全基本法》第3条规定:"保护国民健康至关重要。要在这一基础下,采取必要的措施确保食品安全。"❶《食品安全基本法》适时地援用了《消费者保护法》❷的核心理念,并将该理念转化上升为国民健康至上理念,明确了消费者的三大基本权利:第一,购买到安全食品的权利;第二,选择安全食品的权利;第三,参加食品安全行政的权利。❸这三大基本权利又可以从以下五个方面来理解:一是确保消费者安全;二是确保消费者自主地、合理地选择安全食品的机会;三是向消费者提供必要的信息和教育机会;四是将消费者意见反映在食品安全行政中;五是当发生消费者被害事件时,能采取恰当而又及时的救济措施。❹日本以法律的形式对消费者的三大基本权利的范围和内容进行规定,从而明确了国家、食品相关企业和消费者之间的权利义务关系,更好地达到保护消费者身心健康的目的。

"肯定列表制度"实施以后,日本进口及销售企业把产品质量安全放在了高于经济利益的地位上,从而那些过去对于中国企业的通融与优待丧失殆尽,中国农产品的质量问题便渐渐浮出了水面。因为日本进口商要对产品负连带责任,所以中国农产品被退货的频率明显增加了。另外,因为农产品检测标准的增多,截至2011年初仅农、兽药两项就有540多项检查,企业在自检过程中成本也提高很多,从而中国农产品的价格优势也减少了。

日本"肯定列表制度"大大提高了农产品出口企业的出口门槛,增加了企业经营风险。极大地影响了企业的经济效益。设限数目、检测项目的大幅增加使产品出口难度加大。在"肯定列表制度"中,仅"暂定标准"涉及的农业化

---

❶ 该条的核心思想指的就是要在保障国民健康这一重要理念的指导下,确保食品的安全性,这也同样符合《BES问题调查检讨报告》中提出的从"生产者优先,轻视消费者利益"理念转为"国民健康至上理念"(也称为国民健康优先主义)的要求。

❷ 食品安全委员会:《食品の安全性に関する用語集》,行政刊行会2008年第4版。保护消费者利益理念最初是来自于日本《消费者保护法》。1981年,日本将《消费者法》改名为《消费者保护法》,以此来突出对消费者权益的根本的、确实的保护。

❸ 山口志保,1999.资料消费者の権利宣言[J].法律時報:(66)4.

❹ 神山美智子,2002.食品安全委员会は何をしているのか[J].世界,778.

学品、食品和限量标准,就分别是过去全部规定的2.8倍、1.4倍和5.6倍。每种农产品、食品涉及的残留限量标准平均为200项,有的甚至超过400项,检测项目预计将增加5倍以上。而近乎苛刻的"一律标准"无疑会使出口产品农兽药残留超标风险加大,增加企业产品出口日本的难度。[❶]检测项目增多势必会加长检验周期,而产品在口岸滞留时间越长越会增加不确定因素,很可能会使企业贻误商机。特别是对出口时令生鲜品的企业来说,更是面临着更大的经营风险。

7.5　结论与政策含义

本章分析了日本农产品化学残留制度从"否定列表制度"到"肯定列表制度"的变迁过程及其原因,并量化分析了这一变迁过程给中国农产品生产与对日出口带来的影响、挑战与契机。

日本农产品化学残留制度的变迁本质上是食品安全体系的升级,而表现为从"否定列表制度"到"肯定列表制度"的转变。而两种制度的不同具体表现为:"肯定列表制度"的检验标准更加清晰、检验程序更加严谨、检验范围更加全面、处罚措施更加严厉。这种转变是日本走向成熟社会的必然趋势,有深厚的社会基础与历史渊源,是日本食品安全体系长期发展的结果。

"肯定列表制度"实施以来,中国输日农产品的数量和金额的增长速度出现了下滑,甚至短期内出现了明显的负增长。但通过计量的回归分析笔者得出的结论是"肯定列表制度"只是对我国输日农产品出口产生了短期的影响,并没有出现结构性的影响。然而,对于我国农产品输日出口企业而言生存压力是比较大的,原因是"肯定列表制度"客观上产生的"壁垒"效应使企业的相关成本大幅增加,其惩罚措施更加严厉使得企业的经营风险也随之增加。

应对日本"肯定列表制度"的冲击,必须从问题本身入手,并从中国自身寻找答案,即必须从深入认识日本农产品化学残留制度变迁及肯定列表制度本

---

❶ 日本食品安全委员会.动植物性食品检疫公报[EB/OL].http://www.stat.go.jp/data/nihon/15.htm.

身入手,进而客观地分析其合理之处与问题所在,看准世界主流趋势,并积极地改革中国农产品及食品质量安全体系自身存在的问题。这样,既为中国食品安全体系升级带来动力,又为今后与包括日本在内的发达国家的贸易谈判赢得更多筹码。

第八章 完善我国蔬果可持续供应链治理机制的政策建议

我国所有的农产品,无论是植物性食品(如蔬、果、粮食),还是动物性食品(如肉、蛋、奶),其供应链都面临供求高度二元化的基本背景:第一,供给是高度二元化的,既有设备先进、质量安全保障水平较高的大企业控制的农场,同时又有大量设备落后、质量安全保障水平较低的农户。第二,需求也是高度二元化的,既有一些对安全农产品有较高需求的高收入群体,更有大量不愿意、不相信安全农产品或者支付不起安全农产品的中低收入群体。在这种大背景下,现实中的监管体系也在很大程度上是二元化的,最后往往向低水平看齐。我们认为,可以先实现类似"低水平覆盖"的监管和标准,然后再逐渐提升标准。第三,两个"汪洋大海",一方面是农产品生产者的汪洋大海,另一方面是农产品销售者的汪洋大海。以上三个方面的特征,决定了我国农产品(蔬果尤其如此)供应链必然会按照其特有的约束条件运行,也决定了任何从发达国家简单移植过来的经验、做法、政策都必然会失灵。不用说那些复杂透顶的HACCP体系,就是简单得多的GAP也无法在现实中运行。那些提供通过可追溯体系来强化农产品质量安全的提法和政策,在遇到以上三方面基本约束时都必然会陷于瘫痪。基于中国的基本国情,完善我国蔬果可持续供应链治理机制的政策建议如下。

8.1 改善质量安全风险分析与控制

由于面临一些难以克服的困境,我国的食品安全监管体系有时有可能加剧了食品安全的人为风险。我国食品安全监管体系面临两个基本难题:一是监管的能力不足和监管依据不够充分,表现在监管人员数量、监管人员的专业水准、监管的技术手段等方面,这主要通过强化能力建设予以克服。二是监管的动力严重不足,当前的"监管"动力主要体现在各监管部门利用其巨大的自由裁量权竞相对企业罚款,这种"监管"并非真正的监管,而是添乱。后者只能靠制度改良予以克服。这两个问题往往交织在一起,进一步加大了我国食品安全风险程度。

8.1.1　改善风险分析与控制能力建设

中国出现的众多食品安全问题,除监督管理力度不够和法规、标准不够健全及企业素质差外,一个非常重要的原因在于科技"瓶颈"的制约,包括检测手段(设备、技术、人员)、危险性评价(暴露评估)、控制技术等方面的落后。因此,应该在关键检测技术、风险评估技术、风险预警技术、风险关键控制技术等方面强化能力建设。

一项非常重要的工作,也是当务之急,就是要加快建立全国统一的农药残留监控体系建设,并切实加快农药残留国家标准制定。中国农产品农药残留超标问题严重,一个非常重要的原因是中国尚未建立起一个覆盖全国的农药残留监控体系,同时农药残留国家标准制定工作远跟不上农药产品进入市场后对农药残留检测标准的需求。因此,要加快全国农药残留监控体系的建设和农产品中农药残留国家标准制定速度(包书政、翁燕珍、黄圣男、王志刚,2012)。

8.1.2　降低质量安全的人为风险

这必须通过改良对食品供应链所有环节的风险控制和监管来降低风险。但问题在于,所有的食品安全事件往往都出现在"工作现场"(Gilliland 和 Manning,2002),一旦将食品安全风险控制措施和监管延伸到工作现场(the field),就必然会出现以下难以避免的困境:①必然需要更多的监管人员和检测人员,这意味着监管成本的直接上升；②必然意味着信息不对称的情形将更加严重，必然出现谁来监督监督者的问题，有可能会使得相关企业与监管者合谋的现象更为严重，从而使得监管过程本身失灵；③工作现场高度复杂，而且还有诸多不确定的因素。这些都导致了这样的结果：任何一种食品安全监管，无论它在逻辑上多么严密，都必须要由人去实施，从而必然出现这样那样的低效率。这就决定了，改良食品安全风险控制与监管体系，是一个非常复杂的系统工程，需要不断加强研究，不是简单通过"加强监管"就能解决的。

8.1.3　考虑国外先进经验的时空差异

由于各国的发展阶段和具体约束条件有非常大的差异，我们在学习国外尤其是发达国家的先进经验时，必须考虑到这种时空差异。

8.1.4　加强农药降解技术的科普与推广工作

如果能够加强农药降解技术在蔬果产区的科普与推广工作，蔬果的质量安全水平往往会得到显著改进。给定中国小农生产为主的现实条件，为保证必要的产量和品质，农药喷施不可避免，违禁农药喷施很难杜绝。作为一种次优的办法，就是通过农药降解技术尽量降低农药残留。实际上，很多研究成果已经指出了这一方向。❶

另一种办法是一种相对比较消极的应对办法，即假设所购买的蔬果农残

---

❶ 汪东风等(2004)发现，海带组分S4铈配合物对甲胺磷和氧化乐果农药具有非常好的降解效果，其降解率在中性条件下分别为42.9%和68.04%；杜德红等(2005)将茶叶多糖铈配合物应用于大田菠菜，有效地降低了菠菜中毒死蜱的残留量，并且半衰期缩短1.5~2.2天，安全间隔期也缩短了3.9~5.5天；冯明祥 等(2007)发现，喷施不同种类的农药，黄瓜中的农药残留相差很大，在试验的4种杀虫剂中，氯氰菊酯降解速度最快，甲氰菊酯次之，而毒死蜱和吡虫啉较慢；在杀菌剂中，甲基硫菌灵的降解速度较快，百菌清和王铜的速度较慢。在此基础上，提出在选择农药时，应根据黄瓜不同采摘时间和农药特性选择农药；陈振德 等(2008)发现，通过对小白菜、甘蓝、芹菜的叶面喷施海藻多糖稀土配合物，对其中的毒死蜱、氧化乐果敌敌畏等有机磷农药残留具有明显的降解作用；刘红玉等(2009)提出通过叶面喷施浓度为200~600mg/L的高铁酸钾溶液，可有效降低菠菜中敌敌畏、毒死蜱和乐果等有机磷农药的残留量，其中600mg/L的高铁酸钾溶液对菠菜中有机磷农药的降解效果最好，降解率可达70%以上。

是超标的,但采取简单易用低成本的办法尽量减少农残含量,如用超声波、清洗等办法,也未尝不是一种降低蔬果有害物质对人体健康损害的办法。

8.2　完善法律体系

8.2.1　尽快推动《农产品质量安全法》与《食品安全法》融合

在当代产业组织的作用下,农产品的生产、加工一体化趋势明显,农业生产管理的外延不断扩大;在当地消费倾向的推动下,居民食品消费的质量安全控制从制成品延展到原料生产,产品源头管理越来越受到重视。来自生产和消费两方面的压力,促使各国政府不得不重新调整食品质量安全管理的行政职能和机构,并将相当一批职权集中在处在食品生产源头的农业行政主管部门。加拿大、澳大利亚、德国近年来的做法就是很好的例子(中国－欧盟农业技术中心,2003)。

8.2.2　继续完善法律中关于监管体制的规定

一是要增加检测激励,这不仅需要通过降低检测成本、提高检测效率等予以保证,同时还要推进相应的配套政策与体制的改革,如全面降低过高的名义税负,使得交易能够透明化,从而使得电子化交易能够推广,不仅有利于价格、数量等交易信息的传导,也有利于质量安全信息的传导(马增俊、徐振宇、纳绍平,2011)。二是要增加对不安全农产品的制止与惩处力度,一旦发现应该销毁,而不是换个地方再卖。❶三是应该考虑改变农业行政主管部门主导蔬菜质量安全监管的体制。根据中国的法律体系,农产品与食品的"食品安全",分别由《农产品质量安全法》《食品安全法》规范。《农产品质量安全法》不仅赋予农业部门农产品质量安全生产环节监管权,而且赋予其相当一部分流通环节监

---

❶ 不过,现行体制的真正难点在于:如何能够确保不合格的蔬菜从所有市场都消失? 如何确保批发市场经营者销毁产品的权力和激励?

管权,相关法律、法规按照农产品品种规定了农产品质量安全流通环节相关部门的监管职责。换而言之,农产品质量安全流通环节并不完全适用食品安全所谓的"分段监管"原则。在这一前提之下,由工商部门承担农产品流通环节全部监管职责不仅与法律规定不符,与各有关部门的法定监管职责不符,也必将导致工商部门越权执法,相关部门执法缺位。因此,对于农产品质量安全监管工作,各有关部门应当严格按照法定权限和法定程序,切实履行法律赋予的各项职责,做到不越权、不缺位,分工协作,密切配合,加强监管(申男强,2011)。但是,让农业行政部门去监管食用农产品质量安全,显然不满足激励相容约束,因为对于农业行政部门而言,最重要的政绩莫过于产量的增产,即便其查出本地农产品有质量安全问题,也一般会采取瞒报的方式,不可能大张旗鼓地宣传本地的农产品质量安全治理措施,也就更不可能主动打击农产品质量安全问题。诸如农产品质量安全合格率,成为检验农业行政部门工业业绩的重要指标,也成为各级政府向各级人大、政协承诺的重要指标,因而,毫无疑问的是,由农业行政部门公布的农产品质量安全合格率,不仅已经非常高,而且几乎每年都有所提高,其中一个重要的原因就是自己评价自己,自己监督自己。

8.3　完善行政监管体系

8.3.1　蔬菜质量安全监管关键控制点的选择

美国食品专家 Frankl Bryanl 认为,用传统方法控制食源性疾病是失败的。当前,各国食品安全风险控制体系最重要的发展趋势是,首先确定食品安全风险的关键控制点。换而言之,食品安全监管链虽应贯穿"从农田到餐桌"的整个食品供应链,但并不等于每个环节的监管力度都应当平均配置。需要依据各地区实际情况,寻找并确定供应链和监管链中的 CCP(关键控制点),进而突出重点,抓住关键,把主力监管资源投向高风险环节(谢敏强,2008)。

关于监管(检测)点的选择,理论上,选择供应链的最末端(零售商)进行监管是最有效和最经济的。但是,鉴于我国零售商规模小且数量众多而批发商的数量相对较少的现状,选择批发市场比较合适(余浩然,2006)。与此同时,必须对零售市场尤其是连锁超市进行严格的监管。但是,考虑到技术方面的特征,即很多蔬菜从产地运到销地可能要经过数十个小时,在这数十个小时内,农药残留会自然发生降解,所以产地检测或许是不要的。南方某省农业厅某处处长曾经提及,他们曾经做过一个实验,在产地农残超标的蔬菜运到销地批发市场后就不超标了。如果再考虑到从销地批发市场到零售市场所需要时间,考虑到从消费者购买蔬菜后可能还要在冰箱放置一段时间来考虑,在产地检测或许是不妥的,甚至在销地批发市场检测也是不妥的。实际上,在销地零售终端检测是最好的办法。困难在于,零售终端数量太多,而且一旦发现也不好处理。

8.3.2　改革农药监管体系与目标定位

仅仅谈对农药采取更严格的监管措施是错误的。关键在于管什么。我们以前的监管是典型的农业部所强调的产量挂帅的思路,管的是"药效",或者说"药效优先,兼顾安全"。而发达国家则恰恰相反,是"安全第一,不论其药效",因为药效是用不着由公共权力部门来判断的,自有市场和私人判断,药效不好的农药生产企业自会关门大吉,所以没有哪个企业会去生产药效差的农药。中国农药监管体制演化的结果,或者说必然的结果,就是农药的安全性是大有问题的。

8.4　考虑差异并推动质量分级管理

我国的经济实力还难以保证现在普遍地提高食品安全水平,中国与发达国家的生活水平对食品安全的要求不同。现行的蔬菜质量安全监管还必须考虑到中国当前巨大的收入水平差异,现阶段在强调食品安全的同时应同样地重视农产品质量分级,以满足不同人群的消费需求(于冷,2004)。

　　最后,应该强化学界、业界、政界之间必要的沟通、交流与合作,以化解诸多不必要的误会和不信任,有助于提高蔬菜安全监管的效率。

附录：中国农产品批发市场发展研究报告❶

说明：为更好地总结和借鉴发展经验，推动我国批发市场体系不断完善，农业部市场与经济信息司与北京工商大学联合开展了《中国农产品批发市场发展战略》的研究，课题组先后走访调研北京、海南、湖南、河南、河北、湖北、山东、广东、江苏等省（市）的多个农产品批发市场，搜集和研究东亚、欧美及中国台湾等地的农产品市场建设文献，在广泛征求意见、逐步完善的基础上形成了《中国农产品批发市场发展研究报告》。报告在全面剖析我国农产品批发市场发展现状的基础上，找出制约农产品批发市场持续健康发展的突出问题及其深层原因，充分借鉴其他国家或地区的经验，提出促进农产品批发市场发展的政策建议，以期对贯彻落实中央精神，指导我国农产品批发市场建设，发挥积极作用。报告由北京工商大学徐振宇执笔，撰写过程中得到了安玉发教授、洪涛教授、庞毅教授的指导及梁鹏副教授的协助，感谢他们为此付出的辛勤努力。

作为改革开放和农业经营管理体制改革的重要成果，我国农产品批发市场从农贸市场与集贸市场起步，经历了20世纪70年代末至1984年的自发形成阶段、1985年至20世纪80年代末的快速发展阶段、20世纪90年代初至90年代中期的超高速增长阶段、20世纪90年代中后期的整改规范发展阶段和进入21世纪以来的由数量扩张转为以质量提升为主的阶段，经历了数量上从无到有、规模上从小到大、市场功能上逐步提升的持续快速发展历程。

随着信息技术的快速发展，信息流日益畅通，商流日益高效化，物流逐渐

---

❶ 农业部市场与经济信息司. 中国农产品批发市场发展研究报告[EB/OL]. http://bbs.pinggu.org/thread-3867971-1-1.html.

合理化,资金流的安全性、便捷性不断提高,包括产地市场、销地市场和集散地市场在内的农产品批发市场体系,在促进农业生产商品化、专业化、规模化和形成农产品大市场、大流通格局、促进农业结构调整、实现增产增收和保障城镇居民的"菜篮子""米袋子"供应等方面,都发挥了不可替代的重要作用,已成为我国农产品流通体系的枢纽、促进产销衔接的关键节点、服务产区农民的平台和保障城市居民食品供应的有效载体。

近十年来,党中央、国务院高度重视农产品市场体系建设,并将促进农产品批发市场发展作为重要任务,列入近几年的中央一号文件。2014年中央一号文件将"加强农产品市场体系建设"作为"强化农业支持保护制度"的重要部分明确提出,并要求"加快制定全国农产品市场发展规划,落实部门协调机制,加强以大型农产品批发市场为骨干、覆盖全国的市场流通网络建设,开展公益性农产品批发市场建设试点。加快发展主产区大宗农产品现代化仓储物流设施,完善鲜活农产品冷链物流体系。支持产地小型农产品收集市场、集配中心建设。启动农村流通设施和农产品批发市场信息化提升工程,加强农产品电子商务平台建设。"这表明,中央对农产品批发市场的发展定位、发展方向和发展重点都提出了明确要求。国家连续出台了包括税费减免在内的优惠政策,各级政府涉农部门在市场信息收集发布系统、电子交易平台、产后处理与储藏保鲜、质量安全检测、安全监控、垃圾处理,以及批发市场地面硬化、水电道路系统改造、交易厅棚改扩建、客户生活服务设施、管理信息系统等诸多方面给予了专项支持。

虽然如此,部分突出矛盾和问题仍然未能得到妥善解决。全面剖析我国农产品批发市场发展现状,找出制约农产品批发市场持续健康发展的突出问题及其深层原因,充分借鉴其他国家或地区的经验,给出促进农产品批发市场发展的政策建议,是切实贯彻与具体落实中央精神的重要基础,具有重要的现实意义。

一、我国农产品批发市场发展现状

(一)农产品批发市场发展机遇向好

全球主要发达经济体增长乏力,我国经济增速虽持续放缓,但仍处于新型城镇化、信息化、工业化过程中同步推进农业现代化的战略机遇期,有利于农产品批发市场的发展。

1. 国家重视农产品批发市场发展

近年来,国务院连续发布《国务院办公厅关于统筹推进新一轮"菜篮子"工程建设的意见》和《国务院办公厅关于加强鲜活农产品流通体系建设的意见》等文件,国家发展改革委、财政部、农业部、商务部、工商总局、质检总局、卫生部、国家粮食局等部委,也发布过大量支持农产品流通与批发市场建设的相关政策和意见。概括起来,相关政策大致可分为:第一,扶持鲜活农产品生产"保供应"的政策,以新一轮"菜篮子"工程明确要求各城市确保一定的蔬菜自给率为代表。第二,加强批发市场基础设施建设的政策。第三,降低农产品流通的体制性成本的政策。除效果显著的农产品"绿色通道"外,国家反复重申"大型农贸市场用电、用气、用热价格实行与工业同价","蔬菜冷链物流中的冷库用电要实行与工业用电同价","落实批发市场用地按工业用地对待政策",并要求"在一定期限内免征农产品批发市场、农贸市场城镇土地使用税和房产税。将免征蔬菜流通环节增值税政策扩大到有条件的鲜活农产品。"第四,提升农民组织化程度和议价能力的政策。除一直强调的对龙头企业的扶持和"公司+农户"外,近年来还强调对农民专业合作社、专业大户和家庭农场的优惠和支持。第五,提高弱势消费群体支付能力的政策,以对生活困难的居民在主要农产品价格上涨时发放一定的补贴(以现金或食物券等形式)等政策为代表。第六,扶持农产品物流尤其是冷链物流的政策。另外,政府还出台了减少流通环节和增加直供的政策,以"农超对接"政策为代表。

2. 充足的国家财力

当前,虽然我国经济增长速度持续放缓,但是,在国家财力充足和积极的财政政策背景下,农产品批发市场仍面临较好的发展机遇,大量的信贷资金和财政补贴,可用于批发市场基础设施建设与改造,并为农产品批发市场升级转型奠定基础。与日本、欧洲各国近年来由于财力紧张而缩减农产品批发市场的财政扶持不同,我国国家财政收支状况乐观,有实力在长期内维持对农产品批发市场的财政扶持。

3. 持续增长的消费需求

未来若干年,随着居民收入持续提升,城乡居民在数量、营养、口感、品质、方便性和安全性等方面,都对农产品流通提出了新要求,从而要求在商流、物流、信息流、资金流等流程方面,在管理、服务和运营方面,都必须发生较大转变,成为推动农产品批发市场持续快速发展的基本动力。以北京新发地农产品批发市场为例,2003年市场总成交额突破100亿元;2007年突破200亿元,2009年突破300亿元,2013年进一步增长到约500亿元人民币。

(二)市场总量保持稳定且结构有所改良

1. 批发市场总量保持稳定

改革开放以来,我国农产品批发市场的数量曾经历过高速增长期,但是,进入21世纪以来,情况开始发生变化。据国家工商行政管理总局的统计数据,2001年农产品批发市场在数量上首次出现负增长,2000年为4532个,2001年减少到4351个,减少了181个。过去十多年间,全国农产品批发市场数量稳定在4100多个至4500多个之间,总量已基本保持不变。从销售额过亿的市场看,则基本维持持续增长的态势,从2000年的1142个增长为2013年的1708个(图1和附表1),期间增长近49.56%。

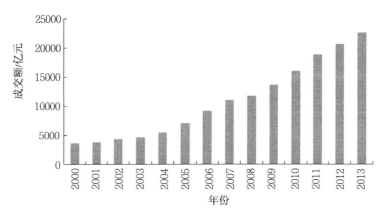

图1 2000—2013年我国亿元以上批发市场成交额变动情况[❶]

附表1 我国亿元以上批发市场的基本情况(2000—2012年)[❷]

年份	市场数(个)	成交额(亿元)	每个市场平均成交额(亿元)
2000	1142	3665	3.21
2001	1210	3830	3.17
2002	1189	4336	3.65
2003	1198	4657	3.89
2004	1213	5475	4.51
2005	1256	7079	5.64
2006	1482	9187	6.20
2007	1545	11056	7.16
2008	1551	11848	7.64
2009	1603	13690	8.54
2010	1672	16062	9.61
2011	1722	18860	10.95
2012	1759	20724	11.78
2013	1708	22621	13.24

注:市场数为综合批发市场与专业批发市场加总;为确保统计口径一致,包含部分零售市场。

❶ 国家统计局贸易外经统计司,中国商业联合会信息部,2000-2013.我国亿元以上批发市场成交额变动情况[J].中国商品交易市场统计年鉴.

❷ 国家统计局贸易外经统计司,中国商业联合会信息部,2001-2014.我国亿元以上批发市场成交额变动情况[J].中国商品交易市场统计年鉴.

2. 批发市场规模不断扩大

无论是从成交额还是市场的平均规模来看,我国农产品批发市场的规模都是不断扩大的。从所有亿元以上的农产品批发市场的总成交额看,2000年仅为3665亿元,2013年增长到22621亿元;平均每市成交额则从2000年的3.21亿元增长到2013年的13.24亿元(附图1和附图2)。

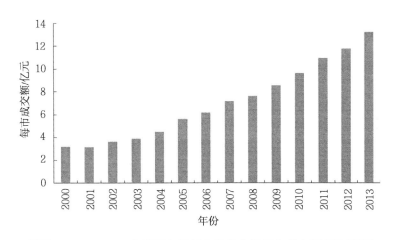

附图2　2000—2013年我国亿元以上批发市场每市成交额变动情况❶

3. 批发市场结构有所改良

首先,从专业批发市场和综合批发市场的比例变动看,结构有所改良。从附表2可以看出,在亿元以上的批发市场中,综合批发市场的个数有所减少,从2000年的820个减少到2013年的689个,在2005年曾经一度减少到539个。然而,农产品专业批发市场由2000年的322个增加到2013年的1019个,14年间增长约为2.16倍,其中肉禽蛋、水产品、蔬菜及其他农产品市场个数增长较快。专业批发市场在2008年首次超过综合批发市场,自此以后,专业批发市场快速增长成为常态,农产品批发市场专业化成为批发市场发展的重要

❶国家统计局贸易外经统计司,中国商业联合会信息部,2001-2014.我国亿元以上批发市场成交额变动情况[J].中国商品交易市场统计年鉴.

趋势。在亿元以上的农产品批发市场中,综合市场占比由2000年的72%下降到2013年的40.3%,而专业市场的占比则由28%迅速上升到59.7%。这从一个侧面反映了我国农产品批发市场的结构改良——专业化水平是衡量行业和经济发展水平的重要标志。

附表2　2000年以来我国亿元以上农产品批发市场发展情况　(单位:个)[1]

年份	综合市场	专业市场	粮油市场	肉禽蛋市场	水产品市场	蔬菜市场	干鲜果品市场	棉麻土畜烟叶	其他农产品
2000	820	322	52	23	52	123	56	16	—
2001	858	352	46	23	57	146	61	19	—
2002	834	355	41	25	65	146	57	21	—
2003	820	378	42	32	64	152	65	23	—
2004	816	397	50	29	72	157	66	23	—
2005	539	717	146	116	69	265	102	19	—
2006	811	671	86	82	110	228	119	46	—
2007	830	715	91	86	120	247	126	45	—
2008	630	921	99	111	132	280	128	25	146
2009	657	946	102	116	142	289	136	23	138
2010	691	981	109	124	150	295	147	23	133
2011	702	1020	111	114	157	313	147	34	144
2012	715	1044	111	121	160	312	147	24	169
2013	689	1019	103	134	150	312	137	22	161

其次,产地市场严重滞后于销地市场的状态也开始有所转变。近年来,中央和地方政府开始重视产地市场建设。在农业部的支持下,通过省部共建模式,已先后启动陕西洛川苹果、浙江舟山水产、甘肃定西马铃薯、江西赣南脐橙、黑龙江牡丹江木耳、湖北荆州淡水产品、云南斗南花卉、陕西眉县猕猴桃、

---

[1] 国家统计局贸易外经统计司,中国商业联合会信息部,2001-2014.我国亿元以上批发市场成交额变动情况[J].中国商品交易市场统计年鉴.

重庆(荣昌)生猪、河南信阳茶叶、大连水产市场等国家级农产品专业市场。其中部分市场已经建成并投入使用,在一定程度上优化了批发市场的结构。《农业部关于切实做好2014年农业农村经济工作的意见》强调进一步推进农产品产地市场体系建设,要求制定实施《全国农产品产地市场发展纲要》,构建国家级、区域性和农村田头市场相互补充、相互衔接的现代农产品产地市场体系,减少农产品流通损失,提高产地市场集散和辐射带动能力。与有关金融机构合作,加大国家级农产品专业市场和区域性市场建设支持力度,完善市场功能,提升运营管理水平。促进农村田头市场示范建设,选择部分省份进行试点,建设鲜活农产品的田头集货场、加工场和交易场。

(三)流通载体的硬件水平不断提高

1. 销地批发市场的硬件水平持续提升

近年来,在农业部、商务部、国家发展改革委等中央部委和地方政府的持续支持下,销地批发市场的市场信息收集发布系统、电子交易平台系统、产后处理与储藏保鲜、质量安全检测系统、安全监控系统、垃圾处理系统,以及市场地面硬化、水电道路系统改造、交易厅棚改扩建、客户生活服务设施、管理信息系统等基础设施显著改善,为批发市场实现保障供应、稳定价格、发布信息、形成价格、快速检测等功能,提升交易效率奠定了物质基础。在一些大中城市,不少销地批发市场,因城市发展、规划调整和缓解交通压力等需要而迁建郊区。这些迁建的新市场在基础设施方面普遍加大了投入,提升了档次。

2. 部分产地批发市场硬件水平有所提升

近年来,部分产地市场的基础设施也在稳步改善。调研发现,在一些地区,部分产地市场的水电道路、交易厅棚、仓储等基础设施均有所改善。部分产地的冷链体系发展水平不断提高。据海南省农业厅提供的数据,2012年海南省仅预冷库就达到184家,总库容量接近30万吨,比2008年增长了170%,

其农产品流通量占全省的60%。更重要的是,这些预冷库建设在产地(主要集中在海口、澄迈、文昌、琼海、万宁等地)且与产地市场结合在一起进行建设。

(四)流通主体的营销能力有所提升

1. 根植于农村的经纪人的营销能力持续提升

在当前中国以批发市场为枢纽的农产品流通体系中,最重要的经营主体就是高度依赖于批发市场的农产品专业经纪人。通过地缘、亲缘、业缘为基础的关系网络和互联网平台,土生土长、根植于农村的农产品经纪人及其非正式合作组织,实际上已经成为中国很多地区鲜活农产品流通的中坚和主体。在缺乏龙头企业和规范化合作社"带动"的情况下,海南等鲜活农产品主产区仍然实现了鲜活农产品的高效流通。据实地调研,其关键在于,海南省已经成长起来一批(有海南本地的,也有来自外省的)具有高度适应能力的农产品营销主体(主体是农产品经纪人),绝大多数比较成功的农产品经纪人(运销业者)都在农产品流通行业"摸爬滚打"多年,且过去多为农民或小菜贩。他们长期积累的农产品运销经验、社会网络(尤其是人脉)和关键信息,成为海南鲜活农产品流通体系中最重要的人力资本和社会资本。在湖北省公安县,大批根植于本地(不少同时也是葡萄种植专业户)的农产品经纪人主导着鲜食葡萄流通,农户与本地经纪人之间的密切的非正式合作,成为该县葡萄种植户抗衡外地商贩的重要砝码。

2. 传统经纪人借助互联网提升了营销能力

阿里研究中心通过对聚划算平台在2011年5月、2011年11月和2012年11月分别发起的"聚蕉行动""聚菜行动"和"聚果行动"等三次团购案例研究发现,传统的经纪人,由于熟悉并掌握着农产品流通链上最多的资源,一旦投身电子商务,便释放出巨大能量。这三次行动,分别有14.5万名网民帮助海南蕉农团购了520吨香蕉,4.2万网民团购了30万斤蔬菜,江浙沪、中部五省+京津地区、广东福建地区共团购11500件(约80.5吨)红富士苹果(张瑞东、陈亮,

2013）。这种新的交易模式，在缓解各地鲜活农产品滞销卖难危机的同时，也探索出一种通过基于消费者驱动的虚拟网购平台，联合传统经销商经纪人，直接无缝对接全国范围内的消费者与产地农民的供应链高效管理模式。以上案例同时表明，传统经纪人实现基于互联网、基于消费者需求驱动的电子商务交易模式转换角色，并成为新兴流通模式的中坚力量，是完全可能的。

（五）基于批发市场的新兴交易模式大量涌现

"现代"或"新兴"交易模式与"传统"交易模式之间并非此消彼长的关系，而是呈现出不同类型的交易模式互补发展、共同繁荣的良性格局。而且，很多新兴交易方式在很大程度上依赖于农产品批发市场的功能拓展。

1. 拍卖交易继续探索

拍卖交易是一种在理论上可降低交易成本的公开、公平、公正的交易方式，有利于节省交易时间，提高交易效率，并降低生产经营者的风险，也有利于形成正确的市场信息和合理的市场价格。从20世纪90年代末开始，我国已陆续有深圳福田、山东寿光、广州花卉、北京莱太花卉、上海农产品批发市场等市场尝试过拍卖交易。从目前情况来看，大多数试行拍卖交易的批发市场，要么停止拍卖交易，要么惨淡经营。我国农产品批发市场上绝大多数经销商经营规模都不大，大多数农产品在质量等级化、重量标准化、包装规范化等方面难以达到拍卖的最低要求，消费水平、商业信誉及支付手段等方面也存在一系列问题，加上在试点拍卖交易的批发市场，并行拍卖交易和对手交易，都是造成拍卖交易难以持续下去的重要原因。以上试点经验证明，大多数鲜活农产品在我国现阶段不太适合采用拍卖交易方式。目前，只有云南斗南花卉市场部分采用拍卖方式。

2. 农产品期货交易稳步发展

现货市场与期货市场并举，是一些发达国家农产品流通的重要经验。在这些国家，不仅有发达的农产品现货市场（包括批发市场），还有功能完备的农产品期货市场。现货市场(尤其是批发市场)与期货市场形成的大宗农产品价格信息被及时传递给生产者和消费者,有效地发挥着价格发现、规避风险、指导生产与调节消费等重要作用。我国现有三个商品期货交易所中,上海期货交易所上市的品种以金属和其他工业原材料为主(主要是铜、铝、锌、螺纹钢、线材、黄金、燃料油、橡胶期货等),兼做农产品和其他原材料、能源期货交易的只有大连商品交易所和郑州商品交易所。❶大量实证研究发现,我国农产品期货市场较好地发挥了价格发现和规避风险的功能。不过,从交易品种可以看出,我国农产品期货的品种数量不算太少,但基本都是粮油产品,鲜活农产品品种只有鲜鸡蛋一种,生猪期货至今尚未推出。这与美国等国期货市场的发展路径有所不同。在美国期货市场发展的早期阶段,活牛、生猪、皮毛等都曾是农产品期货的主力品种。

3. 农产品现货电子交易快速发展

随着农产品价格波幅与频率增长,企业经营风险增大,客观上产生了避险需求,而现有期货品种满足不了现货企业的需求,在需求拉动和现代信息技术推动下,订单交易、招标拍卖、远期合约交易、挂牌交易等中远期现货电子交易应运而生。农产品现货电子交易是买卖双方以电子交易平台为中心,以电子商务为手段,通过信息交换、现货电子合同订立、转让和履行,资金清算和结算,仓储、保险与物流配送,货物交割和物流配送等,广泛开展包括远期交易在内的现货交易。在风险防范比较到位(重点是确保高保证金率、高交割率,低持仓率和统一结算)的情况下,能够在有效发现价格、规避风险、获取信息、更高效地集散产品并引导农业生产等方面发挥重要作用。从2000年前后开始,蚕丝、白糖、粮食等大宗商品开始采用电子化交易方式,广西南宁蚕丝交易网、广西南宁白糖交易网等一批利用互联网进行大宗商品现货交易的批发市场涌

---

❶ 大连商品交易所交易的主要品种是大豆、豆粕、玉米、豆油、棕榈油、鲜鸡蛋等农产品,以及LL-DPE、PVC、焦炭、焦煤、铁矿石、纤维板、胶合板、聚丙烯等工业原料或能源;郑州商品交易所交易的主要品种是硬麦、强麦、白糖、PTA、棉花、菜籽油、油菜籽、菜籽粕、早籼稻、粳稻及PTA、甲醇、平板玻璃、动力煤等工业原材料或能源。

现出来。2006年5月山东寿光蔬菜电子交易市场正式开业,此后,山东金乡大蒜交易市场、山东栖霞苹果电子交易市场、北川维斯特商品交易所等农产品现货电子交易市场在全国各地迅速发展起来,北京新发地农产品批发市场股份公司也于2010年12月正式启动了北京新发地农产品电子交易中心。我国农产品现货电子交易涉及大蒜、玉米、花生、南瓜、辣椒、猪肉、普洱茶、核桃、苹果等品种。为规范引导大宗商品现货电子交易市场健康发展,国务院发布了《关于清理整顿各类交易场所切实防范金融风险的决定》(国发〔2011〕38号),各地对大宗商品现货电子交易行业进行了规范整顿,清除行业发展中产生的不利因素,确保行业持续健康有序发展。

4. 批发市场成为跨境贸易新平台

长期以来,我国农产品跨境贸易的主体是农产品进出口公司、农产品转口加工企业和国外零售集团采购企业。近些年来,随着对水果等鲜活农产品关税的大幅度降低(尤其是对泰国、中国台湾等地水果的"零关税"政策),广州江南果菜市场、湛江霞山水产批发市场、新发地农产品批发市场等一批农产品批发市场开始大规模经营农产品进出口贸易以来,情况已发生重大变化。2007年北京新发地农产品批发市场新建进口果品厅(在此之前,新发地就已经开始大规模经营进口水果),到2009年已实现进口果品交易约40亿元。另外,我国有为数不少的具有资源优势和较高品质的鲜活农产品,加上有一定的价格优势,且多在大型农产品批发市场集散,有利于国际采购方从我国扩大进口。大型农产品批发市场将在扩大我国优势农产品的国际贸易份额和提升竞争力方面发挥重要作用。据不完全统计,截至2009年,我国经过农产品批发市场实现的进出口贸易额已近300亿元(不包括粮、棉、油料作物等农产品),已成为我国农产品尤其是鲜活农产品跨境贸易重要的新兴平台。❶

5. 农产品电子商务交易异军突起

近年来,随着城乡交通、通信、互联网基础设施的普及与完善,农产品电子

---

❶ 全国城市农贸中心联合会,2010.中国农产品批发行业发展报告(2009)[M].武汉:武汉出版社.

商务的交易份额迅速扩大,以淘宝、天猫、京东、顺丰优选、一号店、中粮我买网等为代表的电子商务网站,开始加大力度介入农产品电子商务,并通过B2B、B2C、C2C等多样化的交易模式,线上线下出现互动融合,农产品流通渠道有从单一渠道(single channel)向多渠道(multi-channel)、跨渠道(cross channe)和全渠道(omin-channel)流通过渡的趋势。阿里巴巴集团研究中心根据淘宝后台数据观察发现,2012年仅阿里平台上完成的农产品交易额(GMV)就接近200亿元人民币,更重要的是,增速极快——2010年、2011年和2012年的GMV分别为37.35亿元、113.66亿元和198.61亿元。2013年阿里平台上的农产品销售继续实现高速的年度增长(增长率高达112.15%)。另外,阿里的1688平台在农产品网络批发领域进行了积极探索,2013年较2012年同比增长高达301.78%。一些地方政府加强了与电商企业合作。例如,贵州省开设的"淘宝-贵州馆""京东-贵州馆",在一定程度上提高了地方特色农产品的知名度和商品率,促进了农产品跨时空、跨地域、全天候交易。不仅所有类目的农产品的电子商务都出现高速增长,更值得注意的是,蔬菜瓜果类、肉蛋禽类等由于包装、运输不便并在传统电子商务意义上属于不容易做成的产品种类,近年来的增长速度反而是最快的。以2012年为例,海鲜/水产品、新鲜水果等鲜活农产品所占份额虽然不是太高,却是所有农产品中GWV增速最快的类目,2012年同比增幅均超过400%。就全国范围而言,从2013年开始,生鲜蔬果逐渐成为主打电商产品,同比增长仍高达194.58%。就国内著名的"遂昌模式"看,其经营的品种,最初以零食干货为主,到目前生鲜蔬果也逐渐成为遂昌的主打产品。农民网商也开始在农产品电子商务领域取得重要突破:山东省嘉祥县黄垓乡村民孟宏伟通过淘宝接到了来自迪拜的千万元大订单,他把村里养殖的500头奶牛、3000只绵羊卖到迪拜,并将年销售量做到10万头活牛羊。经过几年发展,黄垓乡周边近千家养殖场都加入了网上销售的队伍,牛羊运输与全国各地的300多个运输队达成合作,形成了一条农产品网销产业链。另外,我国涉农电子商务还涌现出包括"沙集模式""白沟模式""遂昌模式"等在内的多种成功发展模式。所有模式在便利居民生活的同时,也促进了农民增收和流通成本降低,而且还培养了农户的品牌、契约、诚信意识,有利于提升农产品质量,引导农民根据市场供求关系进行针对性的生产,增强市场竞争力。

6.“短链”零售模式不断涌现

首先,城市社区直销菜店数量有了显著增长。据各地农业部门调研,截至2011年年底,西宁市、银川市分别建设社区直销菜店306家和424家,苏州市南环桥市场组织农产品进社区活动,都在一定程度上促进了农产品零售环节的市场竞争,并解决了部分社区居民买菜不方便的问题。其次,各地连锁配送专卖企业数量有所增长。再次,“农超对接、农餐对接、农校对接、场地挂钩”等营销方式迅速发展(不过,深入调查不难发现,这些“新型”的营销方式中,有相当比例并未撇开批发市场直接对接,而是基于批发市场进行的对接)。苏州市南环桥市场探索农产品产销“农批零”“农批超”对接模式,探索蔬菜由基地通过市场配送中心直供苏州大学。另外,部分城市在城区推出“周末菜市场”。北京市郊区延庆县的农业企业带领农民专业合作社在市内的北航社区和望京社区开办周末菜市场取得成功,物美价廉的新鲜蔬菜和清晨边散步边购物的感觉,极大地满足了社区居民的购物需求,也迫使附近的超市门店不得不降低菜价。实际上,无论是社区直销菜店,连锁配送专卖企业,还是各种“对接”和“周末菜市场”,其货源大多来自农产品批发市场。

(六)批发市场的基本功能得以发挥

首先,批发市场基本实现了鲜活农产品的集散功能、价格形成功能、结算功能和仓储保管功能。例如,北京已形成大型农产品批发市场为主要集散中心、区域性批发市场为重要节点的批发市场格局;从空间结构上看,东、南、西、北方向均有分布,初步形成京西南、京东、京北三个大型农产品批发市场聚集区,各类批发市场互为补充,总体格局稳定。在全国各地,以批发市场为基础,包括农贸市场、早市、社区菜店、生鲜连锁超市、配送及网上商店等多样化的综合零售终端体系初步形成,既满足了城乡居民的基本需求,也适应了居民消费结构升级后的差别化需求。

其次,批发市场的保供稳价功能得以发挥。近年来各类农产品有形和无形市场快速发展,保障了农产品供应,丰富了城乡居民的"菜篮子",使得很多地区多年来农产品卖难滞销的状况逐步缓解。一些大型农产品批发市场、冷藏保鲜设施和网络销售平台还成为缓解鲜活农产品滞销卖难的重要抓手。北京等特大城市还建立了蔬菜政府储备和轮换机制,保证了应急条件下的市场供应。湖南衡阳长期没有建立规范的本地蔬菜市场,全市蔬菜生产受到很大制约,2011年建成专门的蔬菜产地市场后,菜农能以相对较高的价格卖出农产品,市民能以相对较低价格买到新鲜农产品,实现市民农民双赢。很多地区配套建设的冷藏保鲜设施,有利于调峰平谷、旺吞淡吐,避免鲜活农产品过于集中上市,减少价格"过山车"和"价贱伤农"现象,缓解了农民面临的市场风险。另外,前文提及的淘宝网、天猫、聚划算等互联网平台的多种鲜活农产品电子商务销售模式(包括预售、团购、体验消费、微博营销等社交网络传播,以及绿色食品的参与式保障体系等),也为缓解鲜活农产品买难卖难提供了更多方式和渠道。

最后,批发市场的辐射带动功能有所体现。批发市场在加快发展的同时,对周边相关产业的发展和农民增收的带动能力明显增强。北京的鲜活农产品批发市场体系,不仅得以有效保障城市平稳运行,也成为华北地区鲜活农产品流通网络的枢纽。深圳布吉农产品中心批发市场,经营的蔬菜、水果、粮油和土特产分别占深圳市民消费量的85%、90%、40%和65%以上,不但满足了深圳近千万居民生活所需,还辐射到华南地区,并与东南亚、南非及欧美等各地市场建立了紧密的贸易往来。建在著名的蔬菜产地的山东寿光蔬菜批发市场,其辐射带动范围远超出寿光所属的潍坊市。宁夏中宁枸杞商城除承担本县枸杞交易外,还承担了宁夏及周边省区60%以上的枸杞干果交易,成为全国性枸杞集散地。贵州遵义虾子辣椒批发市场,以其辣椒主产区优势,成为全国最大的辣椒专业批发市场之一。湖南常德市谢家铺生猪交易大市场已成为中南五省最大并辐射全国的生猪集散地之一,年生猪交易量超过80万头,交易额达

20亿元。青海每年近50%的牛和30%的羊要运至西宁周边的清真牛羊肉批发市场进行屠宰和交易。

二、我国农产品批发市场发展中的主要问题及原因

(一)我国农产品批发市场发展中的主要问题

1. 市场结构有待进一步优化

首先,销地批发市场与产地批发市场之间,大中城市的批发市场与县及县以下的批发市场之间,存在着明显的不平衡。在过去若干年内,农产品批发市场建设的"政策抓手"主要掌握在商务、发展改革委等部门,农业部门对农产品批发市场虽有支持,但支持力度偏小。这种格局在客观上导致的后果是,国家政策扶持特别是专项资金主要指向大型批发市场尤其是位于城市的批发市场,很少顾及县以下农产品市场的建设与升级。

其次,农产品批发市场在地区之间发展不平衡,中西部地区市场发展普遍滞后。北京、上海、天津、广州等东部地区不同程度的农产品批发市场重复建设导致资源浪费,而在广大西部地区,如黔北、川西南,相邻好几个县都没有一个像样的农产品批发市场。无论是建设速度和发展程度,中西部均明显落后于东部地区。据农业部2009年的一项专项调查,全国规模以上的农产品批发市场共4300多家,其中70%分布在东部地区,中、西部地区仅分别占20%和10%左右。近些年来,国家虽然强调对中西部的支持,但这一格局基本没有改变。根据2012年的统计数据,东部加上东北亿元以上的农产品专业批发市场的占比仍然超过70%,中部地区、西部地区则分别只有16.9%和12.7%(附表3)。中部粮棉油和蔬果主产区,以及西部特色农业地区的产地批发市场发展严重不足。对照我国正在实施的《全国优势农产品区域布局规划》和《全国特色农产品区域布局规划》,在很多优势农产品和特色农产品生产基地,都缺乏

有影响、有规模的批发市场,这在中西部显得尤为突出。另外,在交易手段、市场规模、场内设施、服务功能等方面,中西部地区与东部地区批发市场的差距更大。

附表3　2012年我国亿元以上农产品专业批发市场地区分布　（单位:个;%）[1]

市场类型	全国合计		东部地区		东北地区		中部地区		西部地区	
	数量	比率	数量	比率	数量	比率	数量	比率	数量	比率
农产品专业市场	1044	100	658	63.0	77	7.4	176	16.9	133	12.7
其中粮油市场	111	100	69	62.2	7	6.3	17	15.3	18	16.2
干鲜果品市场	147	100	86	58.5	13	8.8	30	20.4	18	12.2
水产品市场	160	100	125	78.1	10	6.3	18	11.3	7	4.4
蔬菜市场	312	100	189	60.6	23	7.4	55	17.6	45	14.4
肉禽蛋市场	121	100	75	62.0	6	5.0	21	17.4	19	15.7
棉麻土畜等市场	24	100	18	75.0	1	4.2	2	8.3	3	12.5
其他农产品市场	169	100	96	56.8	17	10.1	33	19.5	23	13.6

2. 部分市场的基础设施仍嫌薄弱

经过连续多轮的升级改造,我国农产品批发市场的基础设施总体上有了长足进步。但是,与城乡居民对农产品流通的需求与现代农业的要求相比,基础设施有待进一步改善。产地市场、农村市场与中西部地区的市场,更是市场

---

[1]国家统计局贸易外经统计司,中国商业联合会信息部,2013.我国亿元以上批发市场地区分布[J].中国商品交易市场统计年鉴.

体系建设中最薄弱的环节和"短板"。在这些批发市场，不仅普遍缺乏必要的冷藏保鲜设施、质量检测设施和信息收集发布设施，不少市场的交易场地都未硬化，缺乏遮阳挡雨设施，部分仍停留在马路市场和占道经营的层次。据农业部2012年的专项调研，江西省的农产品产地市场中，没有农残速测仪的占45%，不具备视频监控等安全监控系统的占56%，不具备电子结算系统的占76%，不具备冷藏保鲜设施的占91%。

3. 批发市场交易秩序尚须规范

农产品批发市场的交易秩序存在一些突出问题，主要表现在：①有些地方农产品批发市场建得过多，甚至扎堆建设，出现相当数量已建成但使用率极低甚至从未投入使用的"空壳市场"，"有场无市"与"市场间恶性竞争"并存。近年来，很多大城市都出现了不同程度的农产品批发市场重复建设问题，个别省会城市规划新建的占地面积1500亩以上农产品批发市场超过4个。北京、太原、成都等大城市，都出现了在已有大型综合农产品批发市场周边几公里方圆内，批准新建大型综合农产品批发市场的现象。合肥、武汉、长沙等大城市均有类似情况出现。由此加剧农产品批发市场为争取市场份额而展开激烈竞争，涉嫌不正当竞争，不仅给竞争各方造成较大损失，也对农产品稳定供应产生不利影响，波及上下游农产品经销商、消费者、生产者等多环节，严重影响正常经营。②部分农产品批发市场主办方涉嫌垄断。在一些城市，极少数批发市场由于地理位置、交通条件等方面的原因，占据了极不相称的批发市场份额，从而在事实上形成垄断地位。据调查，部分大型批发市场的主办方不仅对批发商和交易者收取入场费、进门费，更重要的是通过摊位或档口"招标"等形式，不断抬高批发商的经营成本，涉嫌垄断。③部分农产品批发市场仍然存在黑恶势力和欺行霸市等行为，影响批发市场正常交易秩序。④作为农产品质量安全的关键控制节点，批发市场质量安全监管仍待进一步加强。尽管很多批发市场都配有农产品质量安全检测室，但并无统一检测标准，且检测人员配备不足，更重要的是，由于检测过程需投入大量成本，而且可能丢失商户，批发市场缺乏检测动力。

4. 信息搜集发布质量有待提高

2000年农业部就提出"鼓励电子统一结算"和"加大信息服务,切实做好信息收集分析和发布工作"。过去十多年来,很多部委都试图通过各种财政专项支持农产品市场从硬件方面提升信息搜集和发布能力。农业部的农产品批发市场"升级拓展5520工程",国家发展改革委"全国农产品批发市场国债项目"、财政部"农村物流服务体系建设专项"、商务部"双百市场工程"和"农产品现代流通综合试点",均把农产品批发市场升级改造尤其是信息化建设作为重要的扶持方向。经过持续多年的升级改造,很多农产品批发市场在市场信息收集发布系统等方面的硬件水平有长足进步,信息收集与发布的能力明显提升。而且,相关信息发布的数量与范围都有巨大进步。但是,受制于体制与政策等方面的原因,信息质量却亟待提高。在很多大型批发市场,动用大量国家财政资金建设的包括电子结算体系、市场信息收集发布系统等在内的信息化系统,要么利用率低,要么干脆废弃不用,沦为"面子工程"和摆设。虽然有关网站和电视台等媒体几乎每天都发布各种鲜活农产品市场信息,但由于体制机制上的各种矛盾与冲突,其发布的信息质量明显偏低,主要表现为:第一,一般只发布价格信息,而且要么不实时,要么不准确,要么不详实。大多数农产品的批发价格,由于有品种、时点、批量等方面的差异,其实是一套有着巨大价格差异的复杂价格体系,绝不像媒体最终公布的单一批发价格信息那么简单。第二,一般不对外发布成交量信息,实际上该信息与价格同样重要。第三,无法发布鲜活农产品质量安全信息。总之,需要提高相关市场信息的真实性、透明性、准确性、实时性、全面性、详实性,以及与决策的相关性,以有助于生产经营者据以改进决策,有助于国家主管部门据以加强农产品市场监管、预警与分析。

5. 价格频繁波动且批零价差较大

近年来,我国很多城市的鲜活农产品尤其是蔬菜价格出现了大幅频繁波动现象,不仅波动品种在增加,波动频率在加大,波动幅度也有所增长,滞销卖难现象时有发生。另一方面,农产品尤其是蔬菜的批零差价有所扩大,虽然不能认为中间商获得了超额利润或"暴利",但流通成本高企却无疑是导致这种现象的基本原因,也是导致部分农产品价格波动频繁的重要原因——当然,这已经不仅是农产品批发市场本身的问题了,而是有更复杂的深层原因。

至于农户规模小、组织化程度低,经销商规模小,农业标准化水平低,流通环节多,一般被认为是中国农产品流通的基本"问题"。甚至由于专业化而导致的较长距离的运输也被认为是"问题"。但是,以上恰恰是我们政策制定与实际工作的出发点,是长期内无法回避也难以改变的"现状",似乎不能被简单归结为"问题"。

(二)出现如上问题的主要原因

1. 法律与规划明显缺失

全国已有超过四千家的大中型农产品批发市场,至今尚未出台一部完整的农产品批发市场法律❶,这是导致我国农产品批发市场问题多发的基本原因,也是农产品流通行政管理体制长期未能理顺的基本原因。由于基本法律缺失,中央政府即便能够看到问题之所在,也难以从根本上解决问题。另外,一个地区需要多少批发市场,以及建在什么地点,都需要严格、严密论证,但我国缺乏一部有权威、有硬性约束力的全国层面的农产品批发市场发展规划,各地也没有相应的规划,而且城市总体规划、商业网点规划与农产品批发市场建设之间脱节,也是造成我国批发市场交易秩序不佳的重要原因。要尽快缓解长期以来农产品批发市场任意建设、无序竞争、涉嫌垄断及近年来出现的外资控股等诸多问题,落实中央关于农产品批发市场"公益性"的要求,都迫切需要尽快出台"农产品批发市场法"或"农产品市场交易法",并尽快制定全国层面

---

❶ 1983年国务院发布的《城乡集市贸易管理办法》对农产品批发市场已大部分不能适用,修订已无法解决问题;1994年国内贸易部发布的《批发市场管理办法》在适用性也已有所变化。

的权威规划,为农产品流通与批发市场健康发展提供法治化的营商环境,也为政府管理农产品流通提供法律依据。这也是日本、韩国和中国台湾地区的基本经验。正是借助有关法律与规划,日本、韩国和中国台湾地区才得以更好地落实批发市场的公益性,得以明确政府在批发市场建设中的投入责任,得以规范交易秩序,得以确保拍卖等新兴交易方式顺利推行,也得以避免行政管理体制叠床架屋式的交叉多头管理(如日本和中国台湾地区的相关法律都明确规定,农产品流通主管部门为农业行政部门)。

2. 行政管理体系未能理顺

我国一直沿袭计划经济时期按行业划分、政出多门的农业行政管理体制,贸工农脱节,产加销分离,缺乏综合协调能力。目前,农业、商务、发展改革委、供销、工商、质检、食药等部门对农产品流通与批发市场都有一定的管理权限。例如,2014年年初的《关于进一步加强农产品市场体系建设的指导意见》是通过商务部、发展改革委、财政部、国土资源部、住房城乡建设部、交通运输部、农业部、人民银行、国资委、税务总局、银监会、保监会、国家标准委等13个部委联合发布的。在这种多头管理、政出多门的格局下,农产品流通名义上由多个政府部门共同管理,但职能分工从未明确。横向多头交叉管理影响纵向完整流通体系的形成,增加管理成本,也造成责任主体不明,信息无法共享,政策协调困难甚至互相扯皮,降低行政效能。中央政府针对农产品流通和批发市场出台的种种优惠政策难以在基层落实,多头管理也是重要原因。

3. 批发市场公益性难以落实

近年来,虽然国家政策反复强调农产品流通基础设施尤其是农产品批发市场的公益性,业界也基本达成共识。但是,如何在尊重市场资源配置中的基础性作用甚至决定性作用的前提下,考虑不同地区经济发展水平差异的基础上,实现批发市场的公益性,批发市场体现公益性的主要领域、方式、途径,以及政府应扮演的角色等基本问题,至今尚缺乏清晰定位,争论时有发生。另外,不少批发市场的管理者与投资者是同一个主体,甚至有些还以经营者或变相经营者的身份参与市场交易。这种现象在由政府管理部门或管理部门与其他单位共同筹办的批发市场中非常普遍,这种既当裁判又当球员的做法明显违背公平交易与公平竞争原则,不仅是交易秩序混乱的体制性根源,也是造成批发市场公益性难以落实的重要原因。

4. 政府投入力度有待加强

由于法律与规划缺失,行政管理体制不顺,公益性难以落实,再加上地方政府对农产品批发市场尤其是产地市场的认识存在一定的偏差,一个必然结果就是政府对农产品批发市场尤其是产地市场的投入力度严重不足。近年来,各级政府对农产品批发市场(包括产地市场)进行多方支持,但离农业现代化的要求还有很大差距,特别是在市场建设用地、贴息贷款、融资门槛、信息网络建设、质量检验检测等方面的政策扶持还很不够。就政府投入而言,由于管理农产品流通的部门过多,导致数量本来就很少的政府投入显得更加分散。与此形成鲜明对照的是,日本和中国台湾地区政府都通过专门预算对批发市场给予大量无偿资金投入,中国台湾的无偿资金投入的重点是产地市场。

5. 政策不配套且执行有偏差

长期以来,我国农产品流通和批发市场的相关政策在不同程度上存在"重投入、轻效果""重硬件、轻管理""重物轻人""重载体建设轻主体培育""重应急救急、轻统筹配套"等倾向。由于缺乏统筹、配套与协调,最后必然出现一种尴尬的结果,即重视"能力"和"硬件"建设,忽视"动力"和制度建设。重视单一的政策抓手,忽视整体的政策与制度配套。各部委各自出台政策,部委之间缺乏统筹协调。越是那些大型的农产品批发市场,就越是从各个不同的行政部门获得专项支持,一些"明星"批发市场被重复资助的现象非常普遍。而这些经费又多指向设备和硬件基础设施,而且往往在很短期限内必须支出,成为典型的"供给导向"的政策,未能充分考虑批发市场自身的真实需求。例如,虽然蔬菜和部分鲜活肉蛋产品流通环节可免缴增值税,但是批发业者仍担心税务部门"秋后算账",设法让交易价格、成交量等信息都尽可能作"模糊化"处理,使得原本可完整、及时、全面、真实记录与交易有关的绝大多数信息(包括价格信息、数量信息等在内的大量动态信息)的电子结算体系在基层被普遍闲置。从这个角度而言,很多农产品批发市场处在典型的"被升级"和"被改造"中。另外,相关政策还存在"重发布轻执行"等偏向。例如,国家已经明确的针对农产品批发市场的土地、税收、行政性事业收费等优惠政策及降低水电气热价格等政策,并没有完全落到实处。早在2008年中央一号文件《中共中央国务院关于切实加强农业基础建设进一步促进农业发展农民增收的若干意见》中,就明确要求"落实农产品批发市场建设用地按工业用地对待的政策",切实降低用地价格(2012年国务院第39号文又继续予以重申)。但是,时至今日,中央明文规定的优惠政策在基层被抵制、抵消,包括北京市在内的很多城市的农产品批发市场的土地仍处于"不合法"境地,成为历史遗留问题。一些地区用水、用电歧视性价格问题至今仍未解决。

6. 农产品流通成本很难降低

近年来,农产品批零价差大与零售价格居高不下的主要原因,除生产成本的刚性上涨外,主要在于流通成本尤其是零售环节的成本难以降低。主要原因在于:第一,城市快速扩张不利于零售基础设施建设。过去原本作为零售终端的门店,由于租金迅速上涨,也逐渐退出鲜活农产品零售业务,进一步降低了零售环节的竞争性。新建居民区的菜市场用地用房也因种种原因难以保证。第二,城乡二元体制也是导致鲜活农产品零售价格高涨的重要原因。城乡二元体制导致鲜活农产品流通从业者(尤其是蔬菜零售从业者)生活成本不断上升。由于鲜活农产品流通尤其是零售从业者必须支付不断上涨的房租、子女"借读"费、医疗等方面的费用,这些成本都必然进入蔬菜零售价格中,成为推高蔬菜零售价格的重要因素。第三,不当管制导致成本刚性增加。有关部门对鲜活农产品流通从业者从业地点的不当管制,尤其是对流动摊贩的管制和对早市过于严格的限制,也是导致鲜活农产品零售价格过快上涨的重要原因。据在北京的实地调查,凡是周边有蔬果交易活跃的早市的社区,农贸市场租金不敢轻易上调,超市菜价也不会太高,在很大程度上发挥着类似价格"定盘星"的功能。但是,近些年来,在越来越多的社区,作为方便城镇居民购买鲜活农产品特别是蔬菜的重要零售终端的早市,其发展因各种原因受到限制,不但给城镇居民生活带来不便,而且不利于繁荣市场和稳定物价。

三、农产品批发市场发展的国际经验借鉴

虽然各国农产品流通与批发市场发展模式不尽相同,但总体而言,无论是人多地少的东亚地区,还是土地丰裕的前大不列颠殖民地,抑或是处于两者之间的欧洲,但凡成熟的市场经济国家,其农产品流通与批发市场发展,基本上反映了现代农业和农产品流通的基本规律,主要经验包括如下方面。

(一)法规先行:以法律和规划为基础的法治化营商环境

通过明确严格的法律,将政府对农产品流通和批发市场的种种优惠政策通过法律形式正式确定下来,构建一个良好的法治化营商环境,而且在较长时期保持不变,是市场经济国家的通行做法。无论是东亚地区,还是在欧洲,法律和规划都在农产品流通与批发市场管理中扮演着基础性角色。

日本农产品市场流通与价格方面的法律,不仅有《批发市场法》,还有《食品流通结构改善促进法》《农产品价格稳定法》等。其中《批发市场法》对批发市场建设的基本方针、中央与地方批发市场建设计划、设立及条件审查、交易规则对批发业者的监督等都作出了明确规定。韩国的《中央批发市场法》(后改为《农水产品批发市场法》《农水产品流通及价格安定法》)的内容与日本《批发市场法》类似。在中国台湾地区,与批发市场运作和管理密切相关的法规,主要有"农产品市场交易法""农产品市场交易法施行细则""农产品批发市场管理办法""农产品贩运商辅导管理办法"等。在欧盟,批发市场上的经营行为受到法律的严格制约。任何产品的质量都必须保证符合欧盟的统一标准,包括包装规格、包装材质、运输方式,特别是卫生标准。意大利为规范农产品批

发市场的发展,出台了一系列的法律,主要包括适用于所有批发市场的 Law 125/1959、适用于州建设基金的 Law 41/1986、关于建设财政补助出资 Deliberation 31.1.92 和关于批发市场评估出资单位标准的 Decree 2.2.1990 等。在法国,基于 1953 年的法律,批发市场被规划为国家市场网络,目标是简化渠道以降低成本,透明市场交易,并提高质量。

除严密的法律外,各国政府还非常重视农产品批发市场规划,以日本和韩国政府最为典型。日本《批发市场法》对如何合理地设立和配置批发市场、如何制定发展规划都有明确规定。其中,批发市场发展规划的基本依据是,能满足 10 年内对批发市场的需要。此外,还要根据批发市场交易货物的特点,尽量做到流通合理化和高效率。批发市场发展的基本方针及中央批发市场的发展规划都需经农林水产大臣的批准,同时还要接受食品流通审议会审议;地方批发市场发展规划的制定要遵循批发市场发展的基本方针,由都道府县知事审批。都道府县在制定都道府县批发市场建设规划后,必须迅速向农林水产大臣提交,同时公布其内容。从实际执行看,起步阶段的规划从 1971 年开始,每一个计划的期限是 10 年,但实际上差不多每隔 5 年就修改一次。1971 年至 1975 年,韩国政府为改善农产品流通体系,对全国农产品批发市场进行了全面调研,制定了完善农产品流通体系的全国性整体规划。有国家公益市场网络的国家如法国、意大利,也高度重视农产品批发市场规划;英国、美国、德国等国没有国家公益市场网络,由地方政府根据当地资源、建设和发展需要来统一制定规划。

(二)体制保障:一体化的行政管理体系

在经济发达国家和地区,基本都是一体化的行政管理体系。日本农林水产省全面负责农产品的生产、加工、流通、进出口及生产资料的供应,对农业产供销实行一体化管理,综合运用经济、行政、法律等多种手段履行职能,并且能够根据经济发展的不断变化,不断地调整机构、转变职能,并取得较高的工作效率。由于政策规划、管理和措施都政出一门,很少有扯皮和不协调现象。批发市场和商品交易所主要由食品流通局管理和监督。在农林水产省中,仅负责农产品流通和消费、食品工业的监督指导及参与制定有关农产品的价格政策的"食品流通局"就多达281人。地方批发市场的管理,在都、道、府、县一般都是县知事、农政部长、园艺经济课长。在市一级一般是市长、经济部长、市场长。中央的农林省同地方政府对批发市场的布局规划、建设改造和发展,审批开设者、批发业者的资格,监督交易行为,进行业务指导,统计信息处理及执行对违法者的处罚等,都明确分工管理权限,不存在事权推诿、疏漏问题。韩国对农业实行的也是一体化的管理体制,农林部下设市场政策局,负责改善市场结构,稳定市场价格,促进加工业的发展。美国农业部的职能几乎涵盖了与农业农村相关的各个层面和从田间到餐桌的所有环节,并侧重通过方针、政策、计划、协调和执法等措施进行管理,农产品流通的行政管理权限也在农业部,其中专设农产品运销局(也有译为"农业市场服务局"或"农产品市场营销服务局",Agricultural Marketing Service)负责农产品的营销服务与有关行政管理,搜集发布重要经济信息,颁布全国通用的农产品等级标准,提供商品检验、分等、分级和证明,对鲜果蔬菜的农药残留进行随机抽样检查,直接负责督导绿色有机食品的标准与农场认定,维持公平竞争和高效率的市场经营环境。德国、法国等欧盟主要国家的农业行政管理也是典型的纵贯"从田间到餐桌"全过程的一体化行政管理体系。德国"联邦粮食、农业和林业部"市场政策司负责制定和实施农产品市场政策、市场结构和市场竞争政策、营销政策、政府补贴等,负责实施食品经济、市场规则、食品储存、关税保护等。法国"农业与农村发展部"分别由食品局和生产与贸易局来管理与农产品流通相关的事务。中国台湾地区《农产品市场交易法》第2条明确规定"本法所称主管机关:在'中央'为'行政院农业委员会'"。第4条规定"'中央主管机关'应依照'全国'农业产销方针,订定'全国'农产品产销及国际贸易计划。"第5条规定"'中央主管机关'应办理国际农业产销状况及农产品行情报道。"

(三)政策倾斜:政府对农产品批发市场的全方位扶持

在很多国家,农产品批发市场或者农产品批发商不仅是农产品流转的一个"环节",更被视为农民的"代言人"。实际上,在一些国家和地区,农产品批发市场的投资主体往往是农民及其合作组织,为农产品批发市场的建设提供土地、财政、金融等方面的政策支持,可谓顺理成章。在大多数国家和地区,一般都以法律形式将农产品批发市场列为公益性事业,并给予强有力的全方位政策扶持。

1. 投资资金支持

在很多国家,政府投入在农产品批发市场总投资中占比都较高。在日本,政府对中央批发市场和地方批发市场均有无偿资金投入,但投入资金的比例根据不同情况有所区别。新建市场,国家在房屋、仓库、场地、道路等主体设施建设费上出资五分之二;在冷暖房、电气、通信等关键设施投资上出资三分之一;在加工设施、管理事业等附属设施上出资四分之一。在改建市场上,上述项目分别出资三分之一、四分之一和五分之一。在韩国,一般情况下由政府无偿投入30%的批发市场建设资金,其余部分由地方政府出资。在中国台湾地区,政府通过安排农业预算支持乡镇农会和基层产销班建立农产品流通场所,政府机构一般占投资的40%左右。法国政府共设立了23家公益性农产品批发市场,如巴黎伦吉斯果菜批发市场是法国最大的公益性市场,当初投资10亿法郎,其中国家投资占56.85%,巴黎所在省、巴黎市政府、巴黎银行共占28.5%。欧盟每年都从财政中拨款,对改善农产品运输、储存、加工和销售的项目进行补贴,包括修建道路、码头、仓库(包括冷库)和批发市场等基础设施,此项补贴占欧盟农业基金的25%,在某些基础设施较差的地区甚至可达30%~50%。总之,各国政府的投入,虽然投入的力度和领域有所区别,但政府都不是大包大揽,而是主要指向各种公共物品和准公共物品,或许是"公益性"真谛之所在。但凡市场可以解决的领域,都交给市场。国外经验普遍表明,公益性与市场化运作并行不悖。

2. 税收优惠措施

政府在农产品生产流通各环节均给予大量的税收优惠。在美国的大多数州,不仅对初级农产品免征商品税,对所有的农产品加工食品也都免征商品税,全面体现对农产品生产、流通和加工的扶持。美国马里兰食品中心由政府投资建成,委托一个独立的管理机构管理,每年向政府交租金,但并不缴税。欧盟的情况,与美国类似。农产品同工业产品一样纳入增值税的税种征收,但在实际操作中,欧盟国家无一例外地都对农产品采取了优惠政策。通过免税、实行特别税率等,农户基本不承担纳税责任。在中国台湾地区,农产品批发市场建成后,明确由独立的市场法人统一实施运营管理,农产品进场交易的费用比较低,并规定对农产品交易实行免税政策。农产品批发市场的土地及房屋,减半征收房屋税、地价税。在日本,对农产品批发市场建设,政府不仅在贷款利率、贷款期限方面给予优惠,在税收方面也有优惠。在韩国,无论是作为公共批发市场的中央批发市场,还是农协经营的地方批发市场,抑或是企业经营的民营批发市场,都不用缴税。加拿大安大略省农产品批发市场、巴黎伦吉斯果菜批发市场内经销商虽需向政府纳税,但由于批发市场本身是公益性非营利组织,不需纳税。

3. 土地方面的优惠

在一些国家和地区,农产品批发市场的建设还享受土地等方面的优惠。1986年美国西部最大的洛杉矶蔬菜水果批发市场修建时,里根总统要求地方政府在土地上给予支持。荷兰的农产品拍卖市场能不断完善发展,政府除在税收方面给予优惠外,还在土地方面给予优惠政策支持。中国台湾《农产品市场交易法》明文规定,农产品批发市场所需的公有土地,政府应优先出租或依现值出售;所需的私有土地,由政府协助洽购或依法申请征收,并将之视为农业用地,享受优惠政策。

（四）微观组织：专业化农户主导的"合作运销"

无论是美国和西欧，还是日本、韩国、中国台湾等东亚国家或地区，其农业发展无一例外都依赖于符合国情区情的高效率农业组织，其中最为重要的莫过于专业化农户主导的"合作运销"或"共同运销"。出于农场规模、文化、城市特征、消费习惯等多原因，东亚地区的"合作运销"经验对于我国而言似乎更有借鉴价值。

在日本，主要体现为日本农协体系及其所拥有的大量农产品集货所。早在1961年，日本政府公布了《农业基本法》和《农业协同组合合并助成法》，规定基层农业协同组合和市、町、村一级的政府机关联合成立农政协议会，确定了农业协同组合在农村经济中的领导地位，各项业务也有了很大发展。农业协同组合实际上还充当着农民利益的代表、农户经营代理人和政府职能代理人的三重角色。农协在日本鲜活农产品流通中的地位非常重要。从产地阶段来看，不同的发货者发送给批发市场的发货比例中，1998年度农协系统的蔬菜发货量占总量的59.8%，水果的发货量占总量的61.6%。日本农协的合作销售能够维持良性运转，在很大程度上得益于信用合作与合作保险等极其重要的方面（这正是我国专业合作社所急缺的），因为这样可以在很大程度上实现不同业务之间的交叉补贴从而维持农协的公益性地位。实际上，韩国农协也具有类似的特征。

在台湾地区的合作运销（在台湾地区也称"共同运销"）体系中，除了特点非常突出的产销班外，还包括农会、农业合作社和合作农场。农会是依据"农会法"组建的具有法人地位的农民团体，受地方政府的分级控制。区别于一般的农业合作组织，具有经济、教育、社会、政治等多重功能。合作社与合作农场是依据"合作社法"组建的具有法人地位的农民团体。合作社一般以单一种类农产品产销的专业性业务为经营内容，如蔬菜合作社、水果合作社、花卉合作社等；合作农场的规模一般较大，成员需要具有彼此相连成片的土地，经营内容也以综合性业务为主，可以兼营生产、运销、供给等业务。至于颇具台湾特色的产销班,则是农民根据发展需要,自然结合或由农政部门辅导建立的,不具有法人地位的台湾地区基层农民组织,既是制度化的农业推广教育组织,又是现代化农业产销辅导和实施体系。产销班的主要工作内容除提供技术培训外,还开展蔬菜的销售、办理小包装的产销一元化直销,辅导产品展示促销、开拓市场。产销班的领头人很多是市场营销的能人,头脑活,门路多,有明显的带动作用。2006年年底,台湾地区各类产销班共计6159个,其中蔬果产销班数量达到4225个,占比约70%。另外,产销班还实现了"共享销售渠道,共担质量责任",将合作运销、农产品质量安全检测、可追溯、品牌化、优质优价很好地结合起来。

(五)硬件基础:与功能相匹配的完善的基础设施

与市场功能相匹配且日益完善的基础设施,也是各国农产品批发市场发展的共性经验。作为法国乃至欧洲最大的果菜批发市场,法国巴黎的伦吉斯市场年成交量在300万吨以上,拥有世界上最大的冷链系统,市场配有24小时清运中心及焚化厂、供暖设施、运输机构、银行信用保险机构及饭店等,此外,还驻有海关、邮局等机构实施现场服务,极大地方便了交易方的经营活动。荷兰的拍卖市场为买卖双方提供了良好的服务条件,除拍卖大厅外,还设有临时贮藏室、冷库、包装、运输、检疫、海关、银行、进出口代办处、宾馆等一系列设施,对花卉保鲜、包装、检疫、海关、运输、结算等环节实现一体化和一条龙服务。此外,它还具有市场研究、销售管理、促销等职能,并提供购销信息服务。高效的花卉拍卖营销体系使得花卉产品在拍卖后的24小时之内就能运抵世界80多个国家和地区的花店,不仅降低了交易成本和风险,也提高了效率。

(六)决策依据:按需提供的信息监测预警体系

无论在发达国家还是发展中国家,基本市场信息收集发布都是涉农公共服务的重要方面。在美国等发达国家,建立了由政府主导,并有协会、研究机构、大学积极参与的,从采集、分析到发布全过程的完善的农业信息监测预警体系。公开、透明、全面、真实、及时的市场信息(包括面积、产量、价格、库存、消费、贸易等产销信息),既是引导生产经营者科学决策的关键,也是政府管理与调控市场的数据基础,更是一些重要的农业出口国借以主导国际市场话语权和把持贸易主导权的重要工具,成为全球农产品市场变化的风向标。

四、促进我国农产品批发市场发展的政策建议

以"市场在资源配置中起决定性作用"和"更好发挥政府作用"为指导,以"推进国内贸易流通体制改革,建设法治化营商环境"为基本方向,按照中央关于"加强农产品市场体系建设"的战略部署,以服务"三农"、维护农民利益为宗旨,加强顶层设计,加快推进一体化行政管理体制改革,健全相关法律,加强规划指导,以提升农户与经纪人的营销能力和提升农产品流通基础设施为重点,促进政策配套与落实,强化产地市场的公益性与专业化,强化市场信息监测预警体系,坚持市场化运作,进一步提升市场功能,规范市场秩序,促进农产品批发市场持续健康发展。

(一)尽快出台、修订相关法律、规划与标准

法律和规划是农产品流通与批发市场健康发展的根基。国内外农产品批发市场立法研究不断深入,其他国家和地区尤其是东亚地区过去几十年来相关立法及修订也提供了借鉴,出台农产品批发市场法的基本条件已经具备。应尽快出台《农产品批发市场法》(或《农产品市场交易法》)。也可先行制定《农产品批发市场管理条例》或《农产品市场交易管理条例》。在此基础上,配套出台实施细则。尽快修订《中国农民专业合作社》,建议更名为《中国农民合作社法》,应鼓励合作社联合社的发展,以优惠条件允许合作社涉足农村金融、保险业务等重要涉农金融业务。应按照2014年中央1号文件"着力加强促进农产品公平交易和提高流通效率的制度建设,加快制定全国农产品市场发展

规划"的要求,加快制定相关发展规划。同时,应加强农产品流通与批发市场的相关标准和规范体系建设。

(二)全面强化对产地市场建设的财政扶持力度

今后国家对批发市场的财政扶持应以产地市场为主,以农村和中西部地区的市场为主,原因有五:①产地市场虽然与农民增收的关系最密切,但是,长期以来,政府扶持甚少,产地市场成为农产品市场的短板和最薄弱环节。②无论是从国内的最新发展趋势,还是从国外经验看,产地市场的地位都越来越重要,销地市场和中转地市场的重要性会逐渐下降。③产地市场是优势农产品产区形成与发展的重要基础。近年来,产地市场建设滞后的现象在很多优势农产品产区尤其是中西部地区的优势农产品产区比较突出,应优先支持产地市场发展,将产地市场建设作为优势农产品产区建设的重要方面。④农产品批发市场间的恶性竞争,多发生于销地市场,从某种程度上反映出一些地区销地市场投资已相对过剩,没必要继续给予这些地区农产品批发市场太多财政补贴。⑤产地批发市场尤其是果蔬类产地市场流通的产品有易腐性、季节性等特点,不少市场必须配套建设通风库、冷藏库,但每年经营时间往往很短。加之市场普遍收费标准偏低,产地市场特别是田头市场和产地集配中心建设运营投入大、收益小、回报率低、回收期长,公益性特征显著。实际上,对产地市场建设(包括交易场地硬化、冷库、初加工设施等)给予财政补贴,也是日本、韩国和我国台湾地区的成功经验。考虑到我国的实际情况,应引导产地市场向专业化方向发展,在农业部确定的优势农产品产区,应结合优势农产品产区规划统筹建设。

(三)全面落实财税、金融、土地等方面的政策

鉴于批发市场在我国农产品市场体系中的核心地位,应督促地方政府,尽快全面落实中央政府针对批发市场出台的有关优惠政策。继续重视对批发市场尤其是产地市场的政策扶持,除继续支持市场升级改造外,应在土地、税费、

融资、降低水电费等方面给予更多实质性支持。借鉴国外的普遍经验，并考虑我国结构性减税的需要，尽快推动包括鲜活农产品在内的所有农产品，从生产、加工、批发、零售所有环节均永久免征增值税，有助于提高市场信息的准确性和实时性，有助于提升农产品质量安全水平，有助于直接降低农产品价格惠及民生，也有助于促进批发业者向规模化、法人化方向发展。

（四）坚持市场化运作的前提下强化公益性

关于农产品批发市场，政府可以出资、可以给予财政补贴，但不可以干预具体的经营。东亚国家和地区的经验普遍证明，公益性与市场化运作完全可以并行不悖。在台湾地区，政府通过安排农业预算支持乡镇农会和基层产销班建立农产品流通场所，具备收购、分级、包装、储藏保鲜、统一运销等功能，政府机构一般占投资的40%左右，基本不参与经营，仅收取少量市场管理费，其他则由农会等农民团体完成投资并负责经营。日本、韩国的情况也非常类似。对于被认定为公益性市场的批发市场，国家财政应在基本建设投资方面占大头。对于被认定为半公益性市场的批发市场，国家也应在农产品质量安全监测、信息收集与发布等方面承担更多的投入责任。在农产品质量安全检测公益性试点的基础上，全面推广政府的公益性检测，至少应该在产地市场全面推广，以缓解批发市场检测动力不足的问题。在政府承担基础设施、检测、信息等方面公益性投入的背景下，鼓励社会资本大规模参与批发市场尤其是产地市场的建设，以实现批发市场的市场化运作。

（五）强化农产品市场信息监测预警体系

1. 基于电子结算推动农产品市场信息收集

应将市场信息作为最核心的公共服务，以批发市场为依托，全面强化农产品市场信息服务体系。当前，很多农产品批发市场都配备了电子统一结算体系，应在推动对所有农产品永久免除流转税的背景下，强制要求所有大型批发市场都采用电子化统一结算体系,可提高农产品市场信息搜集发布的及时性、针对性、准确性,也可以为推动交易方式创新创造条件。

2. 强化基础数据采集与发布

在全国范围选择若干产地市场与销地市场(现阶段可从农业部定点市场开始,下一阶段增加有代表性的田头市场),配备专职市场信息报告员,负责收集、报送、审核有关农产品市场相关信息,在规定期限内及时发布。实现全国主要农产品批发市场信息联网,全面解决当前市场信息不全面、不准确、不具体、不详实、不及时、不相关及涉农信息农民"看不见、听不懂、用不上"等突出问题。探索建立面向主产区农户提供定向信息服务的生产者信息服务系统。同时,建立全国性农产品信息统一发布平台,逐步形成重大信息权威发布制度,创造信息公开、透明的市场环境。

3. 建立健全市场信息深度挖掘与预测预警工作机制

应强化跨部门合作,建立制度化的部委、科研院所、大学、批发市场、协会之间的长期合作机制,加大政府购买公共服务的力度。应重视组织全国各地农业科研院所、中国社会科学院、中国科学院和相关大学联合对收集到的市场信息进行分析,并展开预测预警。将农业部、农业厅的重要分析、研究、预警等知识密集型工作建立在各地知识密集型机构的坚实基础上,而将农业行政部门解放出来从事更加宏观的工作。另外,可以考虑建立并强化农业部与国家统计局农村社会经济调查司之间的联系机制。

(六)高度重视农户和经纪人营销能力的培育

应改变过于强调农产品流通载体建设的政策思路,至少应考虑流通主体与载体并重,更加重视流通主体营销能力的培育。据我国的国情农情,应重点选择包括家庭农场和种养大户在内的专业农户、规范运行的合作社和经纪人作为营销能力培育的主要对象。从农村中土生土长的农产品经纪人,从生产领域进入流通领域,专门或兼业从事农产品运销,成为农产品流通挑大梁的中坚力量,成为促进农产品流通效率不断提高的功臣。传统经纪人,通过投身电子商务,释放出更大能量。今后应加大农村经营型实用人才的培训力度,重点提升种养大户、家庭农场、专业合作社和农村经纪人等生产经营主体获取信息、树立品牌、直销配送和田头窖储四方面经营能力。考虑到农产品经销商和经纪人对市场的敏感度,以及在农产品流通和现代农业中所发挥的关键作用,应赋予其更高的社会地位,可考虑用农产品经理人或农产品批发业者取代商贩等原有称谓。在一些比较成熟的产地,可参照我国台湾高雄国际花卉批发市场的建设经验,吸收商贩和专业农户作为批发市场的主要股东(台湾高雄国际花卉批发市场是以高雄国际花卉股份有限公司为法人代表进行运作,其中45%股东和花卉贩卖商,55%为农民)。这种股权结构决定的内部治理,可以在一定程度上改变小规模的专业农户在市场中的弱势地位,有利于提升农户的种养殖积极性,通过直接参与可有效监督批发市场的运行。另外,贩卖商作为投资人,为保持交易长期性与稳定性,也会尽量避免不良交易行为的发生,从而降低交易风险和成本。

(七)分品种有序推进新兴交易方式试点与推广

由于产业特征、交易习惯、法治等基础性条件和配套政策、措施跟不上,拍卖、现货电子交易等新兴交易方式虽大量涌现,但总体上仍处于初级阶段。应在进一步推动农产品标准化、品牌化、税费减免、推进电子化交易、提高检测效率、强化信用体系建设的前提下,通过财政补贴、税收优惠等方式支持有条件的批发市场试点委托交易,在成功的基础上示范推广。

1. 关于拍卖交易的试点与推广

综合国内外经验,较高的拍卖率除了需要诸多必备的产业条件(如农产品的标准化、规范化、等级化等)外,一个重要因素就是相关法律的有关规定(例如,日本《批发市场法》曾长期将拍卖作为唯一合法的市场内交易方式)。另外就是品种的差异性:有些品种或许更适合拍卖,有些品种不那么合适。今后要推广拍卖交易,一是要选准合适的品种,如花卉、水产品、肉类或许是比较合适的;二是相关的法律规定必须跟上;三是必备的产业条件必须满足。根据国内外经验,在花卉、水产品、生猪等被国内外经验普遍证明的少数适合推广拍卖的品种上进行试点,尽快实现部分重点批发市场从复合交易方式(对手交易与拍卖交易并行)向单一交易方式转变,以实现交易方式的必要升级。重点扶持产地市场尤其是国家级产地市场扩大拍卖交易的份额。实施方式上,可按实物现场拍卖、实物电子拍卖、远程电子拍卖、期货拍卖交易循序推进。

2. 关于期货交易品种的增加

根据2014年中央1号文件关于"健全大宗农产品期货交易品种体系"的要求,适时推出鲜活农产品期货的新品种。在鸡蛋期货成功推出之后,目前可考虑推出的品种是生猪期货或白条猪期货。下一阶段,活牛、活羊和马铃薯均可以考虑在确定品种和适当标准化的基础上推出期货品种。

3. 关于农产品电子交易与电子商务

根据2014年中央1号文件关于"加强农产品电子商务平台建设"的要求,通过改善监管等措施加快农产品电子交易和农产品电子商务的发展。鼓励产地批发市场与电子商务对接,以及物流平台建设的试点示范。

4. 鼓励多元化经营主体参与"短链"流通

推广一些城市的经验,放松城市对鲜活农产品从业者的不当管制,鼓励包括批发市场主办方和批发商在内的多元化经营主体参与"短链"流通,推动蔬菜水果等生鲜农产品低成本直接进入社区,强化农产品零售终端的竞争性,不仅便利居民消费,也能够繁荣市场和稳定物价。

参考文献

巴斯夏,2003.财产·法律与政府[M].秋风,译.贵阳:贵州人民出版社.

柏玲,王野啸,2010.肯定列表制度对我国蔬菜出口影响的研究[J].现代日本经济(1).

包书政,翁燕珍,黄圣男,等,2012.蔬菜出口产地农户农药使用行为的实证研究[J].中国农学通报(33).

曹锋杰,胡勇,2003.供应链物流在食品行业中的运用[J].商品储运与养护(6).

曾庆宏,2003.日本食品物流的信息追踪系统[J].食品与物流(8).

车卉淳,朱群芳,周学勤,2009.可持续发展框架下的首都绿色物流发展战略研究[M].北京:中国经济出版社.

陈超,罗英姿,2003.创建中国肉类加工食品供应链模型的构想[J].南京农业大学学报（1）.

陈红华,2009.我国农产品可追溯系统研究[M].北京:中国农业出版社.

陈君石,2002.国外食品安全现状对我国的启示[J].中国卫生法制(10).

陈君石,2007.我国应尽快建立食品风险分析框架[J].科学决策月刊(12).

陈君石,2009.风险评估在食品安全监管中的作用[J].农业质量标准(3).

陈锡文,邓楠,2004.食品安全战略研究[M].北京:化学工业出版社.

陈小霖,2007.供应链环境下农产品质量安全保障研究[D].南京:南京理工大学.

陈彦彦,2008.农产品质量安全法律制度研究[M].北京:中国农业大学出版社.

陈曜,2007.连续委托代理关系与供应链模型研究——安全猪肉的案例[D].厦门:厦门大学.

陈胤瑜,2006.对进出口食品风险管理的思考[J].中国检验检疫(8).

陈振德,汪东风,王文娇,2008.海藻多糖稀土配合物对蔬菜中有机磷农药的降解作用[J].生态毒理学报(2).

陈志颖,2006.无公害农产品购买意愿及购买行为的影响因素分析——以北京地区为例[J].农业技术经济(1).

程鉴冰,2008.最低质量标准政府规制研究[J].中国工业经济(2).

单吉堃,2003.从有机认证制度看中国有机农业发展[D].中国社会科学院.

德雷泽,2003.宏观经济学中的政治经济学[M].北京:经济科学出版社.

邓楠,2004.国内外食品安全法规及管理[Z].北京:中华人民共和国科学技术部,中国生物技术发展中心.

丁华,2004.供应链管理理论及其在农产品物流企业中的应用[J].中国流通经济(1).

丁建吾,赫静,2007.发达国家和地区农产品批发市场发展经验及启示[J].中国经贸导刊(17).

丁声俊,2006.国外关于"食物安全"的论述及代表性定义[J].世界农业(2).

董晓霞,黄季焜,Scott Rozelle,等,2006.北京超市发展及其周边地区农户果蔬生产和销售的特征分析[J].中国农村经济,b(11).

董晓霞,黄季焜,Scott Rozelle,等,2006.地理区位、交通基础设施与种植业结构调整研究[J].管理世界,a(9).

都韶婷,2008.蔬菜硝酸盐积累机理及其农艺调控措施研究[D].浙江大学.

杜德红,汪东风,孙继鹏,2005.茶叶多糖及其铈配合物对质粒DNA及有机磷农药的降解作用[J].中国稀土学报(1).

杜彦坤,2002.政策性金融支持农产品加工业发展的政策选择[J].农业经济问题(5).

樊永祥,刘秀梅,2006.食源性疾病控制与餐饮食品安全管理[J].国外医学(卫生学分册)(3).

方坚,朱红,赵莹,2005.浙江省蔬菜、水果农药残留检测结果分析[J].浙江预防医学(5).

方敏,2003.论绿色食品供应链的选择与优化[J].中国农村经济(4).

方炎,2002.整顿和规范市场经济次序与农业生产资料质量安全管理体系建设[J].中国农村经济(5).

方志权,2005.城市蔬菜产业综合竞争力研究[M].上海:上海财经大学出版社.

方志权,顾海英,2003.大中城市蔬菜产业链发展的现状、问题及对策[J].农业经济问题(6).

方志权,顾海英,史朝兴,2003.日本蔬菜产业发展新动向[J].中国农村经济(7).

方志权,焦必方,2002.日本鲜活农产品流通业发展新动向[J].世界农业(12).

芳川充,2008.食品的迷信——"危险""安全"信息背后隐藏的真相[M].北京:中国计量出版社.

冯明祥,陈振德,玉伟,2007.几种农药在露地黄瓜上的残留降解动态检测研究[J].农药科学与管理(5).

冯忠泽,2007.中国农产品质量安全市场准入机制研究[D].中国农业科学院.

冯忠泽,李庆江,2007.农户农产品质量安全认知及影响因素分析[J].农业经济问题(4).

福赛斯,2007.安全食品微生物学[M].北京:中国轻工业出版社.

傅泽田,刘雪,张小栓,2006.中国蔬菜产业的国际竞争力[M].北京:中国农业大学出版社.

邰红建,蒋新,2005.有机氯农药在南京市郊蔬菜中的生物富集与质量安全[J].环境科学学报(1).

戈尔,1997.前言[J].胡志军,译.寂静的春天[M].长春:吉林人民出版社.

格莱翰,1987.食品安全性[M].北京:轻工业出版社.

耿献辉,2002.食品安全与可追踪系统[J].世界农业(6).

顾晓军,谢联辉,2003.21世纪中国农药发展的若干思考[J].世界科技研究与发展(2).

郭家宏,2004.欧盟食品安全政策评述[J].欧洲研究(2).

韩纪琴,王凯,2001.南京市蔬菜产业链发展的现状、问题与对策[J].农业技术经济(2).

韩纪琴,王凯,2008.猪肉加工企业质量管理、垂直协作与企业营运绩效的实证研究[J].中国农村经济(5).

韩俊,罗丹,谢扬,2005.对提高我国食品安全水平的建议[J].科学决策(5).

何庆国,韩彩凤,吕雪辉,等,2011.餐饮业食品安全风险控制研究[J].医学动物防制(7).

何笑,2009.社会性规制的协调机制研究[D].江西财经大学.

洪涛,2000.我国蔬菜产销体制研究[J].中国农村经济(4).

洪银兴,郑江淮,2009.反哺农业的产业组织与市场组织——基于农产品价值链的分析[J].管理世界(5).

胡定寰,2005.农产品二元结构论——论超市发展对农业和食品安全的影响[J].中国农村经济(2).

胡定寰,FRED,THOMAS,2006.试论"超市+农产品加工企业+农户"新模式[J].农业经济问题(1).

胡定寰,GALE,REARDON,2006.论食品安全同农业产业化的内在联系[J].//秦富,王东阳.农业经济与科技发展研究(2005)[M].北京:中国农业出版社.

胡定寰,陈志钢,孙庆珍,等,2006.合同生产模式对农户收入和食品安全的影响——以山东省苹果产业为例[J].中国农村经济(11).

胡莲,2008.基于质量安全的农产品供应链管理及其信息平台研究[D].同济大学.

胡麦秀,谢新建,2008.日本"肯定列表制度"对中国食品出口的影响效应[J].上海经济研究(3).

胡卫中,2010.消费者食品安全风险认知的实证研究[D].浙江大学.

胡勇,2003.构筑食品的供应链管理的物流模式[J].国际商业技术:19-20.

黄诚,周日东,古有婵,2004.中山市上市蔬菜中有机磷农药残留调查[J].卫生研究(6).

黄季焜,仇焕广,白军飞,2006.中国城市消费者对转基因的认知程度、接受程度和购买意愿[J].中国软科学(2).

黄季焜,牛先芳,智华勇,等,2007.蔬菜生产和种植结构调整的影响因素分析[J].农业经济问题(7).

黄连贵,邓干生,1991.日本农协的农产品流通事业[M].北京:中华书局.

黄祖辉,刘东英,2007.我国生鲜蔬菜物流体系研究——制度、组织与交易效率[M].杭州:浙江大学出版社.

黄祖辉,吴克象,金少胜,2003.发达国家现代农产品流通体系变化及启示[J].福建论坛(经济社会版)(4).

黄祖辉,周洁红,金少胜,2004."农改超"与城市居民的农产品购买行为分析[J].浙江学刊(5).

霍丽玥,2003.蔬菜经济体系的价值链研究:南京个案[J].产业经济研究(5).

纪龙,2012.需求,结构、竞争力与中国蔬菜出口增长——基于修正的CMS模型[J].国际经贸探索(9).

贾敬敦,陈春明,2003.中国食品安全态势分析[M].北京:中国农业科学技术出版社.

蒋婉,2007.美国FDA的CGMP现场检查[M].北京:中国医药科技出版社.

焦必芳,方志权,2002.中日鲜活农产品流通体制比较研究——从生产者到消费者[M].上海:上海财经大学出版社.

金发忠,2007.农产品质量安全概论[M].北京:中国农业出版社.

卡逊,1997.寂静的春天[M].吕瑞兰,李长生,译.长春:吉林人民出版社.

孔繁涛,2008.畜产品质量安全预警研究[D].中国农业科学院.

孔祥智,张利庠,钟真,2010.中国奶业经济组织模式研究[M].北京:中国农业科技出版社.

孔祥智,钟真,乔光华,2011.安全不能有缺位——对呼和浩特市奶农与奶站的抽样调查[J].农村工作通讯(21).

寇平均,2004.北京市果蔬市场组织模式研究[M].北京:中国农业大学出版社.

冷志杰,2006.集成化大宗农产品供应链模型及其应用[M].北京:中国农业出版社.

黎继子,周德翼,刘春玲,2004.论国外食品供应链管理和食品质量安全[J].外国经济与管理(12).

李波,陆迁,1995.技术进步与农产品质量[J].农业技术经济(5).

李朝伟,陈青川,2001.食品风险分析[J].检验检疫科学(1).

李功奎,应瑞瑶,2004."柠檬市场"与制度安排——一个关于农产品质量安全保障的分析框架[J].农业技术经济(3).

李光德,2004.中国食品安全卫生社会性规制变迁的新制度经济学分析[J].当代财经(7).

李铜山,2009.食用农产品安全研究[M].北京:社会科学文献出版社.

李晓锦,2008.现代农产品物流组织模式研究[M].北京:中国农业出版社.

李应仁,2001.美国的食品安全体系(上)[J].世界农业(3).

李勇,任国元,杨万江,2004.安全农产品市场信息不对称及政府干预[J].农业经济问题(3).

廖佳眉,吕晓华,周立,2006.成都市餐饮单位食品卫生监督量化分级管理效果评价[J].现代预防医学(12).

刘成玉,2009.中国优质农业发展与农产品质量安全控制[M].成都:西南财经大学出版社.

刘东英,2005.农产品现代物流研究框架的试构建[J].中国农村经济,b(7).

刘东英,2005.生鲜食品市场上安全性需求与供给的经济学分析[J].财贸经济,a(2).

刘东英,李建平,2005.发展生鲜农产品现代物流的战略选择[J].中国流通经济(5).

刘红玉,陈振德,汪东风,2009.高铁酸钾对菠菜中3种有机磷农药残留降解的影响[J].生态毒理学报(2).

刘建华,1994.美国的农产品流通及其可借鉴经验[J].财经研究(9).

刘景红,陈玉成,2004.中国主要城市蔬菜重金属污染格局的初步分析[J]. 微量元素与健康研究(5).

刘宁,沈明浩,2007.食品毒理学[M].北京:中国轻工业出版社.

刘宁,张庆,2005.透视中国重大食品安全事件[M].北京:法律出版社.

刘为军,2006.中国食品安全控制研究[D].西北农林科技大学.

刘为军,潘家荣,丁文锋,2007.关于食品安全认识、成因及对策问题的研究综述[J].中国农村观察(4).

刘文,王菁,许建军,2005.我国流通消费领域食品安全现状及对策[J].中国食物与营养(5).

刘雯,安玉发,张浩.加强公益性建设是中国农产品批发市场发展的方向[C/OL]//"2009北京批发论坛"论文集(2009-12-01)[2015-01-09].http://cpfd. cnki.com.cn/Area/CPFDCONFArticleList-BGSY200912001.htm.

刘锡田,2002.从"不可置信威胁"到"承诺行动"——监督博弈的策略改进、意义与启发[J].财政监督(6).

刘小和,2003.澳大利亚,新西兰动植物卫生检疫与食品安全标准体系——经验和对中国的启示[J].农业经济问题(9):74-78.

刘亚平,2008.美国食品监管改革及其对中国的启示[J].中山大学学报:4.

刘亚平,2009.中国食品监管体制:改革与挑战[J].华中师范大学学报:4.

刘亚平,2011.中国食品安全的监管痼疾及其纠治——对毒奶粉卷土重来的剖析[J].经济社会体制比较,b(3).

刘亚平,2011.中国式"监管国家"的问题与反思:以食品安全为例[J].政治学研究,a(2).

刘亚平,颜昌武,2011.从"变化"走向"进步":三聚氰胺事件的启示[J].武汉大学学报(哲学社会科学版)(2).

刘长江,门万杰,刘彦军,2002.农药对土壤的污染及污染土壤的生物修复[J].农业系统科学与综合研究(4).

刘兆平,刘飒娜,马宁,2011.食品安全风险评估中的不确定性[J].中国食品卫生杂志(1).

刘志扬,2003.美国农业新经济[M].青岛:青岛出版社.

刘志扬,2004.美国农产品质量安全的几个保证对策[J].农业质量标准(6).

刘志扬,2005.应对食品安全危机:中国农产品质量安全目标与制度研究[M].青岛:青岛出版社.

刘宗林,贾建会,樊利青,2001.蔬菜中硝酸盐的危害及检测[J].食品科学(7).

柳琪,柳亦博,李倩,等,2009.我国蔬菜农药残留污染与质量监测发展概况[J].中国果菜(9).

柳琪,滕葳,2009.农药使用技术与残留危害风险评估[M].北京:化学工业出版社.

卢风君,孙世民,叶剑,2003.高档猪肉供应链中加工企业与养猪场的行为研究[J].中国农业大学学报(2).

卢风君,叶剑,孙世民,2003.大城市高档猪肉供应链问题及发展途径[J].农业技术经济(2).

卢良恕,2002.中国农业新发展和食物安全[J].卡特动态(2).

罗必良,1999.市场化过程中组织制度创新——"布吉模式"的创新价值及其对中国农产品流通体制改革的启示[M].广州:广东经济出版社.

罗必良,2003.中国农产品流通体制改革的目标模式[J].经济理论与经济管理(4).

罗必良,王玉蓉,王京安,2000.农产品流通组织制度的效率决定:一个分析框架[J].农业经济问题(8).

马增俊,2010.农产品批发市场的发展模式及定位[J].中国市场(17).

马增俊,徐振宇,纳绍平,2011.中国农产品批发市场交易技术的演化:基于激励相容视阈的研究[J].北京工商大学学报(社会科学版)(6).

毛新志,2007.转基因食品的风险及其社会控制[J].中国科技论坛(4).

冒乃和,刘波,2003.中国和德国的食品安全法律体系比较研究[J].农业经济问题(10).

美国农业部,2003.为新世纪作准备:美国粮食和农业政策[M].北京:中国农业出版社.

孟凡胜,2008.中国农产品现代物流发展研究[M].北京:中国农业出版社.

孟庆松,王键,2003.论进口食品风险管理[J].检验检疫科学(4).

米塞斯,1991.经济学的最后基础[M].夏道平,译.台北:远流出版事业股份有限公司.

闵耀良,2005.推广实施农业标准的模式选择与机制创新[J].中国农村经济(2).

闵耀良,邓红卫,2000.美国蔬菜,水果市场流通状况考察[J].中国农村经济(4).

穆月英,笠原浩三,2006.日本的蔬菜水果流通及其赢利率的调查研究[J].世界农业(2).

内斯特尔,2004.食品安全:令人震惊的食品行业真相[M].北京:社会科学出版社.

内斯特尔,2004.食品政治:影响我们健康的食品行为[M].北京:社会科学出版社.

潘家荣,2006.欧盟食品安全管理体系的特点[J].中国食物与营养(3).

潘佑找,储春荣,2007.化学农药对农产品的污染刍议[J].现代农业科技(22).

戚亚梅,韩嘉媛,2007.美国食品安全风险分析体系的运作[J].农业质量标准(S1).

钱峰燕,2005.茶叶质量安全管理问题研究——以浙江为例的理论与实证分析[D].浙江大学.

钱永忠,王芳,2008.我国农产品质量安全存在问题及成因分析[J].农业经济(2).

钱永忠,王芳,2010.国外农产品质量安全监管及法律法规[M].北京:法律出版社.

秦富,2004.欧盟食品安全管理与保障体系[J].科学决策(4).

秦富,王秀清,辛贤,2003.欧美食品安全体系研究[M].北京:中国农业出版社.

任大鹏,2009.农产品质量安全法律制度研究[M].北京:社会科学文献出版社.

任端平,潘思轶.食品安全,食品卫生与食品质量概念辨析[J].食品科学,2006(6).

任运河,吕志轩.我国蔬菜质量安全问题的综合治理机制探讨[J].东岳论丛,2009(10).

戎素云,2006.我国食品安全复合治理机制及其完善[J].财贸经济(5).

桑乃泉,2001.食品产业纵向联合、供给链管理与国际竞争力[J].中国农村经济(12).

商务部市场运行司.关于我国流通领域食品安全状况的调查报告[R/OL].(2005-03-16)[2015-02-20].http//www.mofcom.gov.cn/article/ae/ai/200503/200500300025965.shtml.

上海市人民政府,2004.上海市食用农产品安全监管暂行办法[Z].上海市人民政府令.

邵征翌,2007.中国水产品质量安全管理战略研究[D].中国海洋大学.

申男强.农产品质量安全流通环节监管应合理划定职责[N].中国工商报,2011-4-14.

石阶平,2010.食品安全风险评估[M].北京:中国农业大学出版社.

世界卫生组织,联合国粮食及农业组织,2008.食品安全风险分析:国家食品安全管理机构应用指南[M].樊永祥,译.北京:人民卫生出版社.

世界银行,2006.中国水果和蔬菜产业遵循食品安全要求的研究[M].北京:中国农业出版社.

斯密特,罗德瑞克,2006.食品安全手册[J].石阶平,译.北京:中国农业大学出版社.

宋敏,2008.中日农药管理制度比较研究[M].北京:中国农业科学技术出版社.

宋敏,南石晃明,杨瑞珍,2008.食品供给与安全性[M].北京:中国农业科学技术出版社.

宋怿,2005.食品风险分析理论与实践[M].北京:中国标准出版社.

苏昕,2007.我国农产品质量安全体系研究[D].中国海洋大学.

孙宝国,周应恒,2013.中国食品安全监管策略研究[M].北京:科学出版社.

孙君茂,2007.区域食物质量安全风险评估研究[D].中国农业科学院.

孙立勇,朱玉东,2001.美国蔬菜无土栽培技术[J].世界农业(3).

孙世民,卢风君,叶剑,2004.我国优质猪肉生产组织模式的选择[J].中国畜牧杂志(11).

孙艳华,2007.江苏省肉鸡行业垂直协作关系研究——基于农户角度[D].南京农业大学.

孙志敏,2007.中国养殖水产品质量安全管理问题研究[D].中国海洋大学.

索拉旺·威,2008.可持续供应链管理模式研究[J].中国流通经济(7).

索姗姗,2004.食品安全与政府"信息桥"角色的扮演——政府对食品安全危机的处理模式[J].南京社会科学(11).

谭晶荣,夏幸,2011."肯定列表制度"对日本福利和中国农产品对日本出口的影响[J].中国农村经济(2).

谭向勇,魏国辰,寇荣,2008.北京市主要农产品流通效率研究[M].北京:中国物资出版社.

谭向勇,辛贤,2001.中国主要农产品市场分析[M].北京:中国农业出版社.

唐贤兴,余亚梅,2009.运动式执法与中国治理的困境[J].新疆大学学报(哲学·人文社会科学版)(2).

唐勇,2003."俱乐部品"不可或缺条件下的农村经济组织制度创新——浙江省临海市上盘镇西兰花产业合作社案例研究[J].农业经济问题(9).

唐云华,2004.建立六项制度构筑首都食品安全控制体系[J].工商行政管理(7).

唐云华,2006.微生物食品安全风险评估和管理研究进展[C]// 中国科学技术协会."提高全民科学素质,建设创新型国家——2006中国科协年会论文集".

滕藏,柳琪,郭栋梁,2003.我国蔬菜病虫害的基本概况及对蔬菜安全质量的影响分析[J].食品研究与开发(5).

滕月,2008.发达国家食品安全规制风险分析及对我的启示[J].哈尔滨商业大学学报(5).

汪东风,罗轶,杜德红,2004.铈配合物对有机磷农药的降解作用[J].中国海洋大学学报(4).

汪华斌,2007.对大陆食品安全管理体系的推广与应用探索[J].品质月刊(台湾)(8).

汪普庆,2009.我国蔬菜质量安全治理机制及其仿真研究[D].华中农业大学.

王芳,陈松,钱永忠,2008.国外食品安全风险分析制度建立及特点分析[J].世界农业(9).

王锋,张小栓,穆维松,等,2009.消费者对可追溯农产品的认知和支付意愿分析[J].中国农村经济(3).

王贵松,2009.日本食品安全法研究[M].北京:中国民主法制出版社.

王贵松,2011.食品安全信息决定监管成败[J].中国改革(8).

王华书,2004.食品安全的经济分析与管理研究——对农户生产与居民消费的实证分析[D].南京农业大学.

王华书,徐翔,2004.微观行为与农产品安全——对农户生产与居民消费的分析[J].南京农业大学学报(3).

王洁,2010.供应链结构特征,机制设计与产品质量激励[J].中国工业经济(8).

王兢,梁娜,何雨竹,2010.展望我国农产品批发市场前景——2010年下半年全国基本农产品价格失控性暴涨所引发的思考[J].农业展望(12).

王凯,韩纪琴,2002.农业产业链管理初探[J].中国农村经济(5).

王可山,李秉龙,2007.食品安全问题及其规制探讨[J].现代经济探讨(4).

王可山,赵剑锋,王芳,2010.农产品质量安全保障机制研究[M].北京:中国物资出版社.

王敏,2005.中国农产品加工业创新系统与梯度战略[D].北京交通大学.

王平,2004.中国农产品贸易技术壁垒战略研究[M].北京:中国农业出版社.

王锡锌,2005.中国行政执法困境的个案解读[J].法学研究(3).

王向阳,厉为民.当代世界的可持续农业[J/OL].上海农业网,2004[2015-06-30].http://www.shac.gov.cn/hwzc/hygl/t20040224_96469.htm.

王秀清,孙云峰,2002.我国食品市场上的质量信号问题[J].中国农村经济(5).

王学真,刘中会,周涛,2005.蔬菜从山东寿光生产者到北京最终消费者流通费用的调查与思考[J].中国农村经济(4).

王耀忠,2006.外部诱因和制度变迁:食品安全监督的制度解释[J].上海经济研究(7).

王一江.提防国家伸出"掠夺之手"[N].财经时报,2005-9-19.

王瑜,应瑞瑶,2008.垂直协作与农产品质量控制:一个交易成本的分析框架[J].经济问题探索(4).

王玉环,2006.中国畜产品质量安全供给研究[D].西北农林科技大学.

王长琼,2004.绿色物流[M].北京:化学工业出版社.

王长琼,2004.绿色物流的内涵、特征及其战略价值研究[J].中国流通经济,b(3).

王志刚,2003.食品安全的认知和消费决定:关于天津市个体消费者的实证分析[J].中国农村经济(4).

王志刚,2006.市场、食品安全与中国农业发展[M].北京:中国农业科学技术出版社.

王志刚,2007.HACCP经济学:基于食品加工企业和消费者的实证研究[M].北京:中国农业科学技术出版社.

王志刚,吕冰,2009.蔬菜出口产地的农药使用行为及其对农民健康的影响——来自山东省莱阳、莱州和安丘三市的调研证据[J].中国软科学(11).

王中亮,2009.食品安全与现代企业的社会责任[J].上海经济研究(1).

威廉森,2001.治理机制[M].北京:中国社会科学出版社.

卫龙宝,卢光明,2004.农业专业合作组织对农产品质量控制的作用分析——以浙江省部分农业专业合作组织为例[J].中国农村经济(2).

卫龙宝,王恒彦,2005.安全果蔬生产者的生产行为分析[J].农业技术经济(6).

魏益民,2009.食品安全学导论[M].北京:科学出版社.

魏益民,郭波莉,赵林度,等,2009.联邦德国食品安全风险评估机构与运行机制[J].中国食物与营养(7).

魏益民,刘为军,潘家荣,2008.中国食品安全控制研究[M].北京:科学出版社.

温思美,罗必良,2001.论中国农产品市场的组织制度创新[J].学术研究(1).

温思美,杨顺江,2000.论农业产业化进程中的农产品流通体制改革[J].农业经济问题(10).

文启湘,陶伟军,2002.农产品交易治理结构转型与农业竞争力培育[J].福建论坛(社会科学版)(9).

翁鸣,2003.中国农产品质量与国际竞争力[J].中国农村经济(4).

翁鸣,2006."肯定列表制度"对我国农产品出口日本产生的影响及其对策[J].农业展望(12).

沃森,2006.食品安全化学 第2卷:食品添加剂[M].北京:中国轻工业出版社.

沃森,2010.食品安全化学 第1卷:污染物[M].北京:中国轻工业出版社.

吴迪冲,2002.关于绿色供应链的研究[J].现代生产与管理技术(2).

吴秀敏,2006.我国猪肉质量安全管理体系研究——基于四川消费者、生产者行为的实证分析[D].浙江大学.

吴永宁,2003.现代食品安全科学[M].北京:化学工业出版社.

吴永宁,陈君石,2004.食品安全关键技术重大专项:以风险分析为科学基础强化食品安全能力建设[J].全球食品安全(北京)论坛——促进食品安全技术创新建立有效的食品安全体系.

伍建平,1999.农产品市场失败与政府监管[J].中国农业大学学报(社会科学版)(3).

武春友,2001.绿色供应链管理与企业可持续发展[J].中国软科学(3).

武拉平,2002.中国农产品市场行为研究[M].北京:中国农业出版社.

夏春玉,李健生,2005.绿色物流[M].北京:中国物资出版社.

夏世钧,2008.农药毒理学[M].北京:化学工业出版社.

夏英,宋伯生,2001.食品安全保障:从质量标准体系到供应链综合管理[J].农业经济问题(11).

肖时运,2006.化学氮肥用量及有机无机复混肥对蔬菜产量和品质的影响[D].湖南农业大学.

小林康平,甲斐谕,福井清一,1998.体制转换中的农产品流通体系——批发市场机制的国际对比研究[J].菅沼圭辅,王志刚,周燕,译.北京:中国农业出版社.

谢敏,于永达,2002.对中国食品安全问题的分析[J].上海经济研究(1).

谢敏强,2008.风险控制与食品安全监管策略[J].中国食品药品监管(11).

谢明勇,陈绍军,2009.食品安全导论[M].北京:中国农业大学出版社.

信春鹰,2009.中华人民共和国食品安全法解读[M].北京:中国法制出版社.

徐柏园,2007.我国农产品质量安全管理问题分析[J].宏观经济研究(3).

徐晓新,2002.中国食品安全:问题、成因、对策[J].农业经济问题(10).

徐振宇,2010.农产品质量安全:呼唤深入的交叉研究[J].北京工商大学学报(自然科学版)(3).

徐振宇,2011.小农-企业家主导的农业组织模式:天星村葡萄业技术与市场演化[J].北京:社会科学文献出版社.

徐振宇,2014.食用农产品质量安全监管制度困局及其改进——以蔬菜质量安全监管为例[J].湖南农业大学学报(社会科学版)(1).

徐振宇,2014.中国鲜活农产品流通体系演化研究[M].北京:经济科学出版社.

徐振宇,韩禹,祝金甫,2014.日本农产品化学残留制度演进及对中国输日农产品贸易的影响[J].国际经济合作(5).

徐振宇,祝金甫,谢志华,2009.节能减排的微观基础与零售商的可持续供应链管理[J].中国零售研究(1).

徐智裕,2008.江山市区餐饮业卫生状况及整治对策[J].中国公共卫生管理(1).

许文富,2004.农产运销学[M].台北:正中书局.

薛晓源,周战超,2005.全球化与风险社会[M].北京:社会科学文献出版社.

闫华红,2007.我国产地农产商品批发市场的管理功能创新[M].北京:经济科学出版社.

严春兴,王琼,1992.农产品质量探析[J].中国农村经济(5).

颜景辰,颜廷武,2004.加强我国农产品质量安全管理的对策建议[J].中国软科学(7).

晏维龙,2004.生产商主导还是流通商主导——关于流通渠道控制的产业组织分析[J].财贸经济(5).

杨东鹏,张春荣,董民,2004.用于检测蔬菜有机磷和氨基甲酸酯类农药残留的酶抑制分光光度法研究进展[J].中国农学通报(2).

杨红娟,2008.绿色供应链管理——企业可持续发展模式[M].北京:科学出版社.

杨洁彬,王晶,王柏琴,2002.食品安全性[M].北京:中国轻工业出版社.

杨金深,2004.我国无公害蔬菜的市场价格与消费者意愿分析——基于石家庄的市场调查实证[J].中国农村经济(9).

杨金深,2005.安全蔬菜生产与消费的经济学研究[M].北京:中国农业出版社.

杨丽,2003.以风险分析为基础完善食品安全标准体系[J].世界标准信息(5).

杨明洪,2002.农业产业化经营组织形式演进:一种基于内生交易费用的理论解释[J].中国农村经济(10).

杨顺江,2004.中国蔬菜产业发展研究[M].北京:中国农业出版社.

杨顺江,谢振贤,张俊飚,等,2003.无公害蔬菜:中国蔬菜产业发展的战略选择[M].北京:中国农业出版社.

杨万江,2004.我国长江三角洲地区无公害农产品生产的经济效益分析[J].中国农村经济(4).

杨万江,2006.食品安全生产经济研究——基于农户及关联企业的实证分析[M].北京:中国农业出版社.

杨为民,2006.中国蔬菜供应链结构优化研究[D].中国农业科学院.

姚卫蓉,钱和,2005.食品安全指南[M].北京:中国轻工业出版社.

于辉,安玉发,2005.在食品供应链中实施可追溯体系的理论探讨[J].农业质量标准(3).

于冷,2004.农业标准化与农产品质量分等分级[J].中国农村经济(7).

余浩然,2006.我国城市蔬菜质量安全政府监管框架的研究[D].华中农业大学.

余晖,2007.中国政府监管体制的战略思考[J].财经问题研究(12).

俞菊生,2003.日本的农产品物流和批发市场[J].上海农村经济(4).

战明华,吴小钢,史晋川,2004.市场导向下农村专业合作组织的制度创新——以浙江台州上盘镇西兰花合作社为例[J].中国农村经济(5).

张峰,2004.信息不对称与农民在市场博弈中的弱势地位[J].理论学刊(5).

张华礼,2003.澳大利亚的食品安全管理[J].全球科技经济瞭望(4):32-33.

张京敏,杨浩雄,2008.北京绿色物流研究[M].北京:知识产权出版社.

张留征,1984.日本的农产品流通系统[J].经济问题(8).

张思华,张金隆,杜小芳,2003.发展农业与创建现代农业(食品)类企业体系的思考——兼论创建现代农业"物流"和食品"供应链"体系[J].华中农业大学学报(社会科学版)(1).

张维迎,2003.信息、信任与法律[M].北京:生活·读书·新知三联书店.

张文学,2006.食品安全环境管理[M].北京:中国环境科学出版社.

张小平,2008.浅谈卫生监督执法工作存在的问题及对策[J].中国公共卫生管理(3).

张晓山,杜志雄,檀学文,2009.可持续食品供应链:来自中国的实践[M].哈尔滨:黑龙江人民出版社.

张晓勇,李刚,张莉,2004.中国消费者对食品安全的关切——对天津消费者的调查与分析[J].中国农村观察(1).

张旭辉,2008.鲜活农产品物流与供应链管理[M].成都:西南财经大学出版社.

张永建,刘宁,杨建华,2005.建立和完善我国食品安全保障体系研究[J].中国工业经济(2).

张永志,郑纪慈,2009.重金属低积累蔬菜品种筛选的探讨[J].浙江农业科学(5).

张玉香,2005.中国农产品质量安全理论,实践与发展对策[M].北京:中国农业出版社.

张云华,2007.食品安全保障机制研究[M].北京:中国水利水电出版社.

张云华,孔祥智,罗丹,2004.安全食品供给的契约分析[J].农业经济问题(8):25-28.

张云华,孔祥智,杨晓艳,等,2004.食品供给链中质量安全问题的博弈分析[J].中国软科学(11).

张云华,马九杰,孔祥智,2004.农户采用无公害和绿色农药行为的影响因素分析——对山西、陕西和山东15县(市)的实证分析[J].中国农村经济(1).

张志勇,2008.叶菜类蔬菜农药残留防控体系研究[J].南京农业大学.

章宝根,葛佩芳,乌建国,2009.徐汇区小餐饮单位食品安全状况调查[J].中国公共卫生管理(1).

章力建,胡育骄,2011.关于农产品质量安全的若干思考[J].农业经济问题(5).

赵兵,2003.蔬菜品质学概论[M].北京:化学工业出版社.

赵根武,2009.北京市农产品质量安全追溯研究[J].北京市调查研究工作协调联席会议办公室,2008年北京市调查研究关注课题汇编(6).

赵建欣,2008.农户安全蔬菜供给决策机制研究——基于河北、山东和浙江菜农的实证[D].浙江大学.

赵建欣,张旭,张忠义,2013.质量安全视角下扩大我国蔬菜出口的对策——浙江临海西兰花出口的经验借鉴[J].对外经贸实务(1).

赵林度,2006.零售企业食品安全信息管理[M].北京:中国轻工业出版社.

赵林度,2006.零售企业食品供应链管理[M].北京:中国轻工业出版社.

赵明,刘秀萍,2007.蔬菜质量安全可追溯制度的建设与实践[J].中国蔬菜(7).

赵一夫,2008.中国生鲜蔬果物流体系发展模式研究[M].北京:中国农业出版社.

郑风田,2003.从食物安全体系到食品安全体系的调整——中国食物生产体系面临战略性转变[J].财经研究(2).

郑鹏然,周树南,1985.食品卫生工作手册[M].北京:人民出版社.

郑蓉,王朝瑾,2006.HACCP在餐饮业中应用的探讨[J].农产品加工(学刊)(8).

郑迎飞,2001.国外企业绿色供应链管理及其对我国的启示[J].外国经济与管理(12).

中国农业科学院农业质量标准与检测技术研究所,2007.农产品质量安全风险评估——原理、方法和应用[J].北京:中国标准出版社.

中国农业科学院研究生院,2008.果品质量安全与HACCP[M].北京:中国农业科学技术出版社.

中国农业科学院研究生院,2008.果品质量安全与HACCP[M].北京:中国农业科学技术出版社.

中国农业科学院研究生院,2008.农产品加工质量安全与HACCP[M].北京:中国农业科学技术出版社.

中国农业科学院研究生院,2008.鲜食蔬菜质量安全与HACCP[M].北京:中国农业科学技术出版社.

中国-欧盟农业技术中心,2003.国外农产品质量安全管理体系[M].北京:中国农业科学技术出版社.

中国商业经济学会,商务部流通产业促进中心,首都流通业研究基地,2008.绿色商业发展战略研究[M].成都:西南交通大学出版社.

中国乡镇企业及农产品加工业年鉴编辑委员会,2009.中国乡镇企业及农产品加工业年鉴(2009)[M].北京:中国农业出版社.

中华人民共和国第九届全国人民代表大会常务委员会第二十七次会议.中华人民共和国进出口商品检验法[EB/OL].(2002-04-28)[2016-03-19].http://www.gov.cn/banshi/2005-08/31/content_143975.htm.

中华人民共和国第九届全国人民代表大会常务委员会第三十一次会议.中华人民共和国农业法[EB/OL].(2002-12-28)[2016-04-08].http://www.gov.cn/gongbao/content/2003/content_62419.htm.

中华人民共和国第十二届全国人民代表大会常务委员会第十四次会议.

中华人民共和国食品安全法[EB/OL].（2015-4-24）[2016-01-28].http://www.gov.cn/zhengce/2015-04/25/content_2853643.htm.

中华人民共和国第十届全国人民代表大会常务委员会第二十一次会议.中华人民共和国农产品质量安全法[EB/OL].（2006-04-29）[2016-02-22].http://www.gov.cn/flfg/2006-04/30/content_271633.htm.

中商流通生产力促进中心,中国人民大学流通研究中心,2010.中国农产品批发市场实操手册[M].北京:中国经济出版社.

钟真,孔祥智,2012.产业组织模式对农产品质量安全的影响:来自奶业的例证[J].管理世界（1）.

周德翼,吕志轩,2008.食品安全的逻辑[M].北京:科学出版社.

周德翼,杨海娟,2002.食物质量安全管理中的信息不对称与政府监管机制[J].中国农村经济（6）.

周峰,徐翔,2008.无公害蔬菜生产者农药使用行为研究——以南京为例[J].经济问题（1）.

周建利,陈同斌,2002.我国城郊菜地土壤和蔬菜重金属污染研究现状与展望[J].湖北农学院学报（5）.

周洁红,2004.消费者对蔬菜安全的态度、认知和购买行为分析[J].中国农村经济（11）.

周洁红,2005.生鲜蔬菜质量安全管理问题研究[D].浙江大学.

周洁红,姜励卿,2004.食品安全管理中消费者行为的研究与进展[J].世界农业（10）.

周洁红,姜励卿,2007.食品安全质量信息管理:理论与实证[M].杭州:浙江大学出版社.

周洁红,金少胜,2004.农贸市场超市化改造对农产品流通的影响研究[J].浙江大学学报（3）.

周洁红,钱峰燕,马成武,2004.食品安全管理问题研究与进展[J].农业经济问题（4）.

周勃,2004.民以何食为天——中国食品安全现状调查[J].报告文学(9).

周应恒,2008.现代食品安全与管理[M].北京:经济管理出版社.

周应恒,耿献辉,2002.信息可追溯系统在食品质量安全保障中的应用[J].农业现代化研究(11).

周应恒,霍丽玥,2003.食品质量安全问题的经济学思考[J].南京农业大学学报(3).

周应恒,霍丽玥,彭晓佳,2004.食品安全:消费者态度、购买意愿及信息的影响[J].中国农村经济(11).

周应恒,王晓晴,耿献辉,2008.消费者对加贴信息可追溯标签牛肉的购买行为分析——基于上海市家乐福超市的调查[J].中国农村经济(5).

朱坚,张晓岚,张东平,2009.食品安全与控制导论[M].北京:化学工业出版社.

朱晓燕,王怀章,2005.对运动式行政执法的反思[J].青海社会科学(1).

朱毅华,2004.农产品供应链物流整合实证研究[D].南京农业大学.

ALCHIAN A A, DEMSETZ H, 1972.Production, information costs, and economic organization[J].American Economic Review(62):777-795.

ANTLE J M, 1995.Choice and Efficiency in Food Safety Policy[M].Washington DC:The AEI Press.

ANTLE J M, 1999.Benefits and costs of food safety regulation, trade research center[J].Montana State University, Research Discussion Paper, Food Policy, 24(20):605-623.

ANTLE J M, 2000.No such thing as a free safe lunch:The cost of food safety regulation in the meat industry[J].American Journal of Agricultural Economics(82):310-322.

ANTLE J M, CAPALBO S M, 1994.Pesticides, froductivity, and farmer health:Implications for regulatory policy and agricultural research[J].American Journal of Agricultural Economics(8):598-602.

ANTLE J, 1998.Food safety, production structure, and the industrial organization of the food industry[J].Invited paper prepared for the 62nd EAAE Seminar and 3rd INRA–IDEI Conference on Industrial Organization and the Food Pro-cessing Industry,Toulouse:12–13.

ANTLE J,2001.Economic Analysis of Food Safety,in B.Gardner and G.Rausser,eds.Handbook of Agricultural Economics,Vol.1B[M].Elsevier:New York.

BARTSEH H,OBSHIMA H,PIGNATELLI B,1998.Inhibitors of endogenous nitrosation: mechanisms and implications in human caneer prevention[J].Mutation Researeh(202):307–324.

BEAMON B M,1999.Designing the green supply chain[J].Logistics Information Management(12):332–342.

BECKER G,G STIGLER,1974.Law enforcement,malfeasance,and compensation of enforcers[J].Journal of Legal Studies(3):1–18.

BOWEN,H R,1953.Social Responsibilities of the Businessman[M].New York:Harper and Row.

CASWELL A J,1998.How labelling of safety and process attributes affects markets for food[J].Ag ricultural Resource Economis Review(10):409–424.

CASWELL A J,BRUDAHL M E,HOOKER N H,1998.How quality management mata-systems are affecting the food industry? [J].Riview of Agricultural Economics(20):547–557.

CASWELL J A,MOJDUSKA E M,1996.Using informational labeling to influence the market for quality in food products[J].American Journal of Agricultural Economics(78):1248–1255.

CASWELL J A,PADBERG D I,1992.Toward a more comprehensive theory of food label[J].American Journal of Agricultural Economics(74):460–468.

CHANG HA-JOON,2009.Rethinking public policy in agriculture:lessons from history,distant and recent[J].Journal of Peasant Studies,36(3):477–515.

CHRALIER C,2005.Traceability and labelling of GMOs as a framework for risk management in European Regulation[J].Congress of European Association Agricultural Economists(8):5-17.

DARBY, M E, 1973.KamiFree Competition and the Optimal Amount of Fraud [J].Journal of Law and Economics(16):67-88.

EFSA, 2009.EFSA statement: Potential risks for public health due to the presence of nicotine in wild mushrooms[J].The EFSA Journal(286):1-47.

EFSA, 2009.Use of the benchmark dose approach in risk assessment[J].The EFSA(1150):1-72.

Eom Y S, 1994.Pesticide residue risk and food safety valuation: A random utility approach[J].American Journal of Agricultural Economics, 76(04):760-771.

FAO, 1998.The Application of risk Communication to Food Standards and Safety Matters[R].Report of a Joint FAO/WHO Expert Consultation.

FAO, 2003.Expert Consultation on Food Safety: Science and Ethics[Z].Food and Agriculture Organization of the United Nations, Rome.

FAO, 2009.Rethinking Public Policy in Agriculture: Lessons from Distant and Recent History[J].Food and Agriculture Organization of the United Nations.

FISCHER R H, DE JONG A E I, DE JONGE R, FREWER, Et.al, 2005.Improving Food Safety in the Domestic Environment: The Need for a Transdisciplinary Approach[Z].Risk Analysis(25):503-517.

Food Safety Risk Assessment of NSW, 1997.Food Safety Schemes, March 2009, NSW/FA/FI039/0903FAO, Risk Management and Food Safety[Z].Report of a Joint FAO/WHO Consultation.

FORSYTHE S J, 2002.The Microbiological Risk Assessment of Food[Z].Blackwell Science Ltd.

FOX J A, HENNESSY D A, 1999.Cost-effective hazard control in food handling[J].American Journal of Agricultural Economics, 81(02):359-372.

FRIEDMAN, M, 1963.Capitalism and Freedom[M].Chicago: University of Chicago Press.

FUJISHIMA H, JONKER T H, HIROSHI ITO, 2004.Food Safety and Quality Standards in Japan Compliance of Suppliers from Developing Countries[Z].Agriculture and Rural Development Discussion Paper, The World Bank.

GALE F, HUANG K, 2007.Demand for Food Quantity and Quality in China[R]. United States Department of Agriculture Economic Research Report.

GILLILAND D I, MANNING K C, 2002.When do firms conform to regulatory control[J].The Effect of Control Processes on Compliance and Opportunism, Journal of Public Policy&Marketing, 21(2): 319–331.

GOLAN E, KRISSOFF B, KUCHLER F, CALVIN L, Et.al, 2004.Traceability in the U.S.Food Supply: Economic Theory and Industry Studies, Economic Research Service, U.S.Department of Agriculture[R].Agricultural Economic Report No.830.

GROSSMAN S J, 1981.The information role of warrnaties and private disclosure about product quality[J].Journal of Law and Economics, 24(3): 461–483.

HAZILLA M, KOPP R J, 1990.Social cost of environmental quality regulations: A general equilibrium analysis[J].J Polit.Econ, 98(12): 853–73.

HENNESSY D A, ROOSEN J, MIRANOWSKI J A, 2001.Leadership and the provision of safe food[J].American Journal of Agriculture Economics(83): 862–874.

HENSON S, HEASMAN M, 1998.Food safety regulation and the firm: understanding the compliance process[Z].Food Policy, 23(1): 9–23.

HENSON S, HOLT G, NORTHEN J, 1999.Costs and benefits of implementing HACCP in the Ukdairy processing sector[J].Food Comtrol: 99–106.

HOLLERAN E B, MAURY E, Z L, 1999.Private Incentives for Adopting Food Safety and Quality Assurance[Z].Food Policy, 24(6): 669–683.

HUANG J K, WU Y H, ZHI H Y, Et.al, 2008.Small holder incomes, food safety and producing, and marketing China's fruit[J].Review of Agricultural Economics, 30(3): 469–479.

ITO K, J DYCK, 2004. "Japan's Fruit and Vegetable Market," in Global Trade Patterns in Fruits and Vegetables[R]. Agriculture and Trade Report No.WRS-04-06. Washington, DC: USDA.June.

JACKSON L A, JANSEN M, 2009.Risk assessment in the international food safety policy arena: Can the multilateral institutions encourage unbiased outcomes? Staff Working Paper ERSD-2009-01, January.Economic Research and Statistics Division[Z].World Trade Organization.

KARINUMA Y, TAWARA N A, 2006.Multiple attribute utility theory approach to lean and green supply chain management[J].International Journal of Production Economics: 99-108.

LAMMING R, HAMPSON J, 1996.The environment as a supply chain management issue[J].British Journal of Management, 7.

LELAND H E, 1979.Quacks, lemons, and licensing: A theory of minimum quality standards[J].Journal of Political Economy, 87(6).

LINTON J D, KLASSEN R, JAYARAMAN V, 2007.Sustainable supply chains: An introduction[J].Journal of Operations Management.

MA H, HUANG J, ROZELLE S, Et.al, 2006.Getting Rich and Eating Out: Consumption of Food Away from Home in China[Z].Canadian J Agr Econ, 54(1): 101 - 119.

MARSDEN T, FLYNN A, HARRISON M, 1999.Consuming Interests: The Social Provision of Food Choice(Consumption&Space)[Z].London: UCL.

MAXWELL J, 1998.Minimum Quality Standards as a Barrier to Innovation[Z]. Economics Letters(58).

MAYES T, 1998.Risk Analysis in HACCP: burden or benefit[Z].Food Control (9): 149-159.

MAZEA, Et.al, 2001.Quality Signals and Govemance Structures within European Agro-food Chains: A New Institutional Economics Approach, Paper Presented at the 78th EAAE seminar and NJF Seminar 330[Z].Economics of Contracts in Agriculture and the Food Supply Chain, Copenhagen.

MEMEEKIN T A, ROSS T, 2002.Predictive microbiology: Providing knowledge-based framework for change management[J].Journal of Food Microbiology（78）:133-153.

MILLSTONE E, VAN ZWANENBERG P, LEVIDOW L, Et.al, 2008.Risk Assessment Policies:Differences Across Jurisdictions.Institute for Prospective Technological Studies[Z].Joint Research Centre, European Commission.

MORGAN F P, 2001.The Effectiveness of Product Safety Regulation and Litigation, in Handbook of Marketing and Society, Paul N.Bloom and Gregory T.Gundlach, eds.Thousand Oaks[M].CA:Sage Publications:436-61.

NAFTA M J, 2002.Modeling bacterial growth in quantitative microbiological risk assessment:is it possible? [J].International Journal of Food Microbiology（73）:297-304.

NELSON P, 1970.Information and consumer behavior[J].Journal of Political Economy（78）:311-329.

NIELSEN E, 2008.Toxicological risk assessment of chemicals: A practical guide[Z].New York:Informa Healthcare USA:213-229.

OICKINSON D L, HOBBS J E, VON BAILEY D, 2003.A Comparison of US and Canadian Consumers' Willingness to Pay for Red-meat Traceability[Z].Paper Prepared for Prenstation at American Agricultural Economics Association Annual Meeting（7）:4-9.

PALAY T M, 1984.Comparative institutuional economics:The governance of rail freight contracting[J].Journal of Legal Studies, vol.ⅩⅢ（June）:265-288.

RAO P, HOLT D, 2005.Do green supply chains lead to competitiveness and economic performance? [J].International Journal of Operations & Production Management:25.

REARDON T, FARINA E, 2001.The Rise of Private Food Quality and Safety Standard: Illustration from Brazil, Sidney: IAMA[Z].Agribusiness Forum: 6–7.

RICHARDS T, PATTERSON P, 1999.The economic value of public relations expenditures: Food safety and the strawberry case[J].Journal of Agricultural and Resource Economics, 24(2):440–462.

RISK ANALYSIS TO FOOD STANDARDS ISSUE, 1995.Report of the Joint FAO[Z].WHO Expert Consultation.

RODRIGUE J P, SLACK B, COMTOIS C, 2001.Green Logistics[J]//Brewer A M, Button K J, and Hensher (DA).The Handbook of Logistics and Supply Chain Management.London: Peragmon/Elservier.

SARKIS J A, 2003.Strategic decision framework for green supply chain management[J].Journal of Cleaner Production: 397–409.

SEXTON R J, LAVOIE N."Food processing and distribution: An industrial organization perspective"[J]//GARDNER B, RAUSSER[G].Handbook of Agricultural Economics.Amsterdam: North-Holland, in press.

SHIELDS D, HUANG S W, 2004. "China's Fruit and Vegetable Market, "in Global Trade Patterns in Fruits and Vegetables[R].Agriculture and Trade Report No. WRS-04-06, USDA, Washington, DC.June.

SLOB W, VAN dER BERG R, VAN VEEN MP, 1995.Astatistical exposure model applied to nitrate intake in the Dutch Population, Health aspects of nitrates and its metabolites[Z].Strasbourg: Council of Europe Press: 75–82.

SMITH B G, 2008.Developing sustainable food supply chains[Z].Phil Trans R Soc B: 849 – 861, 363.

SPRRBER W H, 2001.Hazard identification: from a quantitative to approach [Z].Food Control(12): 223–228.

STARBIRD S A, 2005.Moral hazard, inspection policy, food safety[J].American Journal of Agricultural Economics, 87(01):15–27.

STIGLITZ J, 1989.Imperfect information in the product market[J]//Schmalensee R Willig R.Handbook of Industrial Organization.Amsterdam, North Holland, (1):769-844.

U S Environmental Protection Agency.Toxicological review of boron and compounds (EPA 635 /04 /052) [R/OL]. (2010- 04- 10) [2015- 11- 26].http:/ /www. epa.gov/iris/toxreviews/0410tr.pdf.

VAN WIJK J, DANSE M, VAN TULDER R.Making Retail Supply Chains Sustainable: Upgrading Opportunities for Developing Country Suppliers under Voluntary Quality Standards[Z].ERIM REPORT SERIES RESEARCH IN MANAGEMENT, ERS-2008-080-ORG, December, 2008.

VARIYAM J N, JAMES B, DAVID S, 1996.Modeling Nutrition Knowledge, Attitudes, and Diet- Disease Awareness: The Case of Dietary Fibre [Z] Statistics in Medicine(15):23-35.

VETTER H, KARANTININIS K, 2002.Moral Hazard, Vertieal Integration, and Public Monitoring in Credence Goods[Z].European Review of Agricultural Economics, 29(2):271-279.

VOLLAARD A M, A LI S, VAN ASTEN H A, Et.al, 2004. Risk factors for transmission of forborne illness in restaurants and street vendors in Jakarta[Z].Epidemiol Infect, 132(5):863 – 872.

VON. MISES L, 1949.Human Action[M].William Hodge and Co Ltd.

WARD R A, VON BAKLEY DEE JENSEU, R, 2005.An American BSE Crisis: Has it Affected the Value of Traceability and Country-of- Origin Certification and Canada Beef[R].Southern Agricultural Association Annual Meeting(9):7-20.

WEAVER R D, KIM T, 2001.Contracting for Quality in Supply Chains, Paper Presented at the 78th EAAE seminar and NJF Seminar 330[R].Economics of Contracts in Agriculture and the Food Supply Chain, Copenhagen, 15-16 June.

WU H J, DUNN S, 1995.Environmentally responsible logistics systems [J].International Journal of Physical Distribution and Logistics Management, 25(2).

徳田博人,2002.EUにおける食品安全システム改革と予防原則——予防原則に関する欧州委員会の提案を中心に[J].行財政研究(49).

徳田博人,2003.食品安全行政の法原理[J].日本の科学者,(38)7.

徳田博人,2006.食品安全基本法および改正食品衛生法の批判的検討[J].琉大法学(70).

徳田博人,2008.食品安全法システム強化に向けて——視点と課題[J].法律時報(80)13.

鬼頭弥生.食品安全問題研究——食の安全確保と円滑なリスクコミュニケーションに向けて[J].農業と経済,2009(75):12.

日本食品衛生学会,2009.食品安全の事典[M].東京:朝倉書店.

日本輸入食品安全推進協会,2007.Q&A食品輸入ハンドブック:食品を安全に輸入するために[M].東京:中央法規出版.

山口志保,1999.資料消費者の権利宣言[J].法律時報:(66)4.

神山美智子,2002.食品安全委員会は何をしているのか[J].世界,778.

食品安全委員会,2008.食品の安全性に関する用語集[J].行政刊行会(第4版).

松木洋一,2007.食品安全経済学[J].東京:日本経済評論社.

田中隆一,2008.食の安全という[M].東京:角川书局.

植村悌明,2004.新たな食品安全行政の確立——国民の健康の保護を基本理念とする行政への転換[J].時の法令,1706.

総務庁行政監察局,2001.食品の安全.衛生の確保を目指して:食品の安全.衛生に関する行政監察結果より[M].東京:財務省印刷局.

后 记

对我国蔬果质量安全体系进行比较系统的梳理,是我多年来的愿望。虽然我长期关注蔬果流通问题,但质量安全领域却基本是一个比较陌生的领域,而且其中还必然牵涉相当多的自然科学背景知识。自从申请到中国博士后科学基金后,我就一直在设法弥补这方面的知识缺陷。本人所在的单位,食品学科恰好是强项,为此要感谢我校食品学院孙宝国院士、王静教授、刘玉平教授的专业指点。研究过程虽然颇为艰苦,也发表了一些阶段性研究成果,同时作为主要研究人员参与完成了孙宝国院士主持的国家自然科学基金应急项目"我国食品安全监管策略研究",但就我个人而言,却很难说取得了多大程度的进展。老实说,这几年的研究所能确认的,远远少于自己所疑惑的。

在基金报告完成之际,我首先要感谢我的博士后合作导师荆林波研究员的宽容、睿智的指点和热心的帮助,感谢我的博士导师张晓山研究员和硕士导师刘秀生教授对我多年来的持续关心与指导。感谢2011年12月至2012年6月我在美国俄亥俄大学访问期间合作导师李捷理教授夫妇的热心帮助。

感谢中国城市农贸中心联合会会长马增俊先生、纳绍平副会长,为课题提供了大量有价值的数据和资料,并为课题调研的顺利展开创造了诸多有利条件。国家发展与改革委员会宏观经济研究院的姜长云研究员及农业部市场与经济信息司张合成司长、张兴旺副司长、张国处长、李桂群调研员、王松处长、段成立处长提供的调研支持,对于本报告的完善也功不可没。感谢我的优秀学生韩禹(已从日本东京大学毕业并获得硕士学位,现在日本筑波大学攻读博士学位)在日文资料搜集整理方面所作的贡献,感谢我的硕士生刘国辉、李家文、李若焱、赵天宇、李冰倩、马珣提供的研究支持。

感谢我所在单位北京工商大学谭向勇教授、孙宝国教授、谢志华教授、李朝鲜教授、张晓堂教授、魏中龙教授、李宝仁教授、周莉教授、郭馨梅教授、严旭阳教授、李书友副院长对我的指导,感谢胡俞越教授、庞毅教授、冯中越教授、洪涛教授、廖运凤教授、张秀芬教授、宋东英教授、方燕教授、耿莉萍教授长期以来在农产品流通领域的合作与支持。与李时民博士、周清杰教授、孟昌教授、高杨教授、张正平教授、陈晋文教授、马若微教授、倪国华博士、孙凤仪博士、罗玉波博士、赵峰博士、刘晓雪博士、梁鹏博士、易芳博士、郭崇义博士、邓春平博士、王沈南老师的讨论,经常能够启发我进行思考。

感谢中国社会科学院财经战略研究院的田侃博士、宋则研究员、王诚庆研究员、杨志勇研究员、张群群研究员、依绍华副研究员、聂永梅老师、朱小慧老师、朱宇辰老师、王雪峰博士和中国社会科学院经济研究所裴长洪研究员给予的种种帮助。东北财经大学夏春玉教授,浙江工商大学张仁寿教授、郑勇军教授,湖南商学院柳思维教授,西安交通大学文启湘教授,清华大学李飞教授,南京审计大学晏维龙教授,吉林大学吴小丁教授,中国农业大学安玉发教授,中国人民大学马龙龙教授、王晓东教授,河北经贸大学纪良纲教授,首都经济贸易大学祝合良教授、陈立平教授,南京财经大学高觉民教授,原国家粮食局局长高铁生教授,原商业部商业经济研究所所长万典武研究员、张采庆研究员、吴硕研究员,中商经济研究中心原主任刘海飞研究员,广东商学院徐印州教授、王先庆教授,以及很多未能列举的学界前辈和同仁,总是给我很多的鼓励。

感谢一批志同道合的同龄学人,他(她)们是:中国社会科学院王雪峰博士、刘生龙博士、张海鹏博士、毛日升博士、高凌云博士、黄浩博士、相均泳博士、孙开钊博士、赵京桥博士、郭君平博士、李蕊博士,东北财经大学汪旭晖教授、张闯教授、杨宜苗副教授、徐健教授、李文静副教授、薛建强教授,首都经济贸易大学董烨然博士、苏威副教授、李智教授,中国人民大学王强副教授,浙江工商大学陈宇峰教授,郑州航空工业管理学院杨波教授,河北经贸大学刘东英教授、梁佳博士、郭娜博士,重庆工商大学宋瑛博士,南京财经大学宗颖副教授、李平华博士、胡雅蓓博士,南京审计大学李陈华教授,湖南商学院唐红涛副教授,山西财经大学弓志刚教授、郭建宇教授、朱丽萍副教授、任荣副教授,哈尔滨商业大学李燕博士,中南财经政法大学黄漫宇教授,江苏师范大学司增绰副教授,淮阴师范学院孙爱军教授,安徽财经大学袁平红博士、丁宁博士、张廷海博士,北京物资学院刘玉奇博士,上海大学张赞博士。

感谢业界的朋友同我分享业界思想与资讯,他们是:冯氏集团(利丰)华南区总裁林至颖博士、副总裁李涛博士,京东集团副总裁张建设先生、闫德利先生,阿里巴巴副总裁梁春晓教授。

课题能够顺利开展,除得益于中国博士后科学基金的资助外,也得益于北京市委组织部的各种资助,正是上述一系列的资助,才使得本课题的研究有比较充足的科研经费,从而可以从不同侧面对我国蔬果质量安全问题进行探讨。

课题报告虽然写完,但研究并未就此终止。有关蔬果质量安全治理的研究,复杂程度远超出自己原来的想象。从这个意义上而言,报告虽是本人对蔬果质量安全治理的持续思考与探索,却并非一份让自己满意的答卷。研究越是深入,就越是感到跨学科研究的必要性,就越是感到自己在食品科学、农业技术、法学等领域的知识欠缺,好在自己的母校是一所多学科的大学,有关问题可以比较方便地向有关学者请教。今后通过有意识地努力加强相关研习,或许知识和学科缺憾可以有所弥补。

徐振宇

2015年3月于北京

2016年3月修改于北京